双线融合

传统工业企业电商操盘实战

托尼富　著

電子工業出版社
Publishing House of Electronics Industry
北京•BEIJING

内容简介

本书是一本专门介绍传统企业与传统工业企业转型电商的实战指南。受益对象包括：传统工业企业董事长、高管团队、管理人员、运营人员、推广人员、美工、前端开发、程序员、数据分析师、编辑文案与立志投身于传统企业电商项目的应届大学生小白等。本书对传统企业与传统工业企业转型电商极具参考价值。

图书在版编目（CIP）数据

双线融合：传统工业企业电商操盘实战 / 托尼富著. —北京：电子工业出版社，2016.7

ISBN 978-7-121-29230-9

Ⅰ. ①双… Ⅱ. ①托… Ⅲ. ①电子商务 Ⅳ. ①F713.36

中国版本图书馆 CIP 数据核字（2016）第 146733 号

策划编辑：杨　璐
责任编辑：徐津平
特约编辑：赵树刚
印　　刷：北京京师印务有限公司
装　　订：北京京师印务有限公司
出版发行：电子工业出版社
　　　　　北京市海淀区万寿路 173 信箱　　　邮编：100036
开　　本：787×980　1/16　印张：19.75　字数：347.6 千字
版　　次：2016 年 7 月第 1 版
印　　次：2016 年 7 月第 1 次印刷
定　　价：59.00 元

凡所购买电子工业出版社图书有缺损问题，请向购买书店调换。若书店售缺，请与本社发行部联系，联系及邮购电话：（010）88254888，88258888。

质量投诉请发邮件至 zlts@phei.com.cn，盗版侵权举报请发邮件至 dbqq@phei.com.cn。

本书咨询联系方式：010-51260888-819　faq@phei.com.cn。

前　言

2015 年年初，互联网三大热点是：移动互联网、互联网金融与传统企业转型电商。2016 年，移动互联网的风口已经过了，而互联网金融则是凶险万分，唯有传统企业转型电商这个风口还存在，并且已成为互联网当今最大的风口，各行业巨头纷纷发表关于传统企业在互联网的冲击下将如何发展的观点。

2015 年 9 月，马云在厦门国际投资贸易洽谈会上说："如果过去 20 年属于互联网企业，未来 30 年将属于传统企业，传统企业会因互联网发生裂变、重构和创新。"

2016 年 3 月 1 日，在阿里电商大会上，有企业问逍遥子"传统企业如何转型做电商"，逍遥子回答："只有企业一把手当家人有坚定决心拥抱互联网，电商的变革才有机会。"

2015 年两会期间，马化腾也告诉《中国经济周刊》经济网记者说："接下来会是互联网和传统产业的深度融合。"

在 2015 年 8 月的首届“互联网+零售”紫金峰会上，李彦宏指出：“互联网+”时代没有内行，当线上线下融合在一起变成了全新的东西时，这意味着“互联网+”时代传统企业和互联网企业都需要转型。

万达董事长王健林也在“互联网+零售”紫金峰会上提出了万达互联网转型的做法。第一是：互联网+商业；第二是：互联网＋金融；第三是：互联网＋旅游；第四是：互联网＋影视/电影。

而被业界认为传统企业转型电商样本的苏宁董事长张近东，在 2015 年年底公司年会上宣布：苏宁转型电商已经成功。尽管这个宣布有很大争议，但至少说明苏宁也觉得传统行业应该转型电商。

传统企业领域转型电商的急先锋海尔的首席执行官张瑞敏则提出了更为激进的观点：“传统企业转型必须全系统颠覆”。

2015 年年底，刘强东在中国企业领袖年会上表示：“未来五年的风口不在互联网，而在传统行业”；贾跃亭也在峰会上说：“汽车产业是最大的传统产业，它的历史拐点应该会很快到来”。

在电商界的意见领袖圈子里，大家公认的观点是：4300 万家传统企业，尤其是 800 万家传统工业企业，目前真正转型电商成功的几乎没有，华为、海尔、骆驼与奥康算是比较成功的，但是更多的传统企业如李宁、七匹狼、美邦等的转型都遭遇了不同程度的阻碍与困难。即使苏宁易购、国美在线、富士康、格力、TCL、魅族、酷派，线下是很成功的，但是它们的电商都尚在摸索中，其实大多数传统企业转型电商都是失败的案例，最典型的就是富士康。而在传统工业企业领域，更是鲜有电商转型成功的案例。

传统企业，尤其是传统工业企业转型电商为什么困难重重？为什么几乎没有成功的案例？它们失败或遭遇滑铁卢的原因到底是什么？如何避免？传统工业企业转型电商到底应该采取什么样的战略模式？什么样的节奏？组建什么样的团队？怎么样去运营？如何快速找到营销推广矩阵？如何改造或优化业务流程？如何优化生产供应链才可能转型成功？

这就是本书要解决的问题，本书其实就是一个解决传统工业企业转型电商的方案，更关键的是：这个方案是经过本人实际操盘验证过的。

来看看托尼富的简介吧。

花名：托尼富，也是微博、微信公众号及QQ群的名称。

年龄：70后。

性别：男。

职业生涯：七年传统企业技术项目负责人经历+七年电商公司网络运营负责人经历。2012年—2015年操盘一家传统工业集团公司电商转型项目。

个人特色：精通各种网络营销推广手法，有丰富的传统企业转型电商操盘经验。

最自豪的事：2000年—2004年，在中山一家灯饰集团工作时，因为工作出色，公司奖励了一幢107平方米的房子。

单个客户最大的销售额：为一家出口欧洲的汽车零配件公司提供包装，一年近1000万元的销售额；其他年需求金额50万元的客户100个以上。

指尖培训课程有：

（1）“指尖培训第1期”《传统企业转型电商如何玩转SEO与新媒体营销》语音教材，64MB。

（2）“指尖培训第1.5期”《微博运营与加粉技巧》，313MB。

（3）“指尖培训第2期”《传统企业网络营销矩阵实战培训》视频与教材，1GB。

（4）“网站诊断”视频，590MB。

（5）“微博电商如何运营与加粉技巧”视频，600MB。

一共约 2.7GB 的资料。开课不到三个月，累计培训人数超过 3000 人。

下面是作者的技能介绍。

一、网络推广

精通几乎所有的网络推广手法，并且实际操作过，如：

（1）SEO。写有《SEO 六大秘密》，并根据它开发了一款软件——SEO 网络营销系统，以 8000 元～10 万元的价格销售过。

（2）SEM。SEM 竞争最激烈的是医药行业，实操过医药行业电商运营，有一整套玩转 SEM 的资料。

（3）CPS。在 53KF 时负责营销中心、软件与广告子公司，实操过 CPS，带来 2 万以上的注册量。

（4）EDM。有大量的邮箱资料，实操过 EDM 营销。

（凡是购买了本书的读者，凭借购书订单号，请私信微博@托尼富索取邮箱资料，不涉及任何个人隐私）

（5）微博运营。经营@托尼富微博，通过它获得过上百个企业客户，最大客户的年纸箱需求量在 1000 万左右，2014 年全年阅读量为 3456 万，2015 年全年阅读量为 8283 万。

（6）博客运营。有自己的个人博客网站：www.gendan.cn，一篇文章有几千的阅读量。

（7）站群系统。通过批量建立网站矩阵，获得批量长尾词的排名。

（8）搜索源营销。通过制造搜索源，获得品牌关键词热点。

（9）QQ 群。经营托尼富 5 个 QQ 前端群（434633614、429200816、376425752、

197147118、473758625）及 4 个收费 QQ 群（交费后邀请方可进入），朝社群方向发展，免费分享，帮助群友赚钱。

（10）其他。如百度百科、知道、图片营销、Google AdWords、Google AdSense、EMS、BD、论坛营销及其他社区营销等，都实操过。

二、网络运营

精通传统企业电商网络运营，带过传统企业电商转型团队，有丰富的团队建设、教练及政委体系培训经验及运营经验。

（1）玩得了推广。

（2）写得了策划。

（3）做得了编辑文案美工。

（4）搞得定产品页面设计。

（5）耍得了数据分析。

（6）压得住团队。

（7）写得了代码。

（8）做得了快递。

（9）习得了人性。

玩运营必须自身是多面手，否则难以胜任。

三、软件技能

（1）精通数种开发语言，做过七八年的技术开发项目负责人。

① 精通 C#。

② 精通 Delphi。

③ 精通 SQL Server。

④ 精通 HTML 标签语言。

⑤ 精通数据库开发所有环节。

⑥ 精通数据分析。

⑦ 开发过 ERP（为公司）。

ERP 登录界面

⑧ 开发过跟单软件（自己创业时）。

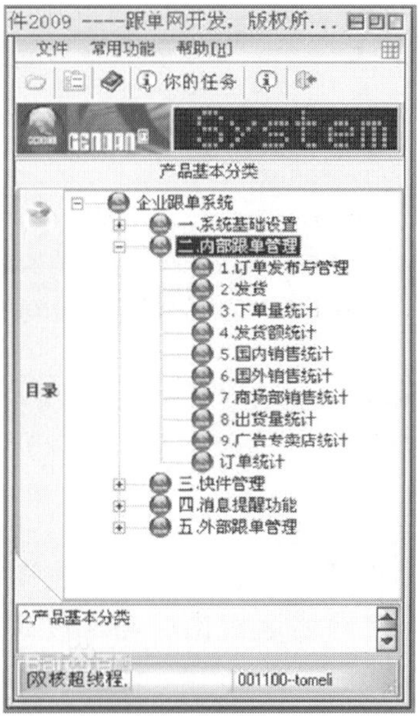

跟单软件主界面

⑨ 开发过 SEO 营销系统（自己创业时）。

SEO 网络营销系统后台登录界面

⑩ 熟悉几乎所有的 CMS 系统。

（2）精通或熟悉几乎所有常见的应用软件。

① 网页三剑客：Fireworks、Dreamweaver、Flash。

② 设计软件：CorelDRAW、Illustrator、CAD、Photoshop、SolidWorks。

③ 方案策划制作软件：MindManager、Office、WPS。

四、品牌建设与推广

熟悉品牌建设运作，懂 VI、BI、CI 系统运营，明白品牌建设需经三个阶段曝光度、美誉度及忠诚度的运作，明白如何将网络运营推广与品牌建设结合起来，快速实现品牌战略的目的。

（1）网络营销推广有利于品牌曝光。

（2）产品品质与网络运营有利于品牌接受与推进品牌美誉度。

（3）用户体验与服务有利于建立用户对品牌的忠诚度。

五、我的营销体系

托尼富网络营销体系分析图如下图所示。

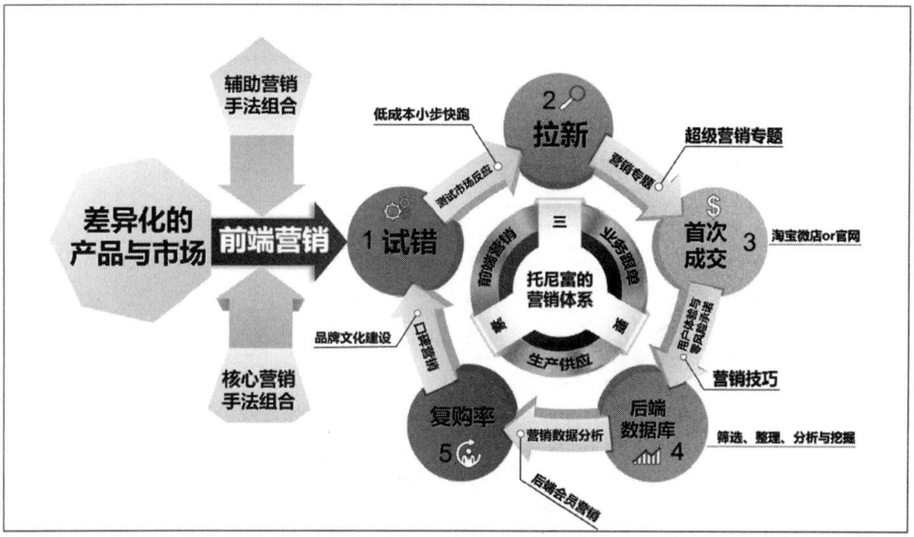

托尼富网络营销体系分析图

这个营销体系在女性手机领域的营销方案如下图所示。

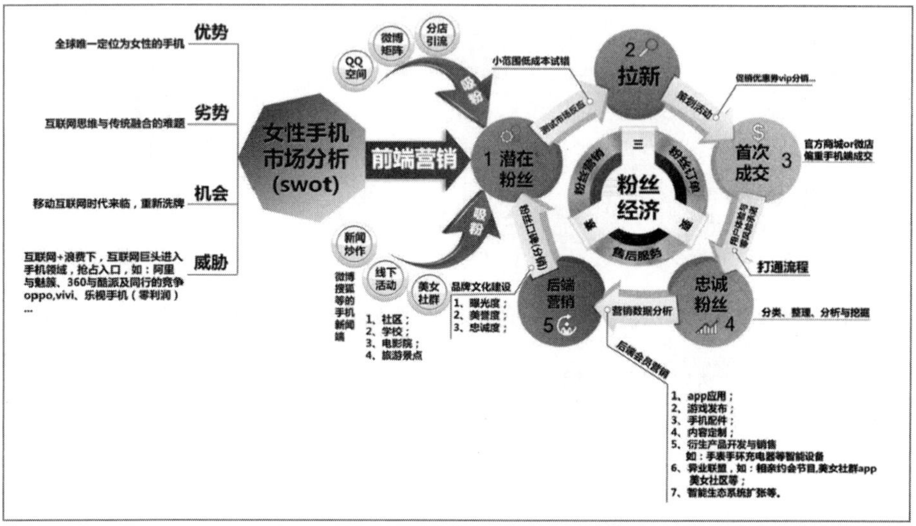

托尼富女性手机社会化营销方案图

这个方案演讲之后，深圳一家手机厂老板月薪 3 万元聘用我，我拒绝了。在正文中我会说明拒绝的原因。

这个营销体系在包装工业品领域的应用如下图所示。

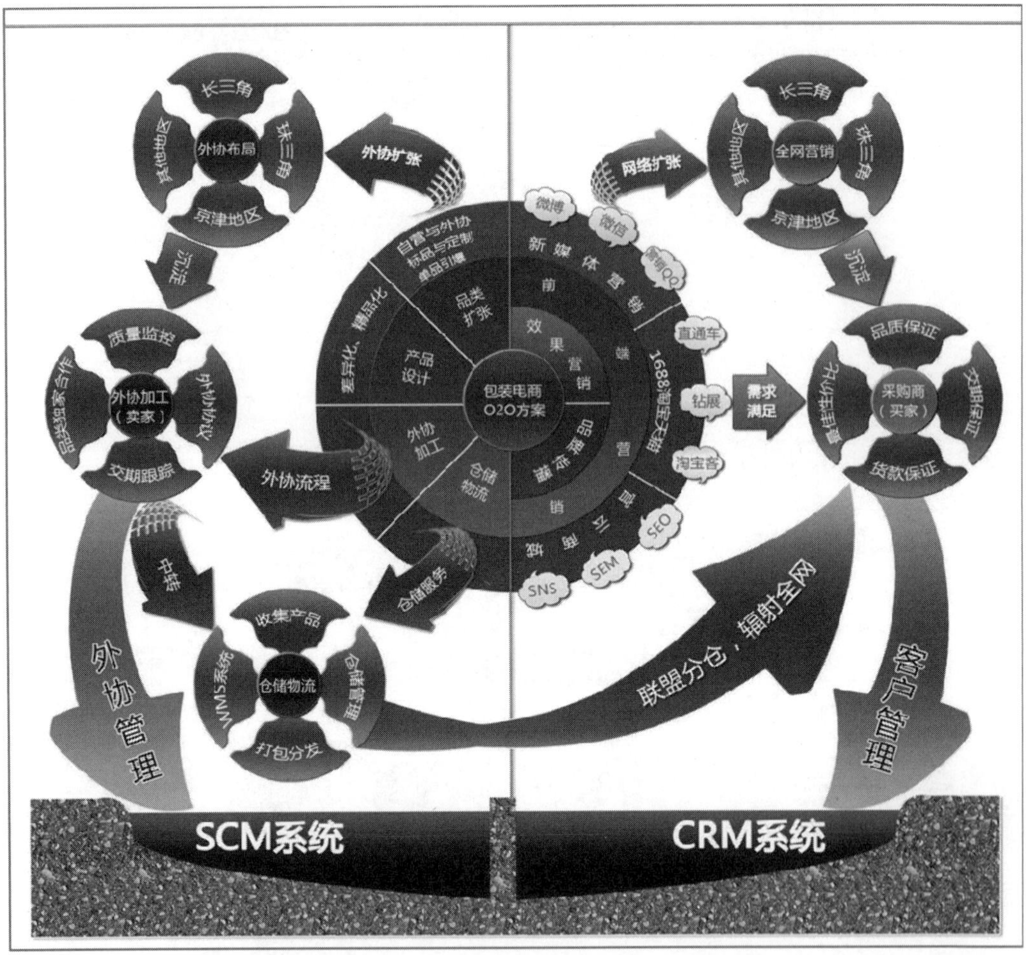

托尼富营销体系在包装工业品领域里的应用

这个方案在部分推行的情况下，取得了如下成绩：

单个客户最大的销售额：为一家出口欧洲的汽车零配件公司提供包装，一年近 1000 万元的销售额；其他年需求金额为 50 万元的客户 100 个以上。

因此，这本书在传统企业，尤其是传统工业企业转型电商方面，将是 800 万传统工业企业转型电商重要的参考书籍，学习它里面的方法与技巧，将大大提高转型电商的成功率。

如果说以前 10 年互联网是最大趋势，那么以后的 10 年或 20 年传统企业与互联网融合会是最大的趋势；传统企业尤其是传统工业企业在转型电商时，有两种思维都有失偏颇。

一种是根本就没有互联网思维。传统企业只要做传统生意的本质就好了，互联网只是工具。这种思维的代表人物是任正非、董明珠与王健林。但从事实上来看，华为与格力都先后花大力气去做电商了，并且都以小米为学习的榜样，进行电商转型，而王健林也在花 800 万元年薪聘请电商 CEO，其子王思聪更是新科电商的代表人物。令人惊讶的是，刘强东也语出惊人："作为传统品牌企业家，忘记电商吧，回去第一件事是把电商部门撤掉！"其目的不过是想让传统品牌入驻京东平台。

另一种是传统企业会被互联网思维颠覆，传统企业必须全盘转型电商，否则必死无疑。这种思维的代表人物是海尔的张瑞敏与万科的王石。张瑞敏更是把海尔拆分为小微型创业的一个个创客，王石声称要按 UBER 的做法 100%转型互联网。

对于传统工业企业来讲，双线融合才是更好的出路。一方面充分吸收互联网思维的优势，小步快跑，快速试错，逐步推动全网营销，努力打拼公司的互联网品牌，在与对手的竞争中，获得先机；另一方面，充分发挥线下的研发设计生产供应链渠道优势，利用互联网思维对线下的管理进行优化升级，达到线上线下的高度融合，才能够使自己在新的趋势下立于不败之地。

双线融合是传统企业最佳的选择！持这个观点的代表人物是：马云。

目　录

第1章

如何规划传统工业企业转型电商的战略方案

1.1 收集行业数据，分析市场竞争环境

1.2 企业内部调研，了解企业网络营销运营数据

1.3 确定运营节奏，提出组织架构改造框架

1.4 确定推广策略，提出团队成员招聘计划

1.5 确定运营推广预算，推动财务流程优化

1.6 确定电商运营目标，提出资源配合方案

电商高手进入传统工业企业操盘电商项目，首先要做的就是如何出具有说服力的、切合企业实际情况、符合行业发展趋势的策略方案，这是重中之重。因此，本章主要讲解制作方案的方法论、所使用的工具与方案最核心的内容有哪些。

（1）采用什么商业模式？

（2）什么样的团队能胜任？

（3）市场情况怎样？

（4）行业痛点是什么？如何解决？

（5）运营节奏是什么？

（6）需要什么资源配合？

（7）最后会达到一个什么样的目标？

1.1 收集行业数据，分析市场竞争环境

这一节讲的主要是分析方法与分析工具，即利用什么样的分析方法与分析工具才能够快速地了解工业品行业的现状，这是非常重要的。因为市场总是在变，方法对了，就随时可以了解它。

传统工业企业面临电商的转型，首先要解决的问题是：如何制定符合企业实际情况与行业发展趋势的战略方案。制定出这个方案至少需要了解三方面的状况：一是企业所在的市场环境如何；二是企业自身的情况如何；三是行业的发展趋势如何？这一节要解决的问题是：如何通过有效的分析方法与分析工具宏观地了解企业所处的行业市场环境。

如何了解企业所处的市场环境？传统企业了解这些信息的方法与流程十分复杂，下图是一个传统工业集团公司为了了解企业所处的境况而制定的方法。

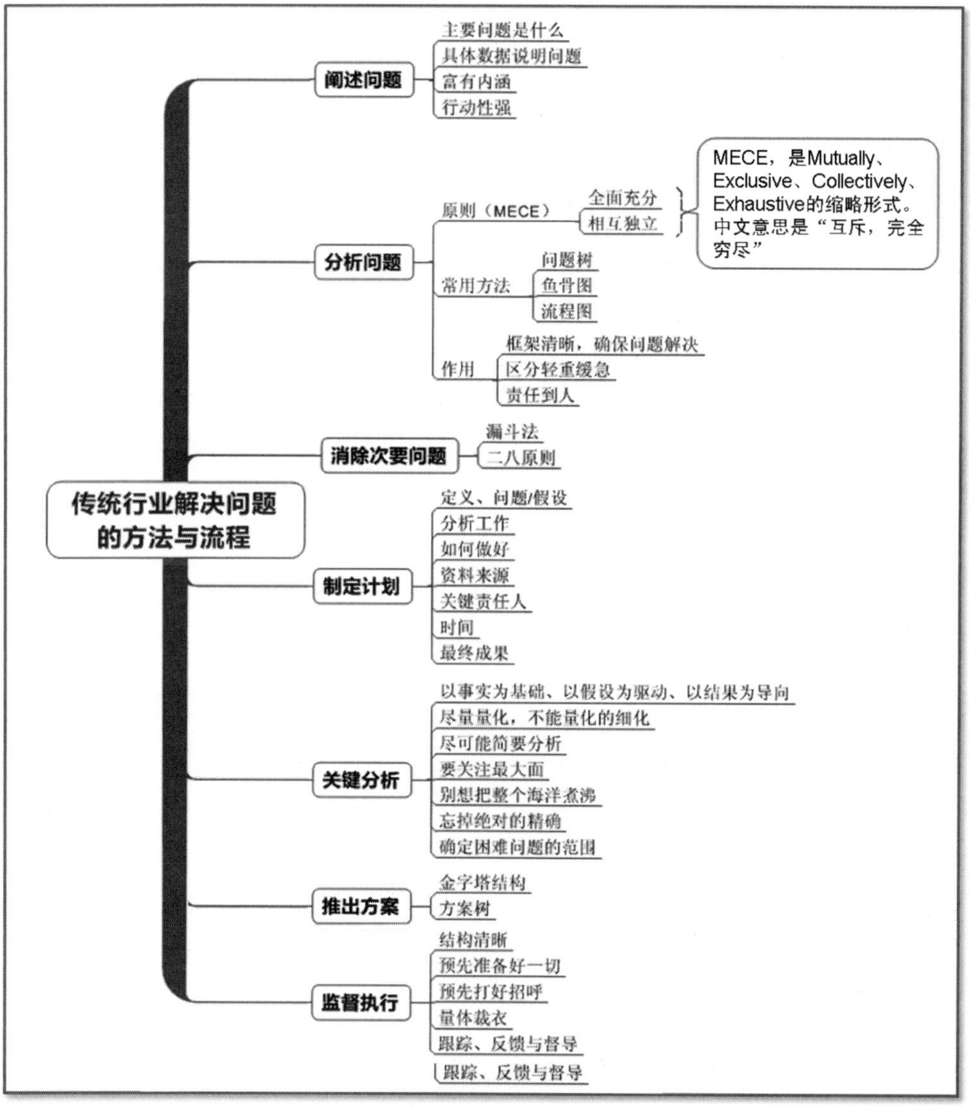

传统企业的决策流程与方法

打个比方，一个包装工业品企业为了了解包装工业品的市场，通常会采用一种方法：请第三方市场调研机构支付一笔费用，由第三方市场调研机构用半年甚至一年的时间进行市场调研，小则要调研中国的主要工业品市场，设计调研问卷，一一收集数据；大则要调研全球主要工业国家的主要工业品集地，耗资巨大，旷日持久。我在香港一家家居饰品公司工作时，就是这么去调研市场的，大约用了半年的时间，得出了一个市场方案，最后在企业内部进行宣讲解读。戏剧性的是：最后老板干脆把第三方市场调研机构派出的调研小组的负责人挖了过来，让其直接负责市场的运作。

可以看出，传统企业在做决策时，由于受制于传统领域的局限性，他们所采用的方法与工具或许是先进的，但是调研的效率极低，无法满足互联网快节奏的需要。

传统企业讲究的是：体系化、标准化与制度化，什么事都讲究谋定而后动，这在传统领域或许是对的，但是它大大影响了决策的速度，致使企业面临互联网瞬息万变的情况时束手无策，坐失良机。

互联网公司讲究的是：小步快跑、大胆试错与快速推进。

这是两种完全不同的企业文化与基因。传统企业往往是守成心态，而互联网公司往往是创业心态。

互联网企业在分析商业模式，制定运营节奏时，采用了许多新颖的方法与工具，与传统企业大不相同。当然传统领域内许多经典的数据分析或管理分析的原则在互联网公司是通用的，只是做了不少的优化与改进。

互联网公司常用的分析市场环境的原则与方法基本有 9 种。

1. SWOT 分析法

所谓 SWOT 分析，是基于内外部竞争环境和竞争条件下的状态分析，将与研究对象密切相关的各种主要内部优势与劣势及外部的机会与威胁等，通过调研列举出来，并依照矩阵等形式排列出来，然后用系统分析的方法，综合考虑分析各种因素，从而得出一系列相应的结论，用于指导企业高层进行重大决策。

SWOT 分析图如下图所示，这种方法不仅广泛地应用于传统领域，在互联网领域也是极重要的一种分析方法。

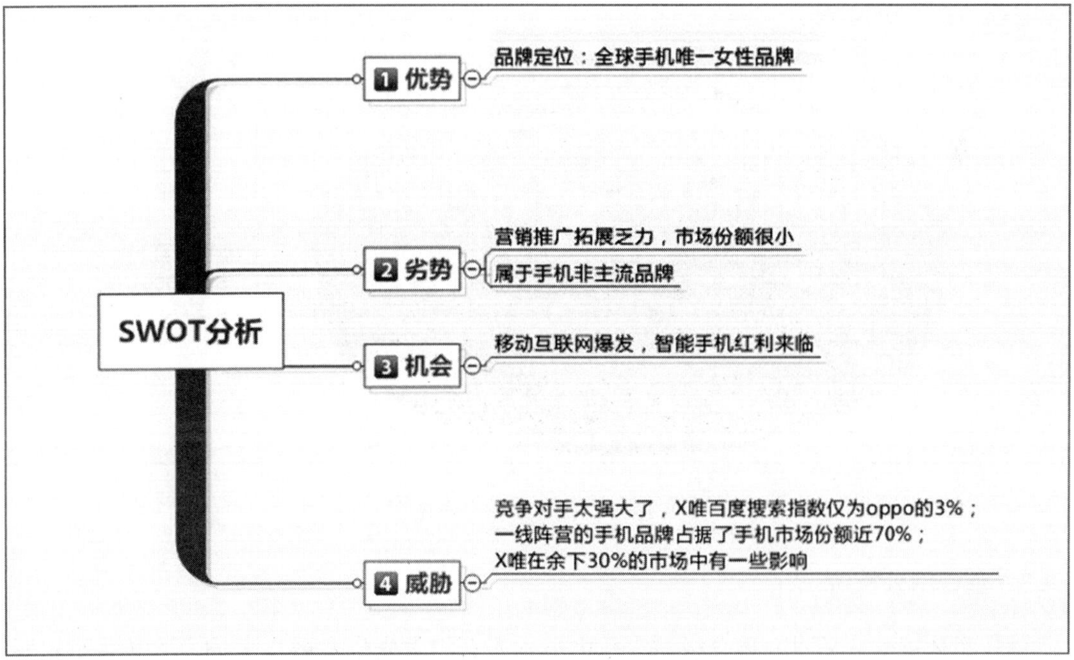

注：本书中所用图基本为原创，要原创模板请与微博 @托尼富私信。

SWOT 分析图

2. 二八定律

二八定律也叫巴莱多定律、80/20 定律、最省力的法则、不平衡原则等，是意大利经济学家巴莱多（1848—1923 年）发明的。他认为，在任何事物中，最重要的、起决定性作用的只是其中一小部分，约 20%；其余 80%尽管占多数，却是次要的、非决定性的。在互联网领域，这一法则体现得更为明显，有人甚至称之为老二必死领域。所以，在互联网公司创业或运营时，必须要考虑：你的天花板在哪里？不要与巨头竞争等。

开发客户也是一样，如下图所示：少数的大客户往往有更大份额的销售。

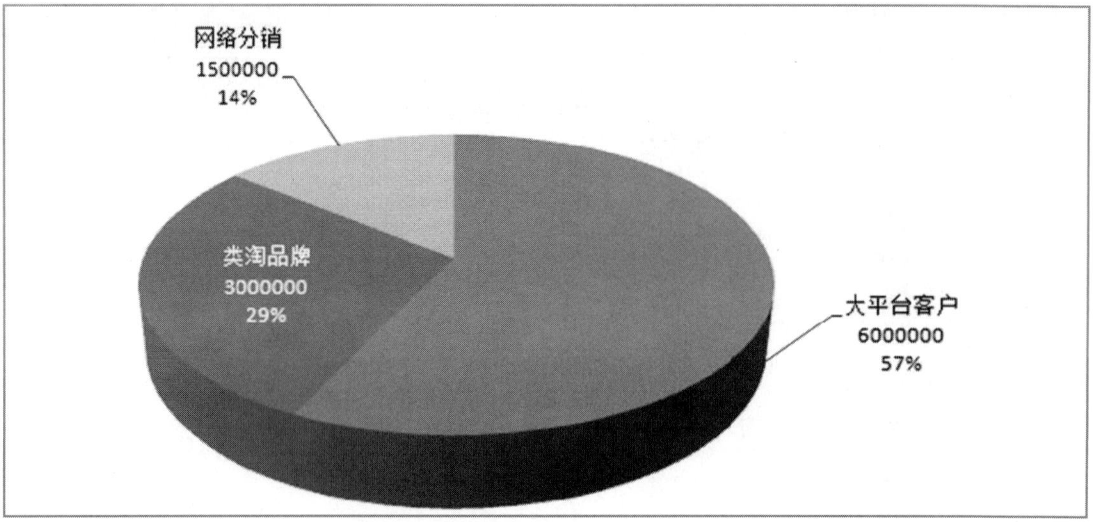

2015 年供货总金额分析图

3. 鱼骨图分析法

鱼骨图分析法，又叫因果分析法，是由日本人石川馨先生发展出来的，故又叫石川图，是发现问题“根本原因”的分析方法。MBA、EMBA 等现代工商管理教育将其划分为问题型鱼骨图、原因型鱼骨图及对策型鱼骨图三类。

① 问题型鱼骨图：各要素与特性值间不存在因果关系，而是结构构成关系。

② 原因型鱼骨图：鱼头在右，特性值通常以“为什么……”来写。

③ 对策型鱼骨图：鱼头在左，特性值通常以“如何提高/改善……”来写。

鱼骨图分析法如下图所示。

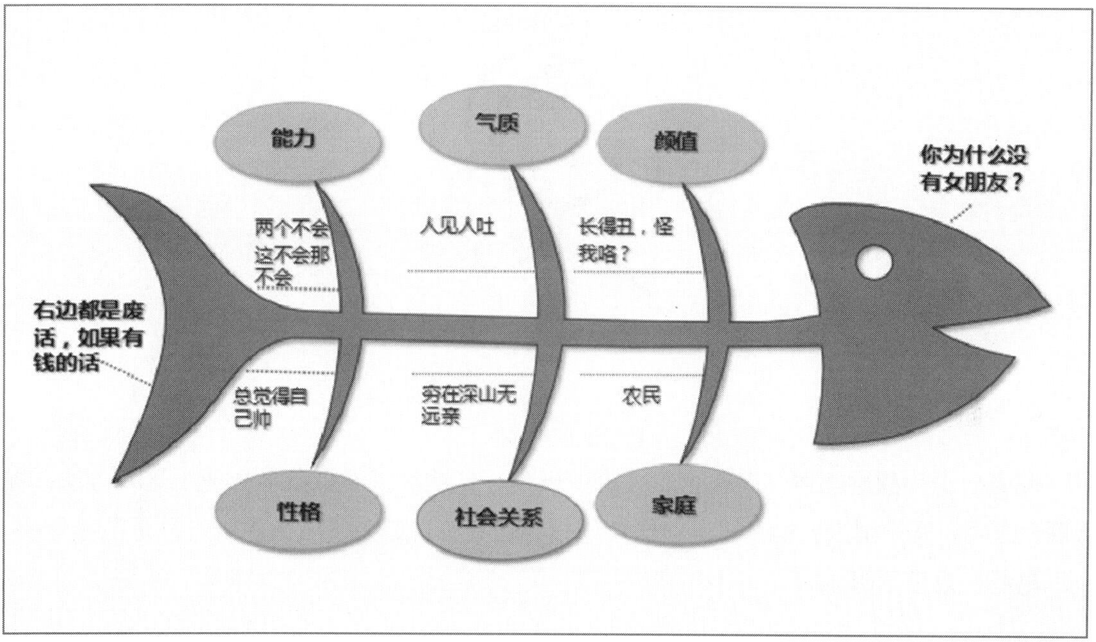

鱼骨图

4．头脑风暴法

在互联网公司内部决策中，由于员工之间相互影响，易屈于上级或大多数人意见，形成贫乏的“群体思维”。群体思维削弱了团队的批判精神和创造力，降低了决策的质量。为了保证团队决策的创造性，提高决策的质量，在互联网公司管理上发展了一系列改善集体决策的方法，头脑风暴法是较为典型的一个，这种方法在传统企业里极少见到，因为在传统工业企业里面，团队会议沟通的模式往往以汇报式、命令式为主，以互动式、争论式为辅，甚至没有。

其实，头脑风暴（Brain-storming）最早是精神病理学上的专业术语，指精神病患者处于精神错乱的状态。现在被运用到互联网公司的管理上，以推动无限制的自由联想和讨论，目的就是为了产生新观念或激发创新设想。

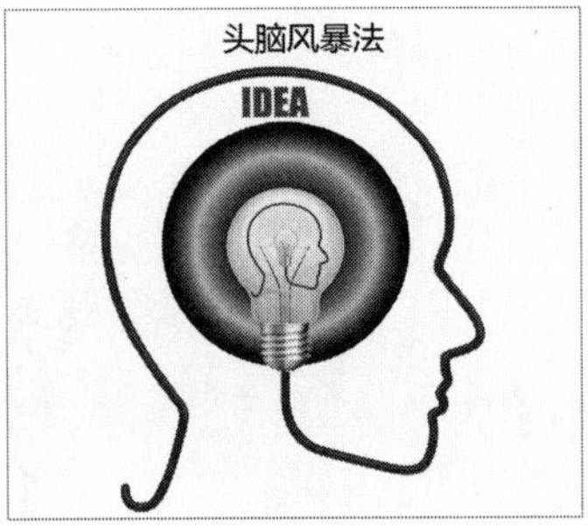

头脑风暴图

5．PDCA 循环规则

PDCA 循环规则在传统工业企业里用得极多，在项目管理中多半会使用这种方法；在互联网公司，有一个重要的基因是：快速试错。它其实也遵循了这条原则，只是节奏更快、成本更低、效果更明显。

① Plan：制定计划，定好目标。

② Do：展开任务，落地实施。

③ Check：对过程中的关键环节与最终结果进行检查与督导。

④ Action：纠正偏差，对成果进行标准化，并确定新的目标，制定下一轮计划。在这一步当中，与传统企业的不同之处在于，快速试错之后，如果效果明显，组织的工作是：快速放大。

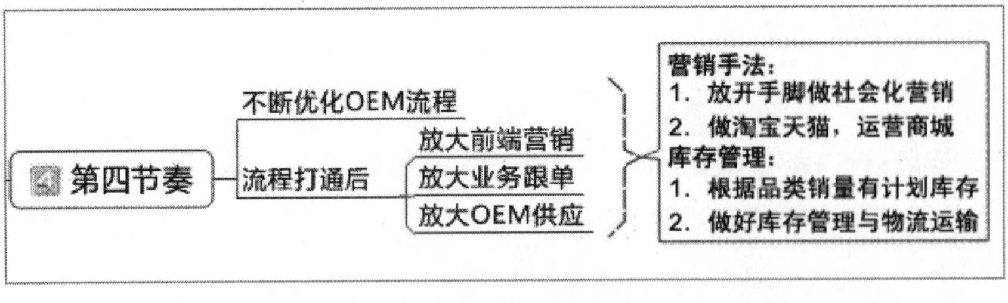

PDCA 循环的运用

6. 5W2H 法则

5W2H 分析法又叫“七何分析法”，原来应用于军队当中，是第二次世界大战中美国陆军兵器修理部首创。现广泛用于企业管理和技术活动，对于团队项目管理有极大的借鉴作用。

① What：什么，做什么？

② How：怎么做？

③ Why：为什么要这么做？

④ When：什么时候做最适合？

⑤ Where：从哪里开始做最好？

⑥ Who：由谁来负责做最好？

⑦ How Much：做到什么程度？

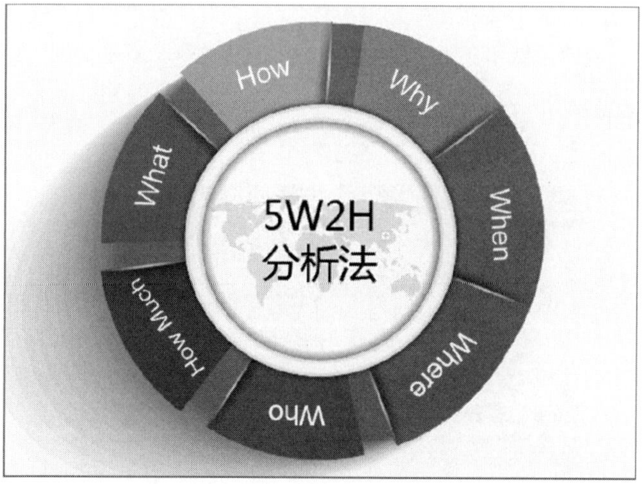

5W2H 分析法

7. 艾森豪威尔法则

在第二次世界大战期间，为了应付纷繁复杂的事务，并快速做出决策，盟军统帅艾森豪威尔发明了著名的“十”字法则，即艾森豪威尔法则。做法极为简单，画一个“十”字，分成四个象限，分别代表重要紧急的、重要不紧急的、不重要紧急的、不重要不紧急的。把自己要做的所有工作放在对应的象限，然后先做重要紧急的事情，再做重要不紧急的事情，将不重要紧急的事情授权出去，将不重要不紧急的事情放在最后做。这样一来，艾森豪威尔的工作效率大大提高。

艾森豪威尔在第二次世界大战中发明艾森豪威尔法则

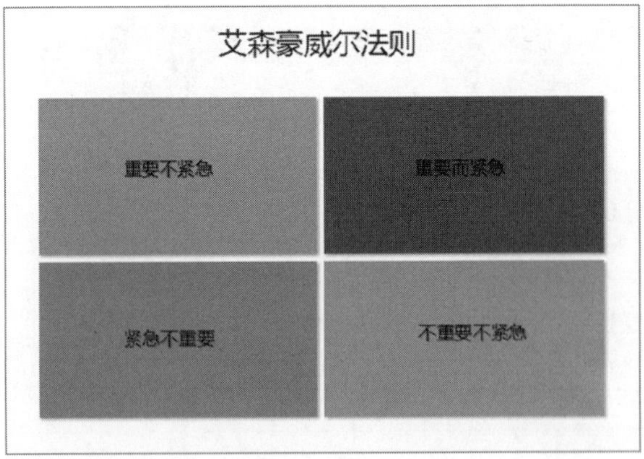

艾森豪威尔法则

艾森豪威尔法则不仅适用于个人的工作事务安排上，在网络营销推广上也得到广泛地运用。比如：营销矩阵的运营，核心的营销手法投入更多的时间，辅助的营销手法则投入相对少一点，再次一点的营销手法则按一定周期去运营，相互配合；又比如：前期效果营销投入多一些，品牌营销投入要少一点。再比如：选择关键词时，也可以用这种方法做出科学的选择。

注：下图所示的四类关键词之间存在一种变换关系，一般而言，会从 A=>C=>D=>B=>A 产生变化。竞争度低、营销价值低的词在一定条件下会变为营销价值高的 C 类词。C 类词属于蓝海类关键词，一旦长期被开发，极可能变为 D 类词。D 类词是红海关键词，有一部分关键词会在较长时间内存在激烈的竞争关系，成为企业争夺的焦点。D 类词在客户习惯的影响下，极可能成为 B 类词，竞争激烈而营销价值降低。

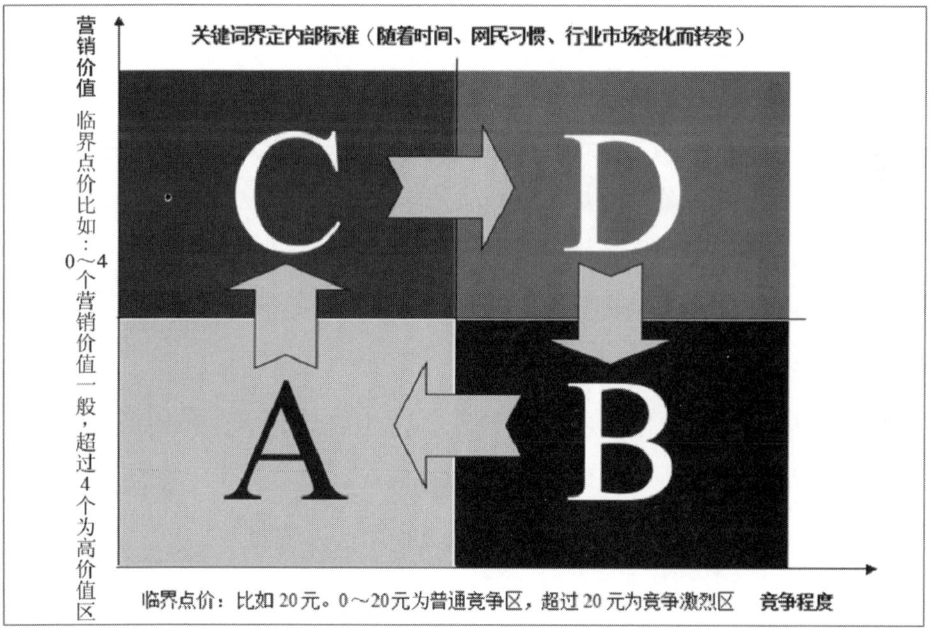

艾森豪威尔法则的运用

艾森豪威尔法则运用表格

关键词类别	行业名称	竞争程度（搜索量范围）	营销价值（指数范围）	评　估	重 要 性
A	灰海词	0<A<200 万	0<A<100	潜力词	关注开发，观察其变化
B	黑海词	B>200 万	0<B<100	吸血词	慎重，慎大量使用
C	蓝海词	0<C<200 万	C>100	吸金词	大胆使用，单人操作，保密
D	红海词	D>200 万	D>100	品牌词	性价比与品牌并重，审慎操作，追踪使用

8. OODA 循环

OODA 循环的发明人是美国空军上校约翰·博依德（John Boyd），所以又叫博依德循环。在这个循环的指导下，一线作战员可以根据自己在战场场景中获得的直接信息，做出判断，完成战术动作。

第二次世界大战时，法国陆军面对德国军队的进攻惊慌失措，一个重要原因就是法军军官过于强调一线战士的控制，以致从获取敌军情报到做出反应的时间过长。这种集中控制的作战方法比较适合阵地战，但是在运动战中却会屡屡失去先机，被敌人牵着鼻子走，最终导致被消灭。单就军事角度来讲，毛泽东对付蒋介石用的也是这种战术，毛泽东善于将指挥机动权授权给前线指挥官，而蒋介石却屡屡伸手过长，直接干预前线指挥官的指挥，导致军事上的重大挫败。

《孙子兵法》云：途有所不由，军有所不击，城有所不攻，地有所不争，君命有所不受。讲的就是为了将指挥权前移，以快速反应。

而在企业中，“让听得见炮声的一线业务员做决策”是华为管理的一大特色，其实际运用的策略也是 OODA 循环。

在互联网公司，这种做法更是屡见不鲜，互联网的基因快速试错，迅速放大的决策，基本源于一线运营与推广人员。

在军队中，是否运用 OODA 循环，意味着“是杀人还是被杀”；而在互联网公司里，是否运营 OODA 循环，则意味着“是成功还是失败”。

OODA 是 Observe（观察）、Orient（调整）、Decide（决策）和 Act（行动）的缩写，它的基本观点是：武装冲突或商业竞争可以看做敌对双方或竞争双方互相较量谁能更快、更好地完成“观察—调整—决策—行动”的循环过程。敌我双方或竞争双方都从观察开始，观察自己，观察战场、商场、敌人或对手，基于观察分析，获取相关的外部信息，根据感知到的外部威胁，及时做出调整，做出应对措施，并采取相应行动或公关活动。

小到一个推广，大到一种战略节奏，都可以使用 OODA 循环。商业运营中，节奏为王，比如：苹果公司最开始生产的并非 iPhone，是在 MP3 基础上发明 iPod，并在手机功能上简单融合 iPod 功能，形成 iPhone 1，而在 ibook+iPhone 基础上推出 iPad 1，节奏感十分强烈。

下图是我在 2012—2013 年操盘包装电商采用的运营手法，当时大概吸引了 80 位左右的潜在客户，跟踪了其中的 30 多位客户，成功了 13 位客户。其中每一位客户年需求纸箱金额约 50 万元。从大的节奏上看，这个运营遵循了 OODA 循环的原则，并且每一个节奏内部也遵循了 OODA 循环原则。它的好处是：我清楚地知道我在做什么、做到什么程度了、什么时候可以推进到下一个步骤，并且也十分清楚我的团队成员在各个节奏中应该做什么、有什么效果、有什么问题、如何调整、如何优化等。

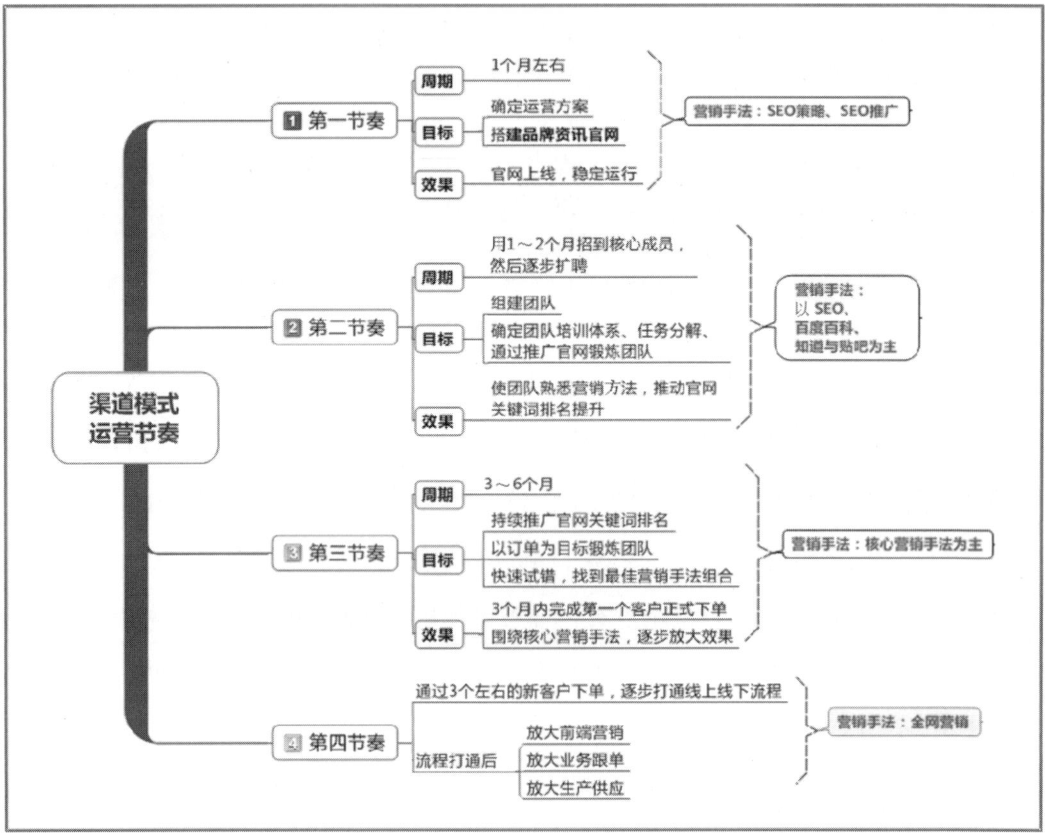

OODA 循环的运用

9．SMART 原则

SMART 原则是彼得・德鲁克（Peter F．Drucker，1909—2005 年，现代管理学之父），在其著作《管理的实践》中首次提出的管理原则，是目标管理的重要内容。SMART 原则在 KPI 考核中运用广泛，SMART 原则使 KPI 考核成为一种有效的考核手法。

我在工作过的企业中，遇到不少做 KPI 的管理人员，但他们对 SMART 原则知之甚少。KPI 考核如果缺乏对 SMART 原则的足够了解，最糟糕的情况就是：KPI 变成了一种整人的工具。我曾经见过 KPI 指标能够打到 130 多分的，并且当事人还拿着这个分数四处炫耀。因此，了解 SMART 原则是非常必要的。

SMART 原则由以下部分构成：

① KPI 指标必须是具体的，即 Specific。

② KPI 指标必须是可以衡量的，即 Measurable。

③ KPI 指标必须是可以达到的，即 Attainable。

④ KPI 指标要与其他目标具有一定的相关性，即 Relevant。

⑤ KPI 指标必须具有明确的截止期限，即 Time-bound。

无论是制定团队的绩效目标还是制定员工的绩效目标，都必须符合上述五个原则，缺一不可。

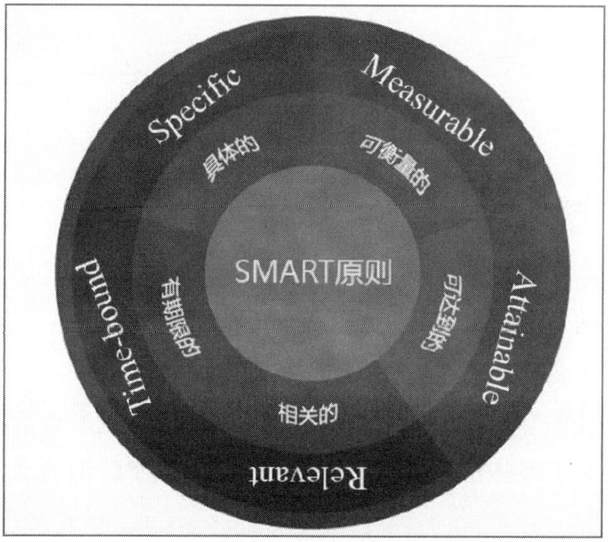

SMART 原则

互联网公司常用的分析市场环境的工具或平台基本也有 9 种。

1. 百度指数

百度指数登录界面

网址是：http://index.baidu.com/。

百度百科对百度指数的介绍是：百度指数是以百度海量网民行为数据为基础的数据分享平台，是当前互联网乃至整个数据时代最重要的统计分析平台之一，自发布之日便成为众多企业营销决策的重要依据。百度指数能够告诉用户：某个关键词在百度的搜索规模有多大，一段时间内的涨跌态势及相关的新闻舆论变化，关注这些词的网民是什么样的，分布在哪里，同时还搜索了哪些相关的词，帮助用户优化数字营销活动方案。

使用方法：假如想查询“传感器”的搜索规模与发展趋势，打开百度搜索指数网址，输入“传感器”，即可看到“传感器”的搜索情况与变化趋势，如下图所示。

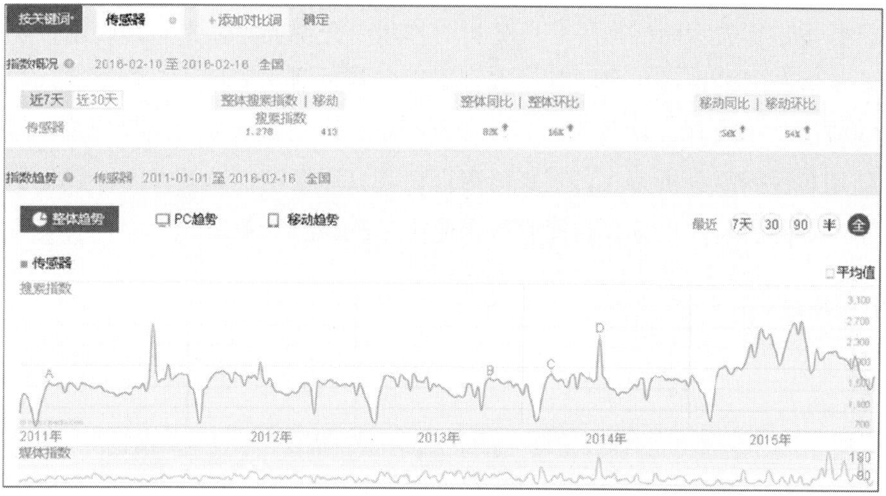

百度指数的使用方法（1）

如果想比较“传感器”与“光纤传感器”的搜索规模有什么关系，可以输入“传感器，光纤传感器”进行查询。注意：要加入逗号，如下图所示。

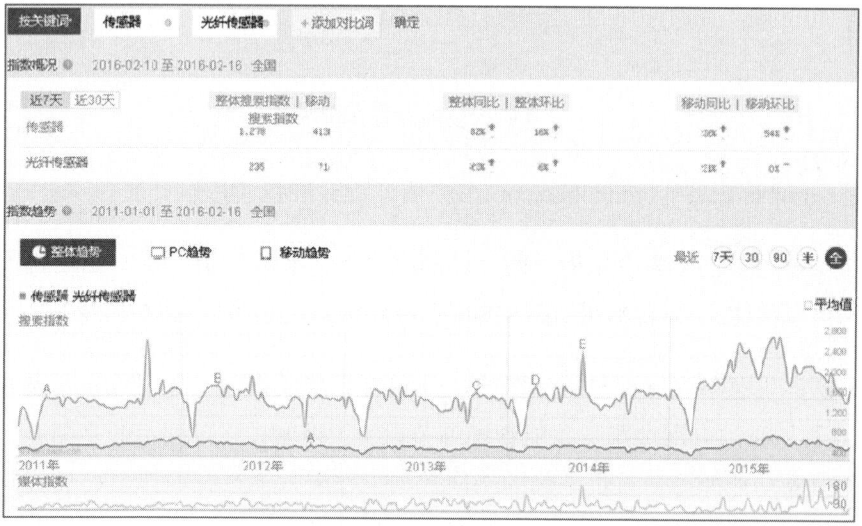

百度指数的使用方法（2）

百度指数在进行宏观网络市场环境分析时作用十分明显，如果长期使用，甚至可以看出不同工业品牌公司的市场兴衰起落。综合运用好各种网络工具，是快速进入一个工业品行业最佳的方法。2012 年，我进入包装工业品行业，以前我从未在该行业工作过，但是由于熟练地使用各种网络分析方法、工具与平台，我只需要花很短的时间，就能够对该行业有相当地了解，并且制定出符合该行业与企业实际情况的方案来。

2. 生意参谋

2015 年 3 月 23 日，淘宝下线了淘宝指数，代替以生意参谋与阿里指数，如下图所示。

生意参谋的登录界面

网址是：https://beta.sycm.taobao.com，必须订购标准包才可以开通。

生意参谋是阿里巴巴为专家提供的一款数据分析工具。它能够反映出店铺产品的整体数据情况，可以优化宝贝标题，诊断店铺信息，看流量、访客、排名等。

使用方法：生意参谋标准包是免费的，升级功能需要收费，我们首先查看其首页，如下图所示。（注：必须有淘宝账号才能查询细节，为了保密，下图列示的是新开的一个店的网页，我们只看功能即可）首页是你的专属数据工作台，通过行业排名、店铺经营概况、流量分析、实时指标、商品排行、商品分析、交易分析、服务分析、营销分析，为你展示店铺经营所有核心数据分析。

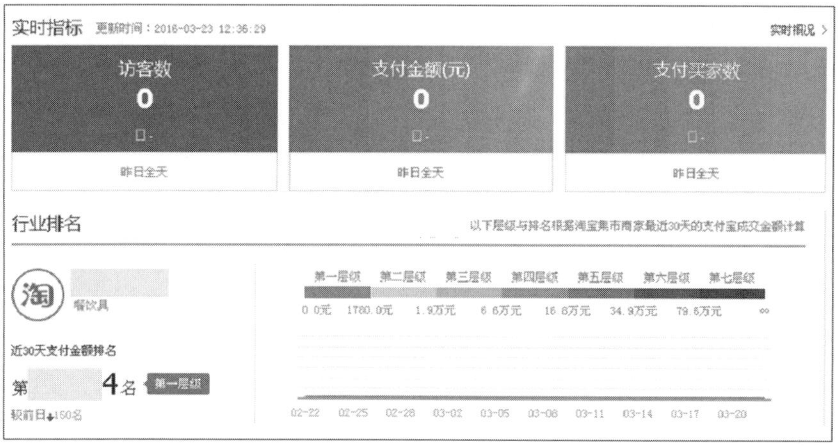

生意参谋的运用——实时指标

生意参谋的运用——实时直播

经营分析之流量分析：提供了整个店铺流量的概况、流量的来源和去向、访客时段地域等特征分析、店铺装修的趋势和页面点击分布分析。有四大功能：流量概况、流量地图、访客分析、装修分析。

生意参谋的运用——流量分析

经营分析之商品分析：提供了整个店铺全部商品的详细效果数据，包括五大功能模块：商品概况、商品效果、异常商品、分类分析、采购进货，如下图所示。

生意参谋的运用——商品分析

经营分析之交易分析，提供店铺的两个功能点：交易概况和交易构成，及时掌控店铺交易问题，并提供资金回流行动点。

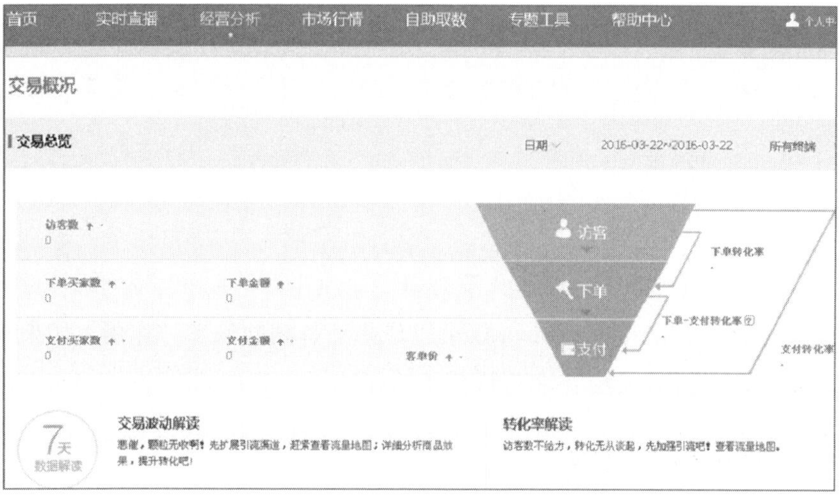

生意参谋的运用——交易分析

生意参谋还有市场行情、营销推广、自助取数与专题工具等功能。

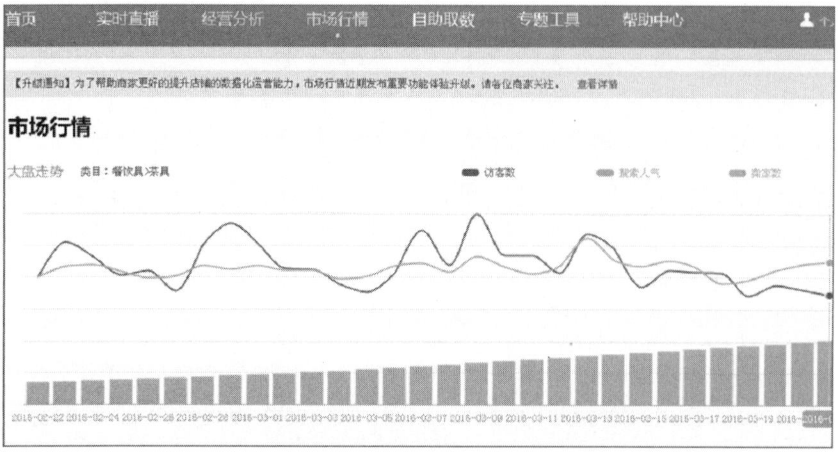

生意参谋的运用——市场行情

生意参谋是淘宝店铺和天猫店铺必不可少的数据分析工具，不精通它，很难精确运营店铺，也很难提升店铺运营水平。

3. 站长工具

站长工具是分析一个企业官网的网络营销基础的最佳办法，包含许多种工具，这里详细地介绍 6 种工具。

1）Alexa 排名查询

Alexa 排名在几年前还非常火爆，火爆到每一个玩平台的创业者为了获得风投的投资，不惜 Alexa 排名作弊。目前来说，Alexa 仅可以作为一种辅助的参考作用，如果想知道竞争对手平台的大概情况，可以使用它来获得初步的印象。

网址：http://alexa.chinaz.com/。

使用方法：比如想查询“找钢网”的 Alexa 排名情况，打开上面的网址，输入找钢网的域名，单击“查询”按钮即可。

Alexa 排名查询

从下图中可以看出，找钢网排在近 6 万名，排名还算可以。看来找钢网主要还是针对国内用户，流量主要来自于国内用户。

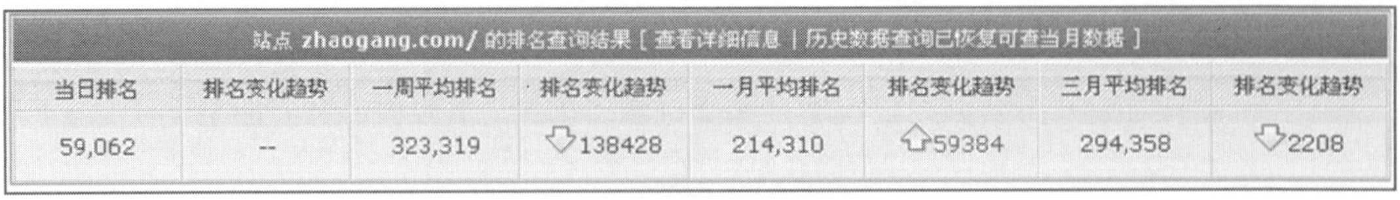

站点 zhaogang.com/ 的排名查询结果 [查看详细信息 | 历史数据查询已恢复可查当月数据]

当日排名	排名变化趋势	一周平均排名	排名变化趋势	一月平均排名	排名变化趋势	三月平均排名	排名变化趋势
59,062	--	323,319	⇩138428	214,310	⇧59384	294,358	⇩2208

Alexa 排名查询结果

2）百度权重查询

百度权重与 Google PR 是两回事，因为百度权重并非百度自己推出的，而是爱站、站长工具等网站推出的针对网站关键词排名预计给网站带来的流量，划分等级 0～10 的第三方网站欢迎度评估数据。所以，具有一定的参考作用。

网址：http://rank.chinaz.com/。

使用方法：比如想查阅“找钢网”的百度权重如何，打开上面的网址，输入找钢网的域名，单击“查询”按钮即可，如下图所示。

序号	关键字	PC指数	移动指数	360指数	排名	收录量	网页标题
1	找钢网	1127	995	195	1	322000	找钢网_钢铁全产业链电商！首页
2	56.com登录	1	0	0	4	67800000	登录 首页
3	找钢网	1127	995	195	8	322000	今日钢材资源单下载_找钢网 首页
4	h型钢理论重量	54	34	0	8	218000	h型钢理论重量表 - 找钢网首页
5	h型钢理论重量表	153	187	519	9	472000	h型钢理论重量表 - 找钢网首页
6	钢材网	66	73	147	9	74600000	找钢网_钢铁全产业链电商！首页
7	型钢重量表	9	0	0	11	3690000	h型钢理论重量表 - 找钢网首页
8	找钢网	1127	995	195	12	322000	关于找钢-找钢网招聘 首页
9	想神马有神马	79	94	0	14	1600000	想神马就有神马 _找钢网2014年招聘...
10	找钢网	1127	995	195	15	322000	找钢网app 首页
11	钢材网站	8	0	31	16	2010000	找钢网_钢铁全产业链电商！首页
12	买钢材	95	0	0	19	18900000	找要买钢材_帮助中心_找钢网

百度权重查询

3）SEO 概况查询

SEO（Search Engine Optimization，搜索引擎优化）是指按照搜索引擎的排名算法来指导网站内部调整优化及站外优化，使网站符合搜索引擎收录排名规则，从而提高网站在搜索引擎中的关键词排名，将精准用户引入网站，获得自然免费的精准流量，产生直接的咨询甚至销售或进行品牌推广。其核心有三个方面：一是按照 SEO 的规则优化网站；二是提高高质量的原创内容；三是不断使优质的外部网站链接本网站。

网址：http://seo.chinaz.com/。

使用方法：比如想查询“找钢网”的 SEO 概况，首先打开上面的网址，输入找钢网的域名，单击“查询”按钮即可，如下图所示。

SEO 查询（1）

网站基本信息	SEO数据风向标
ALEXA排名	世界排名:294,358 流量排名:59062 日均IP≈1,800 日均PV≈7,200
SEO信息	百度权重 4 Google 3 反链数:35 出站链接:0 站内链接:0
域名IP	180.153.239.171[上海市 电信] [同IP网站25个] [响应时间：20毫秒]
域名年龄	9年8月8天（创建于2006年06月09日,过期时间为2018年06月09日）
更多查询	ALEXA排名 友情链接检测 网站历史数据 Whois查询 备案查询 网站排名
域名备案	备案号：沪ICP备13013915号-3 性质：企业 名称：上海钢富电子商务有限公司 审核时间：2015-09-14

百度相关

百度流量预计	关键词库	百度快照	首页位置	索引量	今日收录	最近一周	最近一月
1543	20	2016-2-15	1	3344	0	0	2

网站 zhaogang.com 的收录/反链结果

搜索引擎	百度	谷歌	360	搜狗
收录	5700	1920	4440	957
反链	12万1000	2	14万9001	查询

SEO 查询（2）

历史收录 seo收录 更多》

日期	百度收录	百度索引量	Google收录	360收录	搜狗收录	百度反链
2016-02-16	1万1300	3344	--	4440	988	20万3000
2016-02-15	4610	3344	--	4520	930	157万
2016-02-14	4610	3344	--	--	930	21万1000
2016-02-10	4040	3344	--	--	--	16万5000
2016-02-03	4530	2779	--	4490	985	17万9000

标签	内容长度	内容	优化建议
标题（Title）	0 个字符		一般不超过80个字符
关键词（KeyWords）	0 个字符		一般不超过100个字符
描述（Description）	0 个字符		一般不超过200个字符

IP地址查询 - PR查询 - 域名Whois查询 - 网站收录查询 - Alexa排名查询 - 友情链接查询 - 百度权重查询 - 备案查询 - IP反查 - 网站历史记录

服务器信息		网页压缩检测
协议类型	HTTP/1.1 200 OK	网页是否压缩：是
页面类型	text/html	原网页大小: 127
服务器类型		压缩后大小: 194
程序支持		压缩比(估计值):-52.76%

SEO 查询（3）

通过 SEO 概况的查询，基本就可以了解一个网站的网络营销基础，并且为网站的优化与改进提供直观的参考依据，是传统工业企业官网矩阵推广必不可少的工具。比如上图中的 Title、Keywords 与 Description 为空白，按照 SEO 的要求来说，就是一个小小的缺陷，虽然现在 TKD 在 SEO 的权重没有原来重要了，但是认真写好 TKD 还是很有必要的。

4）友情链接查询

友情链接最大的目的其实就是为了 PR，因为 PR 越高，网站的权重越大，一般网站的关键词排名就会越靠前，从而达到引流宣传的目的。友情链接是外链的一种。最佳的友情链接形式至少包含三个重要内容：一是链接文本化，即不要使用图片链接，而是使用关键词尤其是核心关键词文本做链接文本；二是链接目录化，即最好直接使用网站的域名作为链接的网址，其次是使用目录路径网址作为链接；三是链接的位置最好是在网站首页，因为这里权重最高。当然，往往在每一个页面都放置友情链接。

网址：http://linkche.aizhan.com/。

使用方法：比如想查询域名“www.weibo.com”的友情链接情况，首先打开上面的网址，然后输入“www.weibo.com”，最后单击“查询”按钮，如下图所示。

友情链接

一般来说，可以考虑安排专人来负责友情链接与外链。长年累月地做，每天用半个小时，如果一个网站的外链或友情链接数量达到10万级别，则该网站的权重就是竞争对手难以超越的，该网站的关键词排名也是竞争对手难以超越的，除非其不断花钱购买百度竞价。

5）域名备案查询

这是中国存在的特殊现象，在中国做网站，如果不备案，网站基本打不开，除非域名与服务器在境外（在香港也可以）。如何判断一个网站是否备案呢？就是使用域名备案查询的方法。

网址：http://icp.aizhan.com/。

使用方法：比如要查域名“www.gpcchina.cn”是否备案，首先打开上面的网址，输入域名“www.gpcchina.cn”，再单击“查询”按钮即可，如下图所示。

域名备案查询

主办单位名称	上峰集团有限公司
主办单位性质	企业
网站备案/许可证号	浙ICP备12022657号-1
网站名称	世界包装中心
网站首页网址	www.gpcchina.cn
审核时间	2014-03-28
获取备案代码	文字样式代码　图片样式代码

域名备案查询结果

6）whois 信息查询

whois 是指域名的 IP 及所有者等信息的传输协议。查询 whois，主要用来查询域名是否已经被注册，以及是谁注册该域名的，是在什么域名注册机构注册的等信息。方便直观地了解域名的所有人信息。

网址：http://whois.aizhan.com/。

使用方法：比如查询域名“gpcchina.cn”被谁注册了，首先打开上面的网址，然后输入域名“gpcchina.cn”，单击“查询”按钮即可，如下图所示。

域名whois查询　请输入你要查询的域名：gpcchina.cn　查询

域名：	gpcchina.cn
注册商：	China NIC
参照页：	http://www.cnnic.net.cn
域名持有人/机构名称：	世包中心集团有限公司
域名持有人/机构邮箱：	aiong@saifo.com
创建时间：	2012-04-27
更新时间：	-
过期时间：	2025-04-27
域名服务器：	whois.cnnic.cn
DNS服务器：	dns21.hichina.com - 140.205.81.16
DNS服务器：	dns22.hichina.com - 42.120.221.26
域名状态：	默认的正常状态

whois 查询结果

认真学习使用上述六种工具，可以快速地了解自己与竞争对手网络平台的营销基础数据。那么，如何优化改进的方法也就出来了，后面我们在讲网络营销矩阵中的推广手法时，还会更详细地讲到如何优化它。

4. 阿里指数

2012年11月26日，阿里指数由阿里巴巴技术部数据仓库部门研发成功，并正式上线。根据阿里巴巴官方介绍，阿里指数是指："了解电子商务平台市场动向的数据分析平台，根据阿里巴巴网站每日运营的基本数据，包括每天网站浏览量、每天浏览的人次、每天新增供求产品数、新增公司数和产品数，这5项指标统计计算得出。"

阿里指数的作用主要体现在两大方面。

一是反映行业大盘数据趋势，包括市场行情、热门行业、企业分析。以某个行业为视角进行分析。

（1）反映市场行情数据：市场的综合趋势，价格、采购、供应的趋势。

（2）反映热门行业数据：各种热门细分子行业的分析，并对各个子行业做出排序。

（3）反映企业分析数据：根据某个行业下的供应商、采购商的交易情况分等级，用于表明此行业的大小企业的占比情况。

二是反映产业基地数据趋势，主要包括产业带、企业分析。以某个地区为视角进行分析。

（1）产业带：对于每个全国的县级行政区域，都进行行业分析，从而得出各地的产业带布局。

（2）企业分析：根据某个地区下的供应商、采购商的交易情况分等级。

旧版阿里指数网址：http://index.1688.com/。

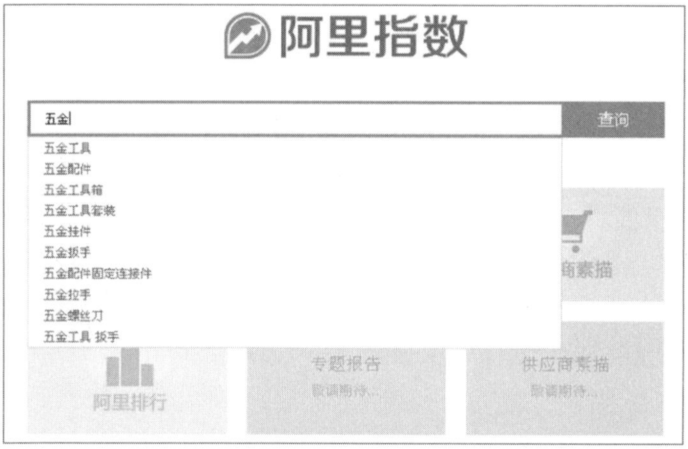

旧版阿里指数

新版阿里指数网址：https://alizs.taobao.com。

新版阿里指数

使用方法：比如你想查询五金的行业趋势，首先打开上面的网址，输入“五金”，单击“查询”按钮即可，如下图所示。

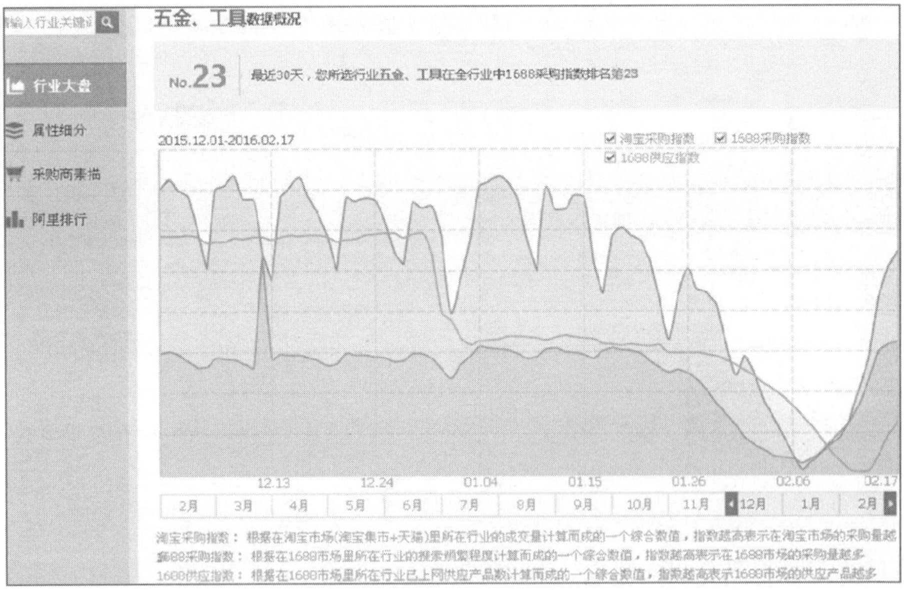

阿里指数使用方法（1）

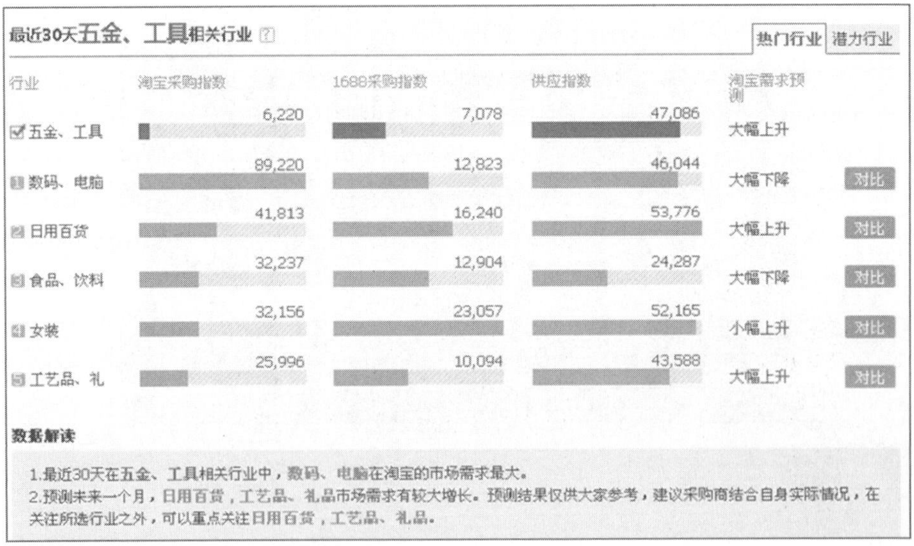
最近30天五金、工具相关行业

热门行业 潜力行业

行业	淘宝采购指数	1688采购指数	供应指数	淘宝需求预测	
五金、工具	6,220	7,078	47,086	大幅上升	
数码、电脑	89,220	12,823	46,044	大幅下降	对比
日用百货	41,813	16,240	53,776	大幅上升	对比
食品、饮料	32,237	12,904	24,287	大幅下降	对比
女装	32,156	23,057	52,165	小幅上升	对比
工艺品、礼	25,996	10,094	43,588	大幅上升	对比

数据解读

1.最近30天在五金、工具相关行业中，数码、电脑在淘宝的市场需求最大。
2.预测未来一个月，日用百货，工艺品、礼品市场需求有较大增长。预测结果仅供大家参考，建议采购商结合自身实际情况，在关注所选行业之外，可以重点关注日用百货，工艺品、礼品。

阿里指数使用方法（2）

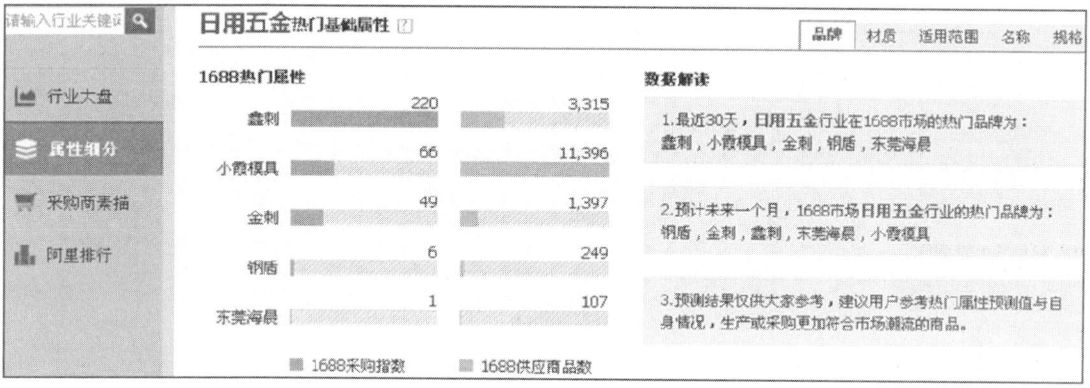

阿里指数使用方法（3）

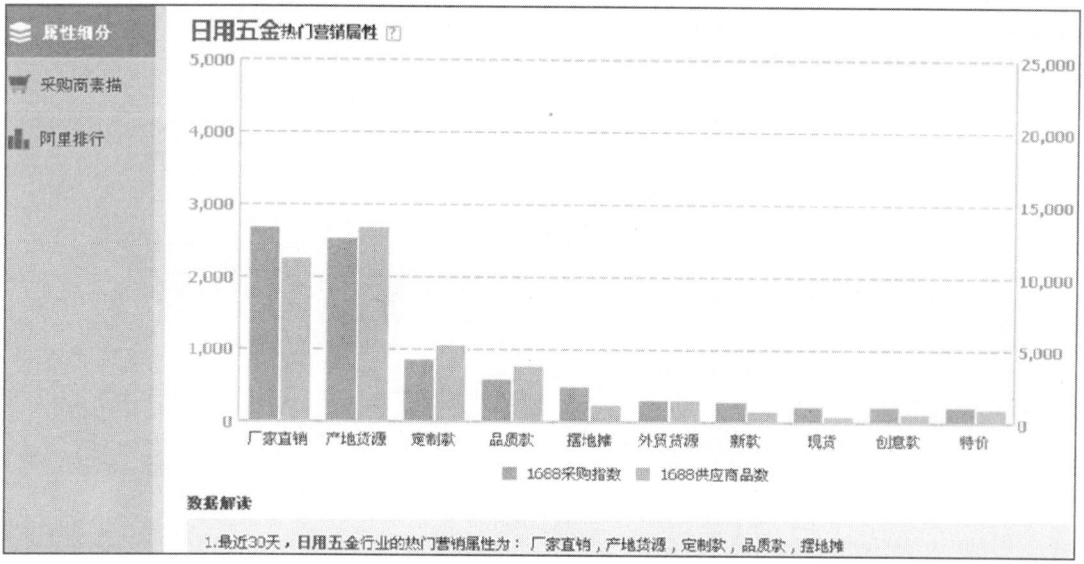

阿里指数使用方法（4）

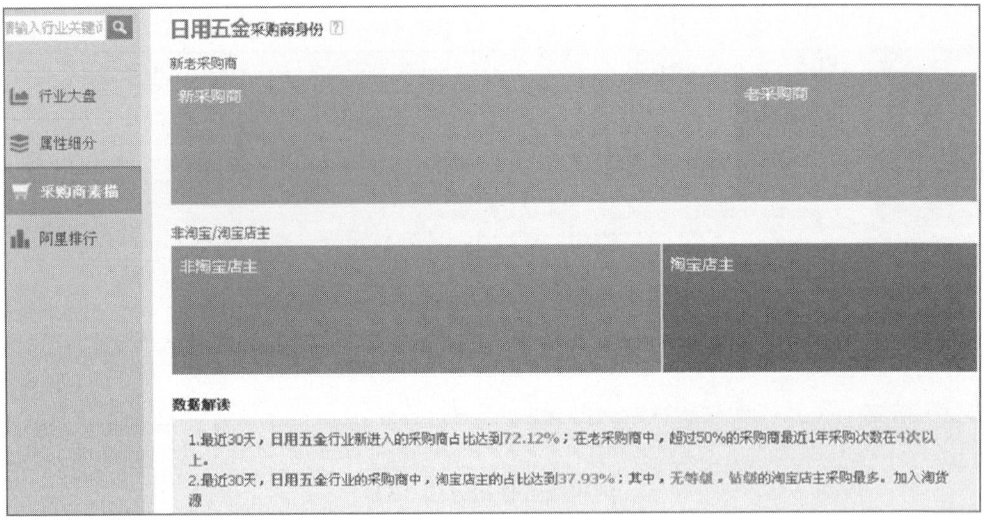

阿里指数使用方法（5）

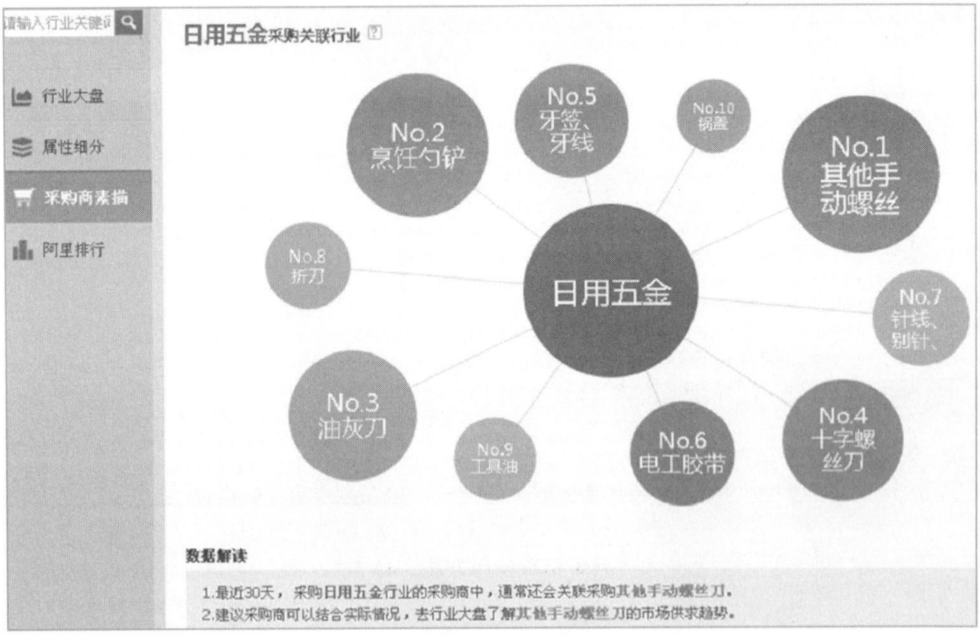

阿里指数使用方法（6）

阿里指数使用方法（7）

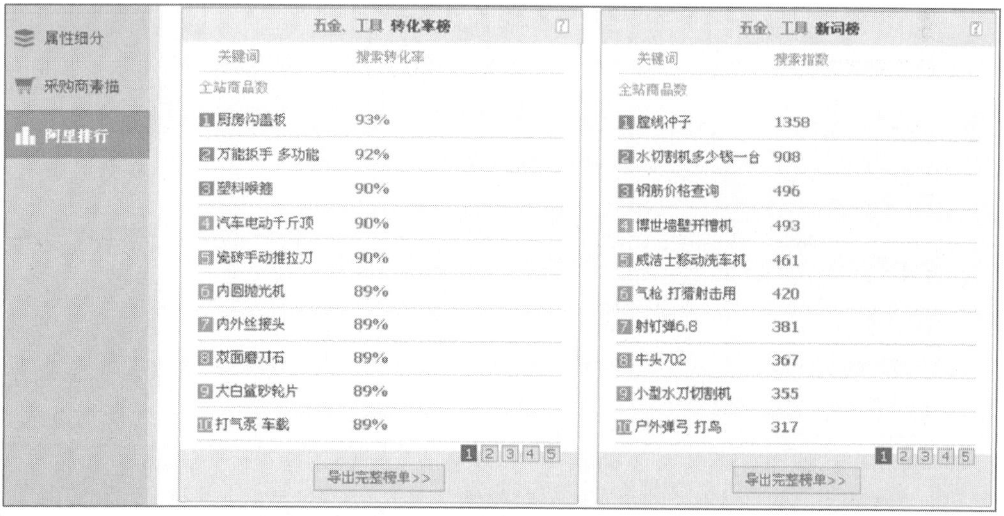

阿里指数使用方法（8）

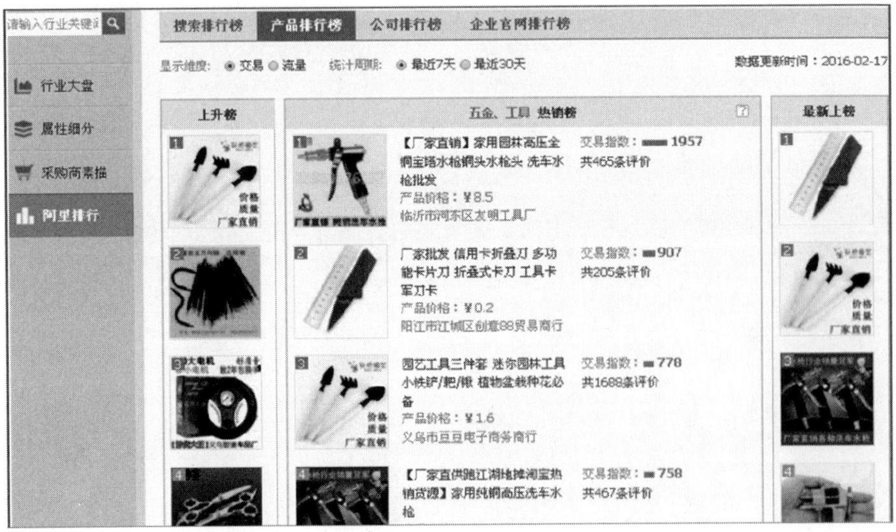

阿里指数使用方法（9）

阿里指数使用方法（10）

阿里指数使用方法（11）

如上图所示，通过阿里指数，基本上可以比较全面地了解每个工业品类在网络上的宏观数据，这对企业做决策极具借鉴价值。

新版的阿里指数增加了区域指数与行业指数版块，可以从宏观上更加直观地了解商品的消费趋势变化，如下图所示。

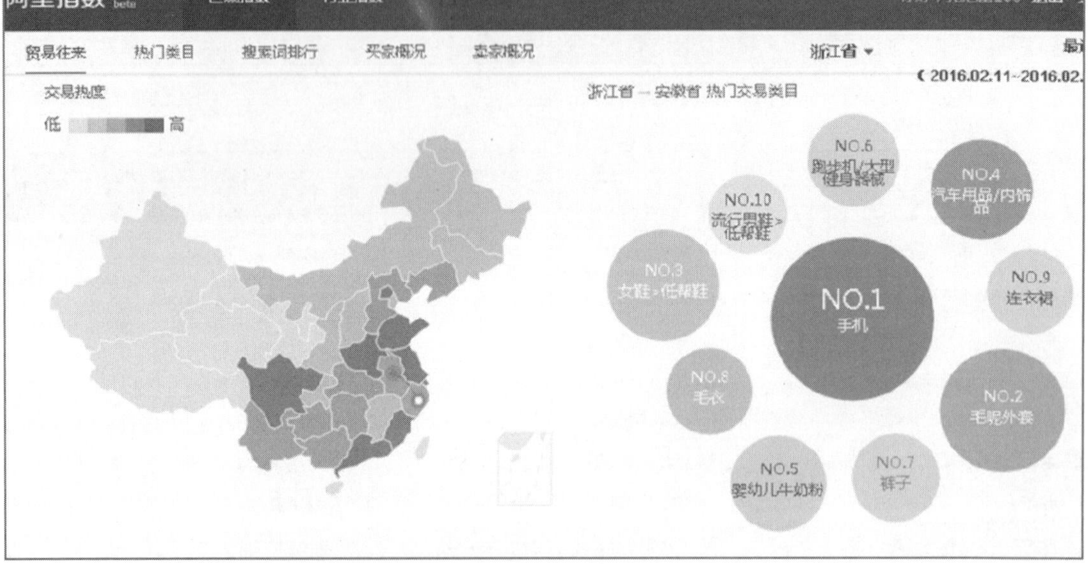

阿里指数使用方法（12）

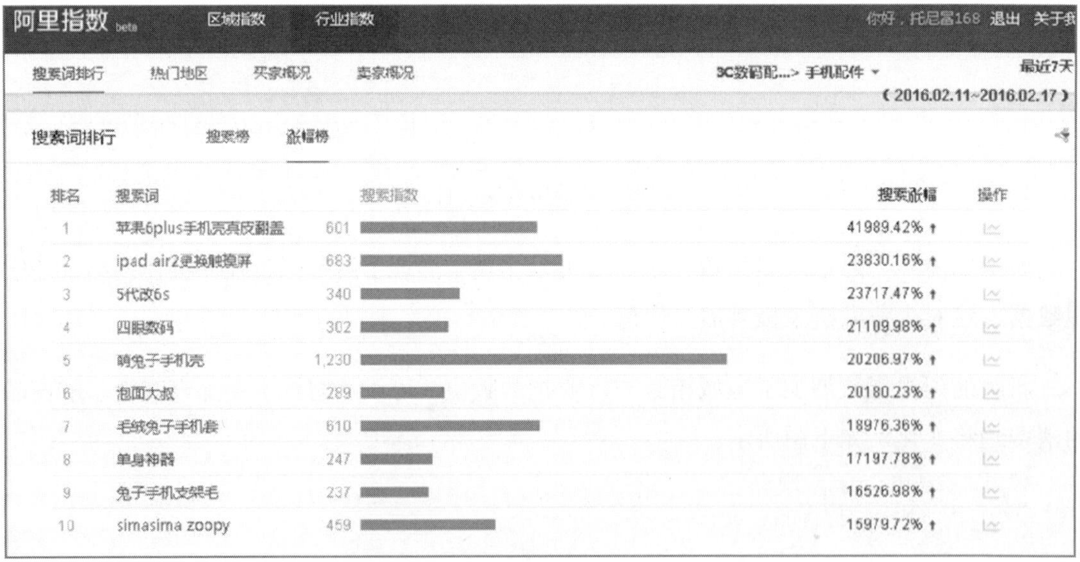

阿里指数使用方法（13）

新版的阿里指数数据还不是很完整，目前还仅仅指针消费品行业，对于工业品目前还没有相关数据支撑，相信随着版本的成熟，一定也会推出工业品的区域与行业指数变化趋势的。

5. 艾瑞网站排名

根据艾瑞官方介绍：iWebChoice 是一家专注于互联网行业网站排名和行业排名的网站，主要提供网站排名、行业排名、网站详细资料等数据资料，并增加图表和对比功能，方便用户进行多网站直接的多维度对比。

另外，它还特别申明了："iWebChoice 上的排名指数及相关数据均来源于 Alexa，如浏览到 iWebChoice 上的排名数据，请不要认为是由艾瑞提供的数据源。"

因此，艾瑞网站排名仅供宏观参考，因为 Alexa 提供的数据目前也仅仅是参考作用。

网址是：http://www.iwebchoice.com/。

使用方法：直接打开上面的网址即可查阅，十分方便，类似于排名导航网址，如下图所示。

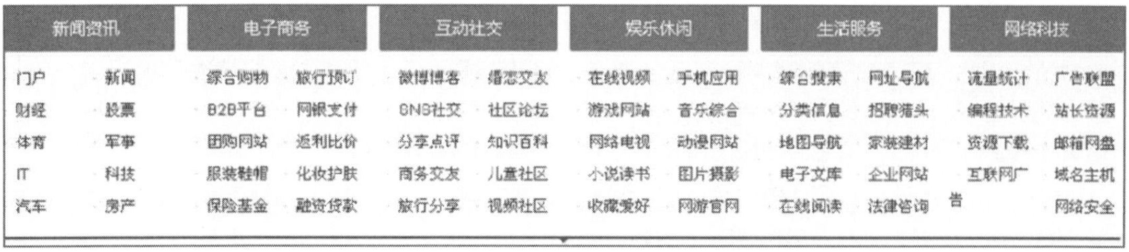

艾瑞网站排名分类（1）

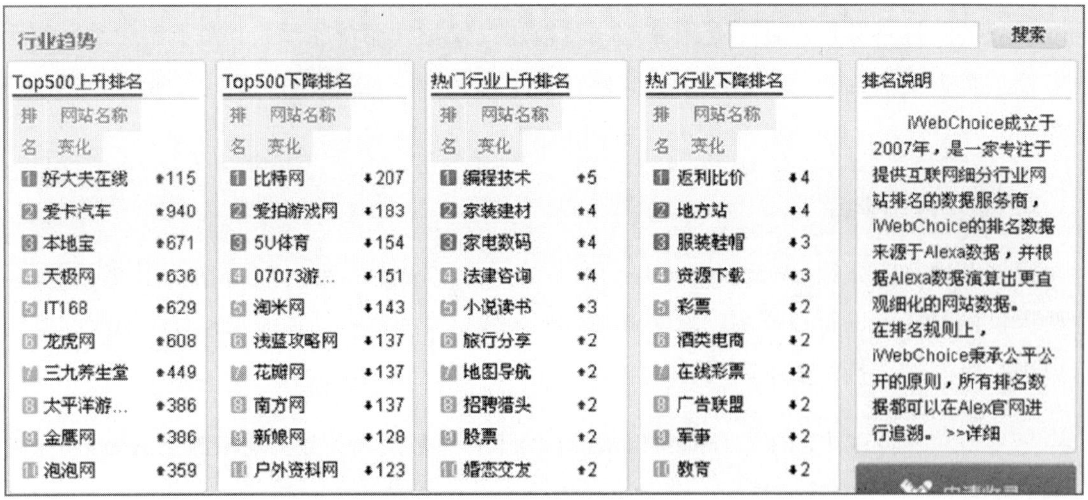

艾瑞网站排名分类（2）

艾瑞网站排名分类（3）

电子商务类的网站排名细节如下图所示。

综合购物排名数据　数据更新日期：2016年2月15日

日　周　月　三月　　行业　请选择...　请选择...　查询

排名	变化	网站名称	类型	覆盖数UV	变化	浏览量PV	变化	人均PV	变化	Alexa	官网
1	→	淘宝网	网站	57800.0	0.49%	3540.00	0.70%	4.68	1.00%		
2	→	天猫	网站	24600.0	4.00%	1096.00	1.49%	3.40	5.29%		
3	→	京东商城	网站	7700.0	16.00%	1560.00	28.00%	15.50	11.00%		
4	→	亚马逊中国	网站	6600.0	0.70%	809.00	1.25%	11.10	1.86%		
5	→	苏宁易购	网站	1910.0	14.00%	141.00	35.00%	6.70	18.00%		
6	→	当当网	网站	1040.0	20.00%	123.00	56.00%	10.70	30.00%		
7	↑1	国美在线	网站	500.0	1.00%	24.00	6.00%	4.30	5.00%		
8	↓1	拍拍网	网站	380.0	21.23%	11.60	20.00%	2.80	50.00%		
9	↑4	易迅网	网站	280.0	60.00%	23.00	150.00%	6.00	60.00%		
10	↓1	工厂店	网站	250.0	20.00%	12.00	20.00%	3.60	0.82%		
11	↓1	24+1网上商城	网站	230.0	23.22%	30.00	25.19%	12.00	2.55%		
12	→	品众批发网	网站	210.0	18.68%	39.00	17.02%	17.00	2.00%		
13	↓1	折800	网站	210.0	1.67%	49.00	43.20%	18.00	42.23%		
14	↓1	广东国际商贸平台	网站	190.0	90.00%	26.00	90.00%	10.00	0.30%		
15	→	银泰网	网站	70.0	31.85%	3.00	46.48%	4.00	21.60%		
16	→	一点达商城	网站	50.0	16.26%	0.60	16.25%	1.00	0.00%		
17	→	美国购物网	网站	40.0	20.00%	0.50	50.00%	1.30	30.00%		

艾瑞网站排名分类（4）

6．国家统计局

中华人民共和国国家统计局成立于 1952 年 8 月，主管全国统计和国民经济核算工作，即全国所有的经济运营数据最权威的官方数据来源。比如：工业生产指数、工业生产者价格指数、全国快递包裹指数等。几乎所有核心的经济指数都出自国家统计局，比如大家熟悉的 GDP。

网址：http://www.stats.gov.cn/wzgl/wzdt/。这是国家统计局网站地图的网址，由此可以方便地进入你想进入的版块。

使用方法：首先打开上面的网址，找到第二大类“统计数据”中的“数据查询”菜单，点击它，弹出网址：http://data.stats.gov.cn/，输入“工业生产指数”，点击查询即可。

指标	地区	数据时间	数值	所属栏目	相关报表
工业生产者出厂价格指数(上年=100)	全国	2014年	98.1	年度数据	相关报表
工业生产者出厂价格指数(上年=100)	全国	2013年	98.1	年度数据	相关报表
工业生产者出厂价格指数(上年同月=100)	全国	2016年1月		月度数据	相关报表
工业生产者购进价格指数(上年=100)	全国	2014年	97.8	年度数据	相关报表
工业生产者购进价格指数(上年=100)	全国	2013年	98.0	年度数据	相关报表
工业生产者出厂价格指数(上年=100)	全国	2014年	98.1	年度数据	相关报表
工业生产者出厂价格指数(上年=100)	全国	2013年	98.1	年度数据	相关报表
工业生产者出厂价格指数(上年=100)	全国	2014年	98.1	年度数据	相关报表
工业生产者出厂价格指数(上年=100)	全国	2013年	98.1	年度数据	相关报表
工业生产者购进价格指数(上年=100)	全国	2014年	97.8	年度数据	相关报表
工业生产者购进价格指数(上年=100)	全国	2013年	98.0	年度数据	相关报表
工业生产者购进价格指数(上月=100)	全国	2016年1月		月度数据	相关报表
工业生产者出厂价格指数(上月=100)	全国	2016年1月		月度数据	相关报表
工业生产者出厂价格指数(1985=100)	全国	2014年	378.6	年度数据	相关报表
工业生产者出厂价格指数(1985=100)	全国	2013年	385.9	年度数据	相关报表
工业生产者购进价格指数(1990=100)	全国	2014年	357.1	年度数据	相关报表

国家统计局数据查询（1）

再点击上图中相关报表，弹出如下图所示界面。

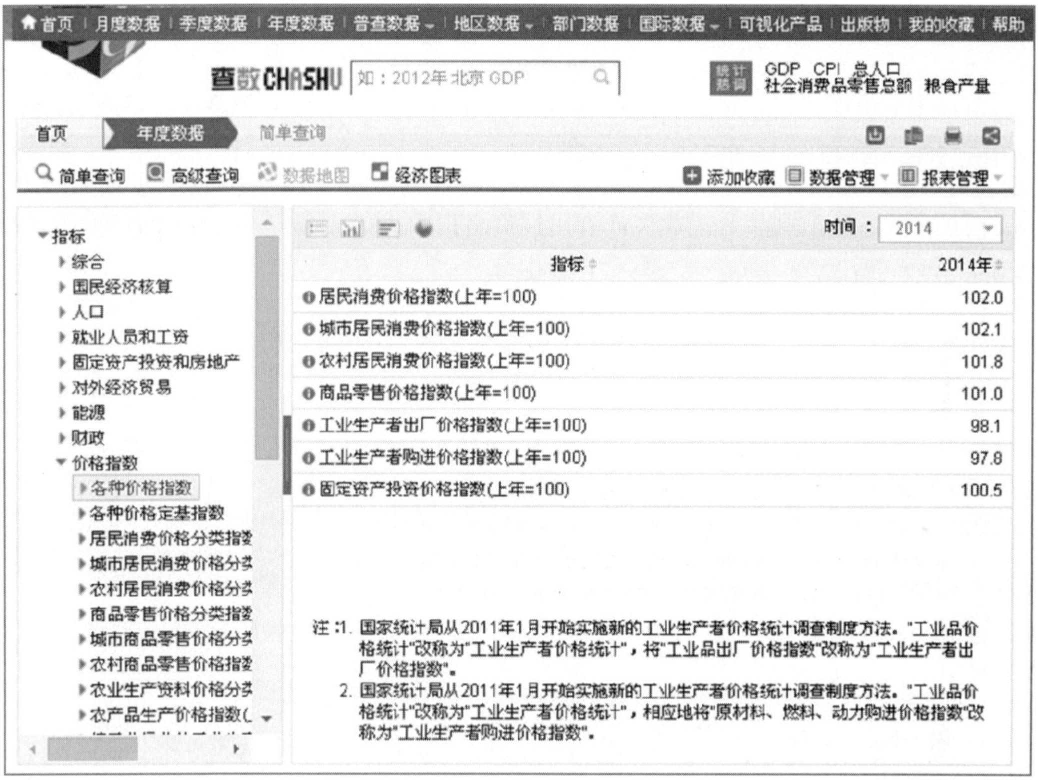

国家统计局数据查询（2）

在上图中，我们可以看到许多熟悉的数据，如：居民消费价格指数、城市居民消费价格指数、农村居民消费价格指数、商品零售价格指数等，也有下面要提到的工业生产者出厂价格指数与工业生产者购进价格指数。

7. 工业生产指数及工业生产者价格指数

根据国家统计局官方介绍："工业生产指数（Industrial Production）是相对指标，衡量制造业、矿业与公共事业的实质产出，衡量的基础是数量，而非金额。该指数反映的是某一时期工业经济的景气状况和发展趋势。如同其他相对指标一样，在使用工业生产指数时，必须注意资料的可比性，必须同绝对指标结合起来使用，方能比较客观、全面地说明问题。"

概括起来就是，由工业生产指数可以看出工业的兴衰更替。

比如，工业生产者出厂价格指数：2011 年是 106.0，2012 年是 98.3，2013 年是 98.1，2014 年是 98.1，2015 年是 94.1，逐年下降。

又比如，造纸及纸制品业工业生产者出厂价格指数：2011 年是 103.0，2012 年是 98.5，2013 年是 97.7，2014 年是 99.2，2015 年是 98.9。

再比如：电力、热力的生产和供应业工业生产者出厂价格指数：2011 年是 101.6，2012 年是 103.7，2013 年是 100.2，2014 年是 100.2，2015 年是 98.1。

指标	2014年	20
工业生产者出厂价格指数(上年=100)	98.1	
煤炭开采和洗选业工业生产者出厂价格指数(上年=100)	89.0	
石油和天然气开采业工业生产者出厂价格指数(上年=100)	96.8	
黑色金属矿采选业工业生产者出厂价格指数(上年=100)	91.2	
有色金属矿采选业工业生产者出厂价格指数(上年=100)	96.5	
非金属矿采选业工业生产者出厂价格指数(上年=100)	99.3	
农副食品加工业工业生产者出厂价格指数(上年=100)	99.1	
食品制造业工业生产者出厂价格指数(上年=100)	102.0	
饮料制造业工业生产者出厂价格指数(上年=100)	100.5	
烟草制品业工业生产者出厂价格指数(上年=100)	100.3	
纺织业工业生产者出厂价格指数(上年=100)	99.4	
纺织服装、鞋、帽制造业工业生产者出厂价格指数(上年=100)	100.3	
皮革、毛皮、羽毛(绒)及其制品业工业生产者出厂价格指数(上年=100)	101.8	
木材加工及木、竹、藤、棕、草制品业工业生产者出厂价格指数(上年=100)	100.9	
家具制造业工业生产者出厂价格指数(上年=100)	100.8	
造纸及纸制品业工业生产者出厂价格指数(上年=100)	99.2	
印刷业和记录媒介的复制工业生产者出厂价格指数(上年=100)	100.0	
文教体育用品制造业工业生产者出厂价格指数(上年=100)	100.4	
石油加工、炼焦及核燃料加工业工业生产者出厂价格指数(上年=100)	94.8	
化学原料及化学制品制造业工业生产者出厂价格指数(上年=100)	98.0	
医药制造业工业生产者出厂价格指数(上年=100)	100.7	
化学纤维制造业工业生产者出厂价格指数(上年=100)	94.7	
橡胶制品业工业生产者出厂价格指数(上年=100)	96.6	

国家统计局数据查询（3）

从上图这些数据（指数值为 90 多的占多数），基本上可以判断整个国家的经济走向与大局方向。

另外，从男女比例的数据可以看出，2014 年男性比女性多 3376 万，如下图所示。

指标	2014年	2013年	2012年	2011年	2010年
年末总人口(万人)	136782	136072	135404	134735	134091
男性人口(万人)	70079	69728	69395	69068	68748
女性人口(万人)	66703	66344	66009	65667	65343
城镇人口(万人)	74916	73111	71182	69079	66978
乡村人口(万人)	61866	62961	64222	65656	67113

国家统计局数据查询（4）

还可以输入“包裹”来查询全国快递包裹总数情况，如下图所示。

指标	2014年
邮电业务总量(亿元)	21834.41
邮政业务总量(亿元)	3696.08
电信业务总量(亿元)	18138.33
函件数(亿件)	56.10
包裹数(万件)	6024.2
报刊期发数(万份)	14936.8
汇票业务(万笔)	12527.4
集邮业务量(万枚)	138990.4

国家统计局数据查询（5）

2016 年和 2017 年两年，会是中国经济最困难的时期，这就是整体的观点。

8. 阿里巴巴工业品商城

阿里巴巴官方对阿里巴巴工业品商城的介绍是:“工业品品牌商城是阿里巴巴全新打造的全球首家工业品品牌产品在线采购平台。商家承诺 100%正品货源，商城全场支持支付宝担保交易，并提供便捷的选型比价功能和快捷采购服务。汇集 1000 多家国内外知名品牌官方授权代理商和品牌原厂，提供 12 个大类 800 余个品牌，超过 10 万种产品，为客户提供一站式采购解决方案。”

网址是：http://industry.1688.com/。

使用方法：打开上面网址，如下图所示。

阿里巴巴工业品商城（1）

申请入驻流程如图所示。目前已暂停开放入驻了。保证金余额不低于 1.3 万元。

阿里巴巴工业品商城（2）

9．其他工业品采购平台

传统工业企业转型电商时，网络营销矩阵中有一个重要的辅助营销手法就是：入驻 200 家免费的 B2B 平台。

B2B 网址导航站是：http://www.b2b98.net/b2b/cn.html 和 http://www.b2bdq.com/。

B2B 网站如下图所示。

常用B2B站				
阿里巴巴	慧聪网	B2B	中国黄页	中国供应商
世界黄页	一呼百应	诚商网	工业品平台	铭万网
勤加缘	自助贸易	志趣	八方资源网	商国互联网
世界工厂	中国网商	中国诚商网	会搜	行业信息网
制造交易网	亿禧网	搜了网	阿里伯乐	商虎中国
伟库网	国际电子商务	国际贸易网	百纳网	国际贸易网
锦程物流	无忧商务网	速购-中国	必联网	宇商网
商国互联网	中国贸易网	世界行	全球五金网	机电之家
华强电子网	工业电器网	环球鞋网	仪众国际	钢铁现货网
中国建材网	中国传动	铸造网	食品商务网	免费B2B

B2B 网站（1）

B2B导航						
[内贸推荐]	B2B	亿商网	中国设备网	全球五金网	食品科技网	我的钢铁网
[内贸排名]	阿里中国	慧聪网	马克波罗	会搜商务	中国诚商	商机网
[综合B2B]	勤加缘	百纳网	商虎中国	百方网	电商网	千里马商机网
[机械设备]	食品设备网	中国设备网	食品机械设备	中国数控机床	中国机械网	化工机械网
[建材冶金]	钢铁现货网	我的钢铁	原材料商务网	兰格钢铁网	中国建材网	金属加工
[五金工具]	全球五金网	五金商机网	五金商机网	中华五金网	刀具商务网	标准件
[物流汽摩]	中国国际海运	物流搜索	捷利物流网	中国物流	客车信息网	电动车

B2B 网站（2）

[橡塑化工]	中国化工网	全球塑胶网	化工信息网	化工商务网	万客化工网	中国注塑网
[电子电器]	机电在线	中国家电网	中国工业电器	华强电子网	工控网	维库电子
[服装纺织]	中国鞋网	中国纺织网	服装鞋帽网	环球鞋网	搜鞋网	华衣网
[招商加盟]	28商机网	创业邦	78.Cn	3158	中国招商投资	商机网
[家居日用]	中洁网	橱柜网	天天家具网	家居网	中外玩具网	化妆品网
[能源环保]	我的能源网	中国能源信息	中国新能源网	中国能源网	中国能源网	国际能源网
[农业养殖]	饲料信息网	天下粮仓	中华粮网	中国粮油商务	中国农业网	中国农业网
[商务服务]	中轻展览网	E展网	中国酒店产业	中展网	德国展会网	环能国际
[食品饮料]	食品商务网	食品科技网	宠物世界	酒网	茶商网	茶叶
[仪器安防]	中国仪器网	说仪网	安防网	中国安防网	中国安防展览	中国仪器之家
[园林绿化]	青青花木网	绿化苗木网	中国园林商情	中华苗木网	沭阳花木网	花卉世界网
[照明灯饰]	中国LED网	中国照明网	阿拉丁照明网	中国光伏材料	LED世贸网	中国节能灯网
[包装纸印]	中国包装网	中国喷墨网	中国纸网	珠江印刷网	印刷产品网	印刷包装网
[工艺礼品]	礼品采购	WatchTOP手	温州眼镜网	佛教用品	礼品行业	深圳礼品展
[分类信息]	百姓网	58同城	赶集网	口碑网	-88db	易登网

B2B 网站（3）

综合商贸	中国工控网	机电一体化	五金机电网	中国PLC网	商国互联网	机电之家网
泵阀轴承	泵阀现货网	亚洲泵网	中国水泵网	中华泵阀网	中国泵阀商务网	泵阀交易网
机械设备	机电之家	中国机电网	中国缝纫机网	全球机械网	国际机械信息网	数控机床网
建筑建材	中国建材网	中国建材采购网	土木在线	全球铁艺网	筑龙网	世界建筑建材网
外贸网站	阿里巴巴国际站	made-in..	阿里巴巴国际站	ecplaza	ec21	globals..
五金工具	中国焊材网	五金商贸网	朝龙五金网	中华工具网	中华工控网	中国工控网
仪器仪表	华夏电力网	南北仪器信息网	仪器信息网	国际工控网	电子配件网	中国防爆电器网
电工电气	中国照明网	中国线缆网	中国防爆灯具网	维库电子市场	电气自动化	安规与电磁兼容..
汽摩汽配	中国汽配交易网	全球电动车网	汽车之家	淄博汽车网	中国汽车交易网	中国汽车用品网
团购商城	淘宝网	京东商城	拍拍网	当当网	卓越网	京东商城
招商加盟	致富158网	好店铺网店联盟	U88加盟网	我要加盟网	天下商机网	中国团购在线
分类信息	今日招聘	娃酷分类	我爱发信息	好喇叭网	口碑网	爱帮网
企业黄页	全球黄页	b2b电子商务..	黄页大全	百年企业在线	名站在线	维基公司库
化工塑胶	中国吸塑网	有机化学网	中国涂料网	中华搪玻璃网	中国化妆品网	中宇化工网
纺织服饰	环球鞋网	中国纺织服饰网	中国童装网	中国家纺网	中国纺织网	锦桥纺织网
印刷包装	大中华印艺网	中国应刷市场	中国包装标准网	中国印刷网	中国中部印刷网	广告买卖网
农林牧渔	中国农业网	中华粮网	中国蔬菜网	中国棉花信息网	中国棉花网	养殖商务网
冶金矿产	中国钢企网	全球金属网	长江有色金属网	中国破碎机网	中国有色网	中国物资采购网

B2B 网站（4）

至此，分析企业所处市场环境的 9 种方法与 9 种工具平台全部介绍完了。在方法论的指导下，通过工具就可以轻松地制作出符合市场实际情况的分析图表。下列图表就是用上面介绍的方法制作出来的，画图工具是 MindManager 和 Excel。

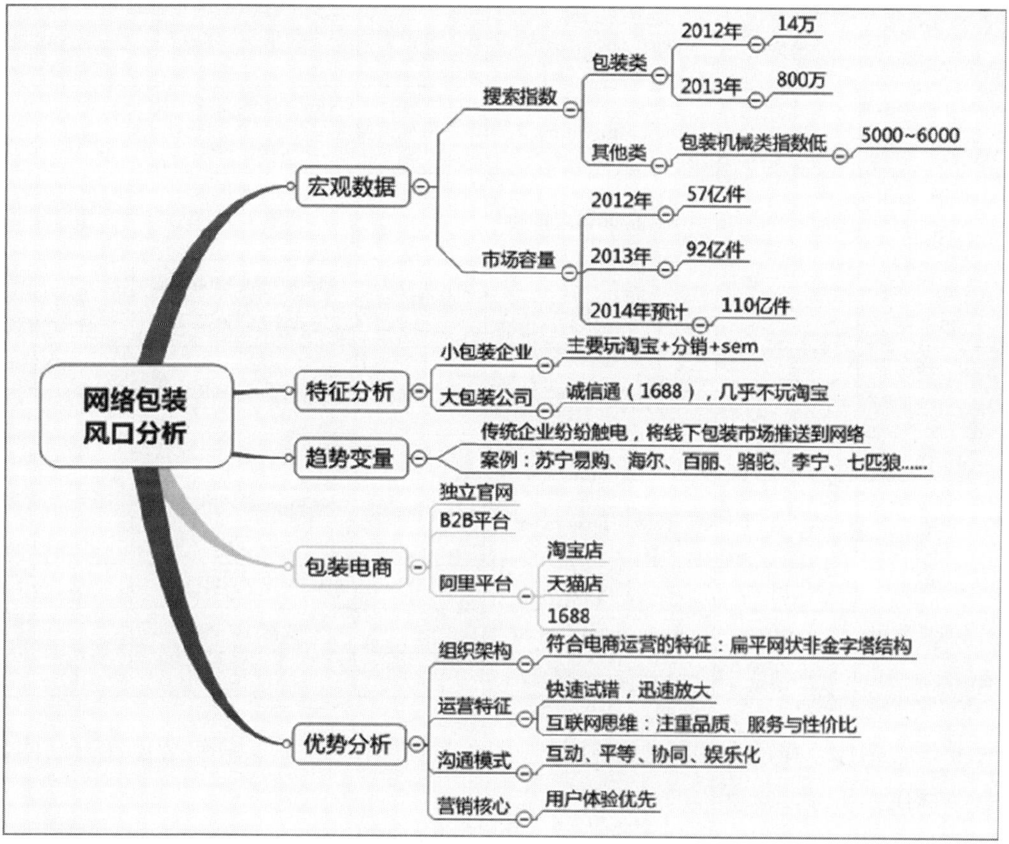

分析方法与分析工具使用案例图

分析方法与分析工具使用案例表

公司名称	区　域	官　网	流　量	排名与权重	1688	淘宝
上海界龙集团有限公司	上海	www.jielong-printing.com	无	Alexa 暂无，权重 2	是	否

续表

公司名称	区　域	官　网	流　量	排名与权重	1688	淘宝
浙江胜达集团有限公司	浙江杭州	www.sdgroup.cn	无	权重 1，PR4	是	否
大亚科技集团有限公司	江苏镇江	www.cndare.com	240	权重 2，PR4	否	
鹤山雅图仕印刷有限公司	广东江门	www.astros.com.cn	1020	Alexa，3768436，权重 2，PR4	是	
金盛包装股份有限公司	广东佛山	www.goldrich.com.cn	无	权重 1，PR3	是	
深圳劲嘉彩印集团股份有限公司	广东深圳	www.jinjia.com	无	Alexa，8081366，权重 2，PR4	是	
锦胜集团（控股）有限公司	广东深圳	www.comesure.com	无	权重 1，PR2	否	
裕同集团	广东深圳	www.szyuto.com	360	权重 1，PR4	是	
厦门合兴包装印刷股份有限公司	福建厦门	www.hxpp.com.cn	无	Alexa，604146，权重 2，PR4	否	
正元国际包装集团	河北迁安	www.inpac.com.cn	无	权重 1，PR2	否	
国际济丰纸业集团有限公司	华东、华北、东北	www.carton.com.cn	无	权重 1，PR3	是	
		www.pmpgc.com	无	权重 1		

作业：根据你公司所在的行业，利用上面的分析方法与工具，分析公司在互联网趋势下的竞争环境，为高层决策提供数据支撑。

1.2 企业内部调研，了解企业网络营销运营数据

一般来说，了解一家企业至少要从三个方面入手。

（1）人力资源角度。了解企业员工的性别、年龄、学历、经验与技能的构成，了解企业的组织架构等，了解每个部门的职责及关键岗位的职责，以及部门与关键岗位的考核指标与实现情况。

（2）业务流程角度。根据企业现有的业务流程图，逐个部门去调研、去谈话，了解部门的工作与关键员工的工作情况，了解企业在业务流程方面的优势与劣势。

（3）公司在行业中所处的位置与影响力。了解公司的规模、品牌的影响力、产品的畅销度，以及公司的年销售业绩与利润占比等。

上面这些数据在公司内部的文档基本上就可以查阅到，但从传统工业企业转型电商这个角度来看，只了解这些内容是远远不够的。

本书从传统工业企业转型电商的角度来全面了解企业的网络营销基础状况，以获得传统工业企业对电商的宏观看法，这对传统工业企业转型电商至关重要。因为这才是传统工业企业转型电商的基础，在这个基础上才能提出符合企业实际与市场环境的战略方案。

那么，怎样才能全面了解传统工业企业当前的网络营销的基本情况，即当前情况下，传统工业企业对电商的基本观点是什么？它们已在电商方面做了哪些努力？有什么效果吗？董事长及高层对电商持什么样的看法？要了解到这些，必须在下面三个方面努力。

1. 全面了解企业网络平台的营销基础与企业信息系统的使用情况

要了解企业网络平台（往往只是一个企业官网，谈不上官网矩阵，甚至算不上营销性的网站，只是一个简单的展示网站），可以利用站长工具中的 SEO 概况查询。通过 SEO 概况查询，就基本了解了一个企业的官网、它的营销基础是什么，以及营销到了什么程度，如下图所示。

诊断方案水平的高低与模板无关，与你自己的网络水平有关，多与高手互动吧，多诊断几个网站吧。

企业官网 SEO 诊断分析

上面这份调查表，基本上可以通过第 1 章第 1 节中介绍的方法比较完整地做出来，如果你精通 SEO，可以做得更加详细。

全面从 SEO 的角度来分析一个企业官网只是牛刀小试，SEO 是每一个立志做网络推广的人必须具备的基础能力。

2. 与董事长及高层开座谈会，了解他们对电商所持的观点

传统工业集团公司的董事长与高层可能没那么多的时间专门来听你讲电商的内容。比较取巧的办法是：通过你业内的圈子，让电商界更有威望的人邀请，比如阿里巴巴的知名人士邀请董事长或高层去参观学习，利用这个机会，你可以尽情表现。如果董事长本来就跟业内牛人有过沟通，那就更好了。

抓住机会，可以通过口头沟通与事后邮箱沟通的方式进行。沟通的内容主要围绕企业的电商现状与电商趋势的对比，此时对企业官网的分析就派上用场了。

下面用我亲身经历过的具体例子来阐明沟通的细节。我通过“托尼富网络营销体系”理论制定了一份方案，使我拿到了一份月薪 3 万元的 offer，但是后来我拒绝了。因为我在与其董事长和公司高层的沟通过程中，发现了他们不愿意改变现状，这样即使我进入这家公司也无计可施。具体细节请见下。

“（出于隐私的需要，这里隐去真实的姓名）H 董事长，这都是我的肺腑之言，传统企业转型电商如何做，可以说是中国整个传统企业都必须认真思考的问题，目前谈得上传统企业转型电商成功的企业十分少，比如华为、海尔、骆驼与奥康，屈指可数。即使苏宁易购、国美在线、富士康、格力、TCL、魅族、酷派的线下是很成功的，但是它们的电商都尚在摸索中。其实就是传统企业转型电商绝大多数都是失败的案例，尤其是富士康，更为典型。

而在电商圈，对传统企业如何玩电商，其实都有比较趋向一致的打法了，基本都是无

须争议的定论了，只是传统高管没有这种见识与行业敏感而已。

1. 电商是 boss 工程，电商负责人必须是 boss 助理，能够调动全公司的资源

这是传统企业转型电商失败率高最核心的原因。因为，传统企业往往按照传统的观念把电商这个新事物当作一个普通的项目来处理，没业绩前，就是不给资源与支持，这样永远无法跟竞争对手竞争。竞争对手都在按电商的打法在快速推进，你还在传统体制中玩，完全是降级打法，所以不可能胜啊。我在 A 负责 A 工业品电商项目，之所以生产供应环节跟不上节奏，审核要 10 天半月甚至更久，原因是什么？因为传统高管没把电商放在眼里，动辄说你把业绩做出来再说啊。完全不顾电商是未来发展的趋势，是一种生死存亡的战略，是需要投入的。组织架构与商业模式不匹配，如何快速推进？

小米乐视与 360 周鸿祎都做手机营销，尤其是周鸿祎，以前特供机虽然失败了，但这次他是铆足了劲要做好了，他写过一本书，讲述的完全是他的互联网营销方法——《我的互联网方法论》，包括互联网思维、用户体验、粉丝打法，最后他一定会把手机硬件做成零利润，甚至做成送手机都有可能。因为安全卫士就是这样做起来的，靠免费杀毒，把杀毒软件干掉，然后把价值链拉长，通过浏览器与游戏赚到了比杀毒软件多 100 倍的钱。请问，如果他这样做，我们怎么办？他有装机容量过亿的手机安全卫士，有游戏平台、有内容平台和智能设备。他先有这些，然后再来进攻手机市场，这是很恐怖的，留给传统手机行业的机会还很多吗？如果 boss 还不参与进来做手机电商，真没机会了。

比如：周鸿祎这样做手机电商，第一步，众筹股份，即任何人只要投入 1000 元，即成为股东，然后可以免费拿到手机一台；第二步，在手机中安装 360 安全卫士与游戏，赚取游戏的钱；第三步，通过 360 安全卫士引流到 360 手机浏览器，聚集流量，卖广告的钱；第四步，包装奇酷上市，让所有股东收益翻 100 倍，利用股市赚来的钱，推出免费手机。（这个玩法路径就是周鸿祎干掉流氓插件与杀毒软件的做法啊）这时，您觉得大神手机或 AK47 手机还需要钱吗？不能免费吗？请问传统手机行业如何应对？我们还在讨论最为原始的问题：电商商业模式要不要与组织架构相匹配，这不是笑话吗？

2. 规划好线下与线上的利益冲突

当你线上销量不大时，经销商只要看到价格一致，窜货也就无所谓。如果销量很大呢？大到直接抢了经销商线下的生意，因为线下的服务往往是比较糟糕的，线上的玩法会慢慢进化到用户体验极为强悍的，总不能把经销量全部干掉吧？酷派与 360 配对，华为玩互联网手机，TCL 玩手机电商，都采取了用新品牌的打法，奇酷的大神与 AK47，华为的荣耀与 TCL 的么么哒，这种玩法与线下的冲突是最小的。这样，可以放心打仗，不需要担心后院失火。

3. 让电商在电商的基因下运转，完全脱离传统体制

电商的文化是：快速决策（不要再讨论为什么了，而是直接实施如何做）、小步快跑与快速试错的文化基因。在传统企业，一个新项目出来，往往一堆人来讨论要不要的问题，以及为什么要的问题，这种做法浪费时间。电商不能这样玩，直接讨论怎么玩，如果在传统体制下，其组织架构、业务流程与沟通模式跟电商基因文化是冲突的，是直接阻碍的，效率如何提高？只有在组织上保证电商运营的独立性，才可能完全按照电商基因来推进。

阿里巴巴新 CEO 逍遥子在电商论坛上对传统企业老板做电商只有两句建议：一是找合适的电商操盘手；二是放手让他干。

4. 电商应有独立的财务流程

一线电商操盘手们一定会遇到这个问题：大型传统企业的财务审批付款一般要半个月，而淘宝一般从小二给传统企业提出促销需求到决策付款须在 1 小时内决策完成。1 小时与半个月，仅就这一点差别，传统企业做电商成功有时无关运营水准，财务流程快的传统企业电商胜出。这也是促使 A 集团最后决定成立 A 中心集团浙江电子商务有限公司的重要原因之一，但是很可惜，本来在 2012 年就必须这么做的事情，竟推迟了三年。

5. 要按节奏来

不按节奏来就是乱来，上次我们沟通时讲得已经比较多了。我的意思还是：先是卖货，再是分销，然后才是平台，最后是全网营销。新的电商团队，不可能一开始就进入到玩平台阶段，因为玩平台就是玩投入，前期的技术周期太长了，不懂技术的人可能并不明白这一点。

6. 闭环

这其实就是业务流程，是完全不同于线下的业务流程，如果在传统体制传统流程下来运营，很难想象，能不能找到这个电商的闭环流程。

7. 放大

当核心营销手法找到后，逐步按节奏推进，找到最佳的闭环流程，就可以放心大胆地投入了，以放大营销的效果。

附：社会化营销是免费的想法太天真了，只能说在移动红利时期，社会化营销的投入相对要少，如此而已。

我自己的想法：如果不能做电商负责人，很遗憾，这种合作是不会有出路与效果的。当然，今后，H 董事长在推进电商的过程中若碰到任何难题，想找人沟通时，可以随时找我。我知无不言，言无不尽。”

在沟通完后，我发现 H 董事长只是想随便试一下，并不想真正放开手脚干一场，于是放弃。如果你进入一家传统工业企业，也可以按这个谈话内容与董事长及公司高层沟通，如果发现不对头，还是放弃吧。沟通主要围绕下面七点进行即可。

（1）电商是 boss 工程，电商负责人必须是 boss 助理，能够调动全公司的资源。

（2）规划好线下与线上的利益冲突。

（3）让电商在电商的基因下运转，完全脱离传统体制。

上面三点主要是讲战略的，如果在这三点上都无法达成共识，那么，电商在这家公司基本上是完全处于被动辅助的地位，你能力再强，也无法展开工作。

（4）电商应有独立的财务流程。

（5）要按节奏来。

（6）闭环。

（7）放大。

后面四点主要是落地方面的，如果没有形成前三个方面的共识，后四个落地措施无法实施或者即使实施也困难重重，浪费时间与资源，且没有多大效果。只能说这种企业转型电商的时机还不成熟。

3. 了解企业在网络营销上的资源付出与核心部门对网络营销的支持程度

要做到这一点与前面一点息息相关，如果前面没通过，则基本不可能做到这一点。这一点要了解的内容比较简便，即：

传统工业企业转型电商后，计划投入多少资源？包括电商的战略定位、人力资源、资金投入、业务流程改造、组织架构优化甚至改造、财务部门的支持尤其是财务流程的支持等。

商业模式决定了业务流程，业务流程决定了组织架构，组织架构决定了人员招聘与投入，它们又决定了后续的资金投入、流程优化与财务支持等。

如果企业只想把电商作为一个卖货渠道，那么，基本上注定了其不可能有大的投入，而这种做法如果与趋势不符，你就没有用武之地。

下表是我做的一份资源需求预算表，值得高兴的是：我根本没有花这么多的钱，但是也引来了 100 个下了单的客户，并且最大的客户年需求金额达到 600 万元以上（后续增长可超过 1000 万元以上）。

推广费用资源需求预算表

<table>
<tr><th rowspan="2"></th><th rowspan="2">数量</th><th colspan="2">营销渠道一</th><th colspan="2">营销渠道二</th><th colspan="4">营销渠道三</th></tr>
<tr><th>名称</th><th>投入（元/年）</th><th>名称</th><th>投入（元/年）</th><th>名称</th><th>年次</th><th>投入（元/年）</th><th>总金额（元/年）</th></tr>
<tr><td>大平台客户</td><td>2</td><td>SEM营销</td><td>12000</td><td>微博营销</td><td>20000</td><td>电商峰会</td><td>2</td><td>10000</td><td>20000</td></tr>
<tr><td>淘品牌</td><td>12</td><td>微博营销</td><td>12000</td><td>SEO营销</td><td>0</td><td>淘品牌电商大会</td><td>4</td><td>500</td><td>2000</td></tr>
<tr><td>网络分销</td><td>5</td><td>联盟营销</td><td>0</td><td>网络分销</td><td>12000～20000</td><td>微博营销</td><td>6</td><td>1000</td><td>6000</td></tr>
<tr><td rowspan="3">汇总</td><td></td><td></td><td>32000</td><td></td><td>24000</td><td></td><td></td><td></td><td>28000</td></tr>
<tr><td colspan="2">赞助线下电商聚会</td><td colspan="7">一年赞助 2～3 次（会议场所+晚餐+茶水+住宿）共 15000 元左右/次</td></tr>
<tr><td colspan="9">最低年广告费用投入：120000 元/年</td></tr>
</table>

财务支持在电商运营上的作用无论怎么说都不过分，财务支持不到位，电商项目一定死！微博电商自媒体知名人士龚文祥先生也说了："现在传统企业的原有财务流程成了电商运营的最大障碍之一。原有财务流程不针对电商团队做修改或优化，电商成功的可能性为零。"

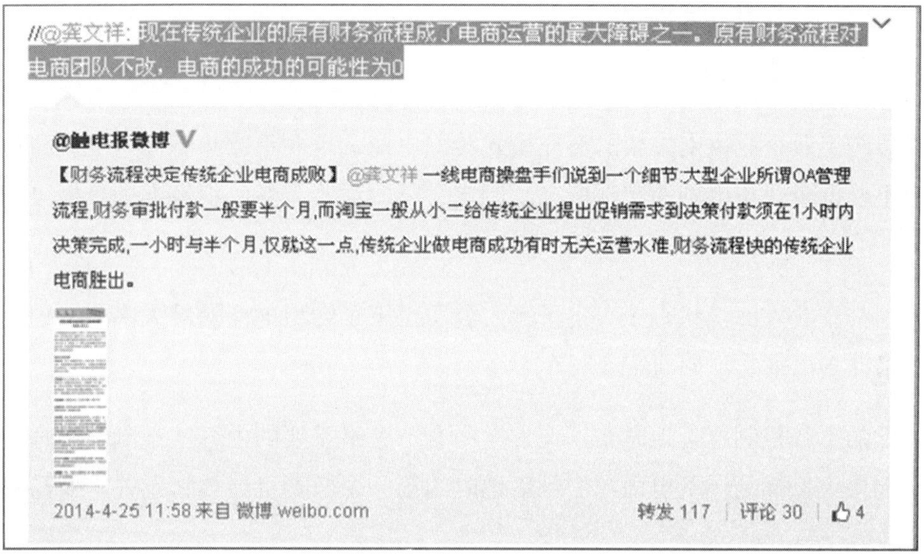

//@龚文祥：现在传统企业的原有财务流程成了电商运营的最大障碍之一。原有财务流程对电商团队不改，电商的成功的可能性为0

@触电报微博

【财务流程决定传统企业电商成败】@龚文祥 一线电商操盘手们说到一个细节:大型企业所谓OA管理流程,财务审批付款一般要半个月,而淘宝一般从小二给传统企业提出促销需求到决策付款须在1小时内决策完成,一小时与半个月,仅就这一点,传统企业做电商成功有时无关运营水准,财务流程快的传统企业电商胜出。

2014-4-25 11:58 来自 微博 weibo.com　转发 117 | 评论 30 | 4

财务流程对转型的影响（1）

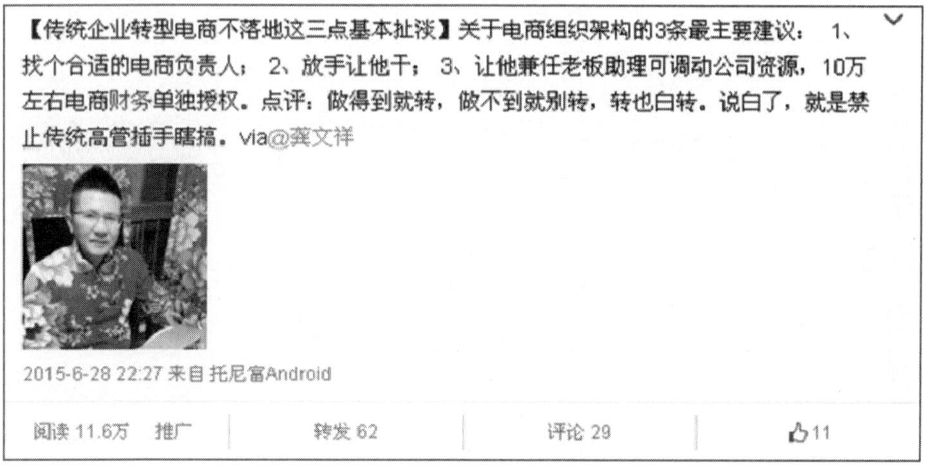

【传统企业转型电商不落地这三点基本扯淡】关于电商组织架构的3条最主要建议：1、找个合适的电商负责人；2、放手让他干；3、让他兼任老板助理可调动公司资源，10万左右电商财务单独授权。点评：做得到就转，做不到就别转，转也白转。说白了，就是禁止传统高管插手瞎搞。via@龚文祥

2015-6-28 22:27 来自 托尼富Android

阅读 11.6万　推广　转发 62　评论 29　11

财务流程对转型的影响（2）

通过对企业内部的摸底，如果传统工业企业决定将电商作为一种新的商业模式来推进，那么，传统工业企业的电商转型才有成功的希望。

1.3 确定运营节奏，提出组织架构改造框架

如果传统工业企业决定按新的商业模式转型电商，也并不意味着你马上就可以落地推进。如果不根据企业与市场的实际情况，制定合理的运营节奏，步步推进，极可能犯致命的错误。

对市场与企业内部现状有了一定了解，公司也下了转型电商的最大决心，但是如何落地呢？战略计划出来了，如何实现呢？

你要做的事就是制定落地方案，在方案中有一个最重要的内容就是制定合理的运营节奏。企业的最大目标是转型电商，但是落地时的第一个节奏可能与它无关。罗马不是一天内建成的。

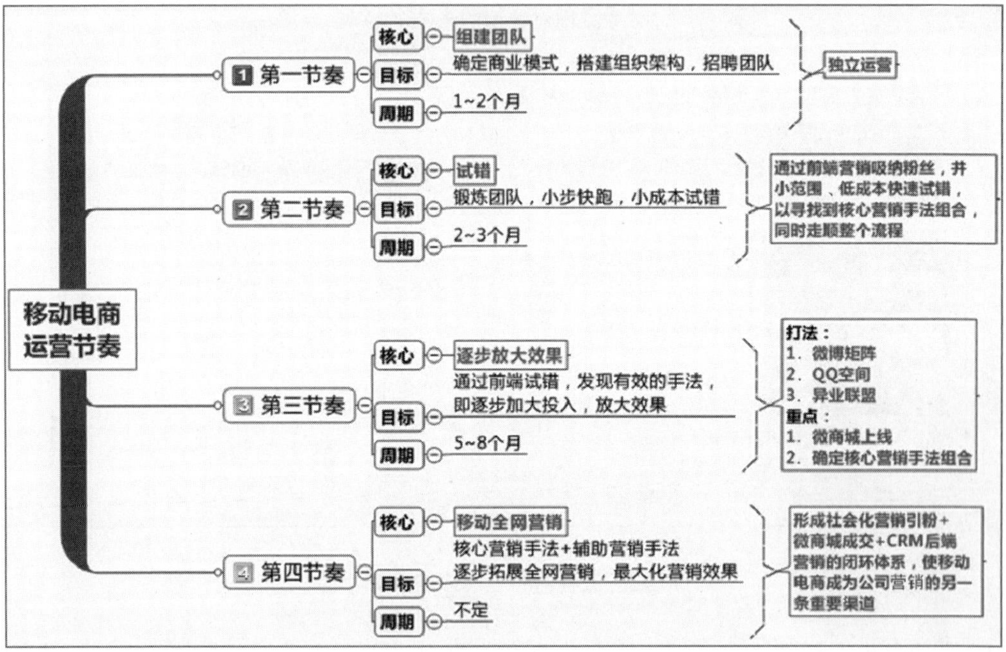

运营节奏

互联网公司的基因是：快速试错，优化推进。传统工业企业转型电商即使制定的战略是双线融合，集团朝电商化方向转型，但如果集团公司原来的电商基础太差，最开始在试错时，也不得不短期内尝试采取**渠道模式**。如果发现效果不错，再采取**分销模式**放大，最后才顺势推出**新商业模式**，用独立公司的名义来推进。不同的模式用于集团公司转型电商的不同阶段，这是最稳妥的办法，也容易说服公司高层采取这种办法来推进。一步到位，转变太大，一旦出现意外，无法控制，容易失败。

我在包装行业做的三种商业模式，以用于包装集团公司三个不同的转型阶段，就取得了不错的成绩。

不同的商业模式有不同的运营节奏、组织架构与团队框架。下面就来阐述不同商业模式下的运营节奏、组织架构与团队框架。

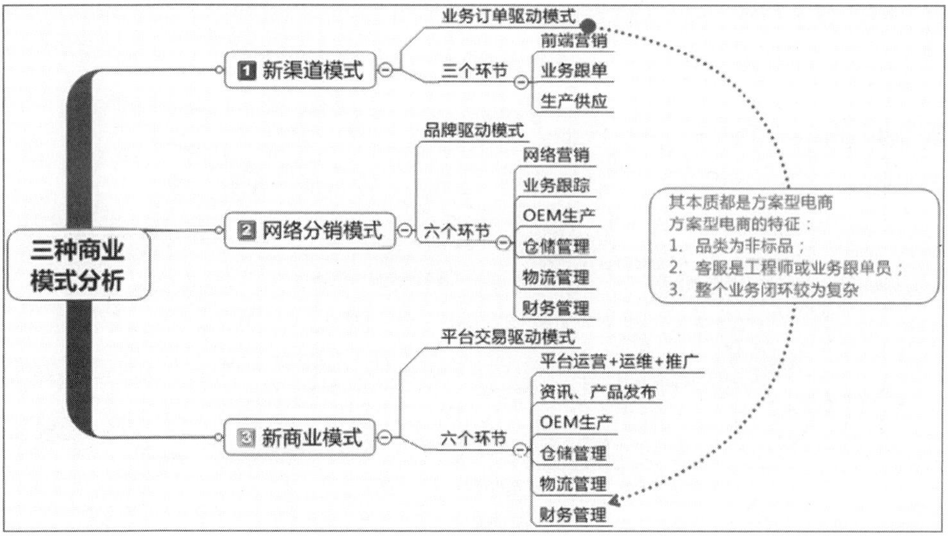

商业模式与运营节奏的关系

（1）不同阶段的不同模式又有不同的运营节奏与组织架构。新渠道模式的节奏如下图所示。

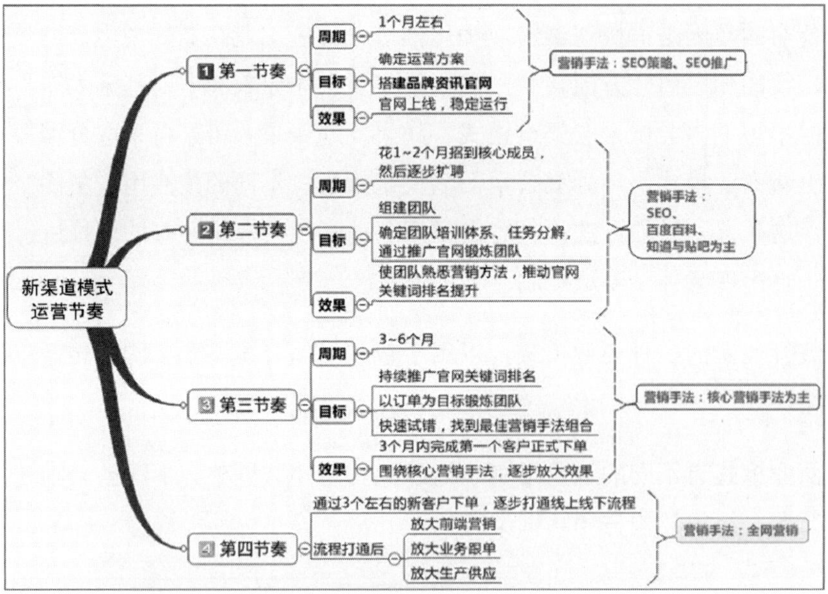

新渠道模式的运营节奏

新渠道模式的组织架构与团队框架，如下图所示。

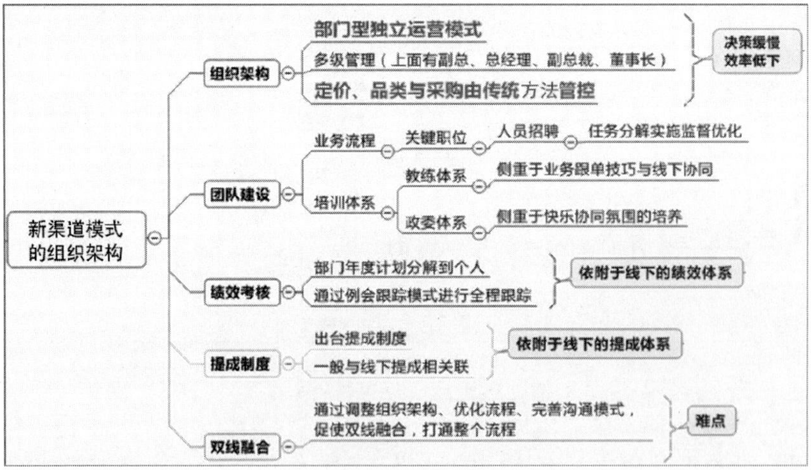

新渠道模式的组织架构

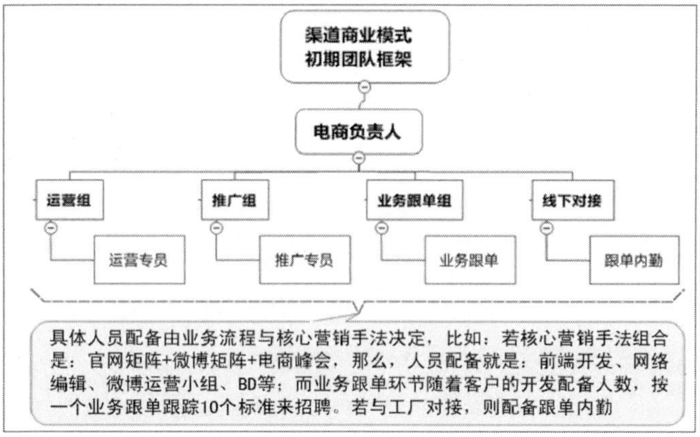

新渠道模式的团队框架

（2）网络分销模式的运营节奏、组织架构与团队框架如下图所示。

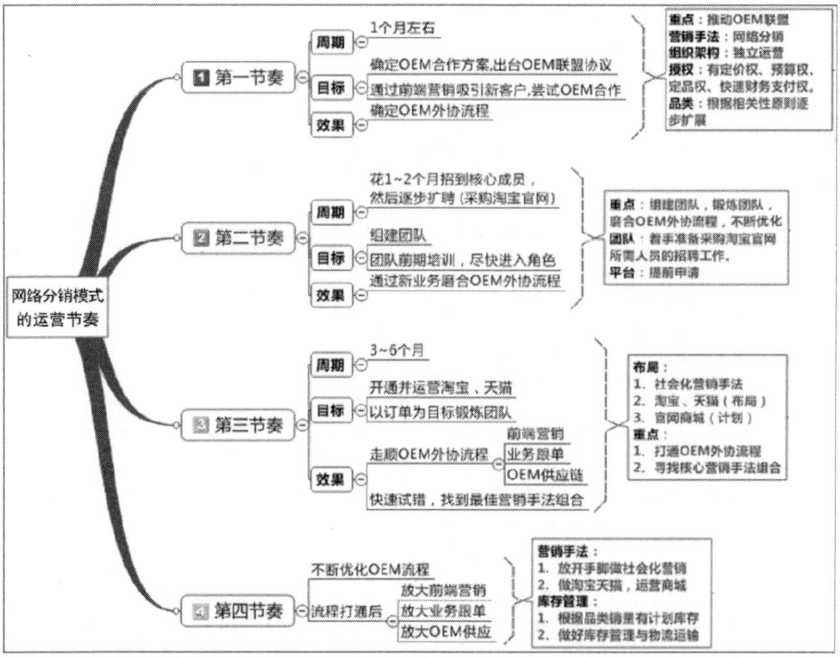

网络分销模式的运营节奏

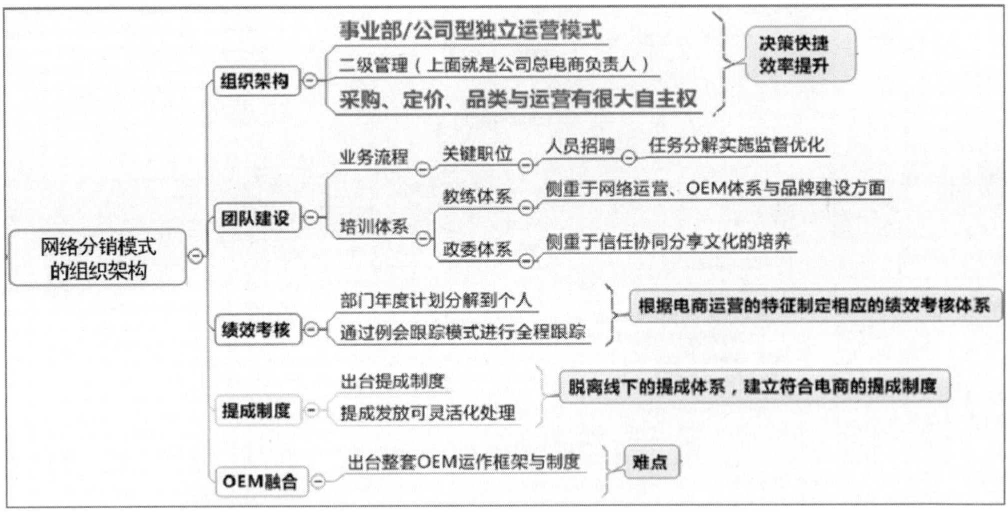

网络分销模式的组织架构

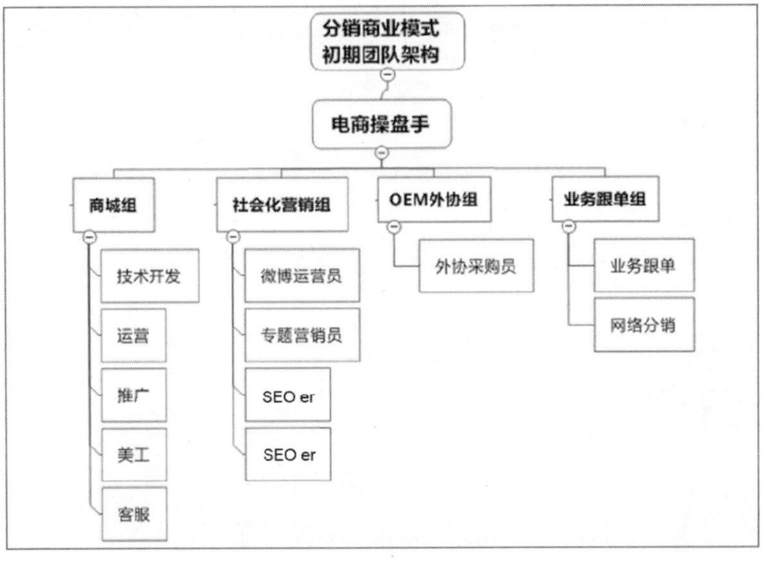

网络分销模式的团队框架

（3）新商业模式的运营节奏、组织架构与团队框架，如下图所示。

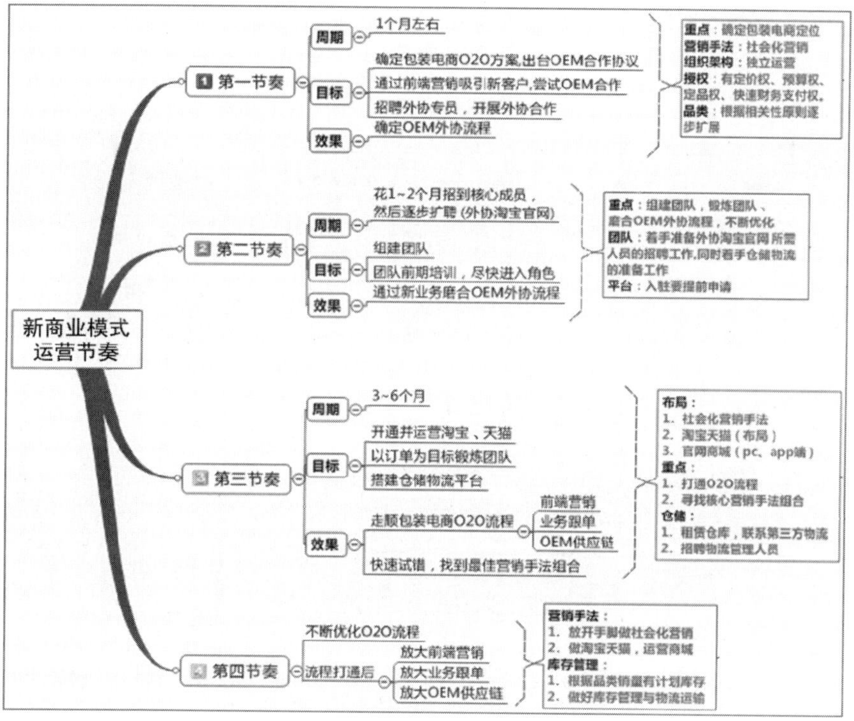

新商业模式的运营节奏

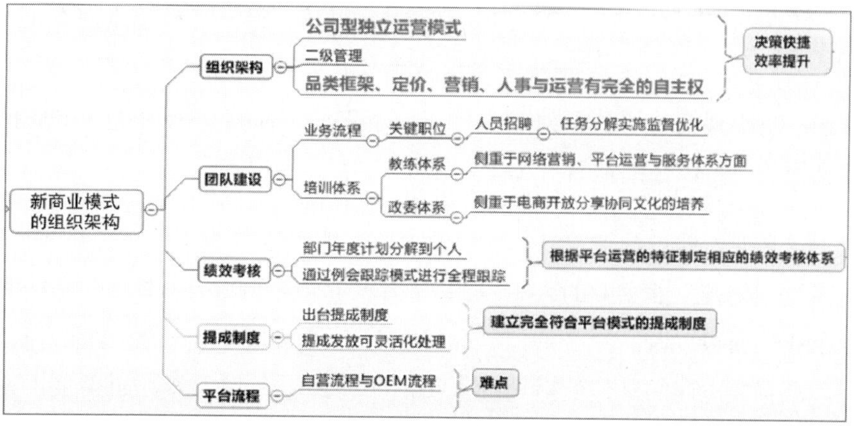

新商业模式的组织架构

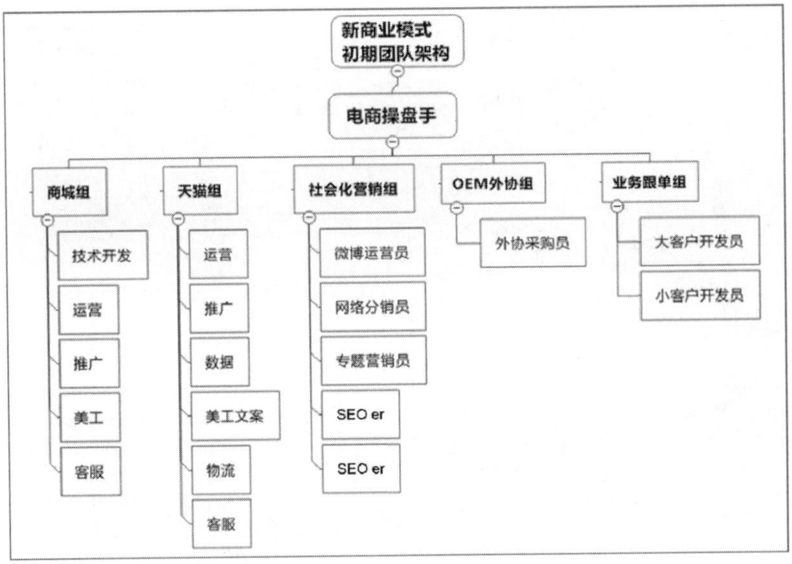

新商业模式的团队框架

只要按照上面的框架，再根据企业自身的实际情况做出调整，即可直接使用。

1.4 确定推广策略，提出团队成员招聘计划

商业模式、组织架构与团队框架确定后，接下来的工作就是招聘了，电商招聘往往和推广策略息息相关，可以仔细地看一下上一节的内容。

在传统工业企业，即使商业模式、组织架构与团队框架确定后，在招聘时还是会遇到许多困难。因为，传统工业企业的人力资源是传统的人事行政，基本没有懂电商的人，这在传统工业企业里面很普遍。生产部门、品管部门、业务部门、人力资源部门、仓储部门与财务部门，没有懂电商的，他们对电商人员的招聘经验几乎为零。如果采用独立运营的模式，招聘工作其实是电商子公司内部的事，与集团人力资源部门只有对接关系，没有具

体的招聘关系，即由电商子公司独立招聘，适合人手招到后，与集团人力资源部门进行对接。

下面是一份传统工业企业内部电商人员招聘的计划表。

电商人员招聘计划表

序号	工作内容	负责人	所需资源	时长	进度日程（4 月开始，跳过周日）
1	网站空间	李光辉	两种方案，请选择： 1．租赁空间 2000 元/年，1000M 左右，支持商城系统。缺点是速度慢，空间小，有问题解决速度慢，不利于今后 B2B2C 平台扩展。 2．购买服务器托管，第一年 1W，第二年起付托管费 4000 元/年左右，空间大，速度快，有问题可快速解决，利于后期 B2B2C 扩展；缺点是成本高	1～3 个工作日	2012 年 4 月 2 日～4 月 4 日
2	网站架构策划（栏目、首页栏目页与内页版面）	李光辉	美工配合	1～2 个工作日	2012 年 4 月 4 日～4 月 6 日
3	网站优化布局（SEO 优化）	李光辉	技术配合	直到网站完成	贯穿始终
4	建本地测试站点	李光辉	/	2～4 个小时	2012 年 4 月 8 日
5	网站美工效果图（首页、栏目页、内页、互动页）	美工	招聘美工	美工到位后 4 个工作日	2012 年 4 月 9 日～4 月 12 日
6	网站技术开发（首页、栏目页、内页、互动页）	PHP 程序员	招聘技术	技术到位后 25～30 个工作日	2012 年 4 月 13 日～5 月 17 日
7	信息发布	编辑	招聘编辑	每工作日 50～100 篇	贯穿始终
8	等信息过 500～1000 时，上传到网络空间	李光辉	/	1 小时	2012 年 5 月 18 日
9	上线后调整完善	全体	全体配合	4～6 天	2012 年 5 月 18 日～5 月 25 日
10	营销推广	李光辉	美工、技术与编辑配合，广告费 1 万元左右	持续不断	2012 年 5 月 25 日～6 月 30 日

上表是我针对官网矩阵提出的招聘需求，大家可以直接修改使用。

单独招聘一人的招聘需求申请报告的格式如下图所示。（大家可以直接修改使用）

关于招聘网络分销员的报告

为了提高包装电商的营销效果，建议设置**网络分销员**的职位，专门负责纸箱网络分销业务的开展。

职能有四：

1. 负责淘宝 C 店的产品发布、运营与客服工作；
2. 负责建行善融商城的产品发布及推广工作；
3. 负责其他第三方分销 B2B 平台的产品发布及推广工作；
4. 纳入部门全员业务化模式，负责新客户业务跟单的工作。

目前世包集团的淘宝 C 店账号已申请完成，C 店的开店考试已通过，但无专人负责；建行善融商城也申请完成，却无人打理，其他 B2B 分销平台也无人进行推广，包装电商做网络分销是充分利用网络成熟的平台宣传世包品牌，与提升世包的销售业务，为世包电商业务的发展与引爆奠定基础。

请领导审批。

电子商务部　　二〇一三年三月一日星期五

招聘网络分销员的报告

1.5　确定运营推广预算，推动财务流程优化

传统工业企业的财务流程对电商的影响是致命的，如果不改变，几乎寸步难行，但是要改变财务流程却十分困难。因为财务部门往往是董事长直接控制的部门，财务部门往往有许多工作上的劣根性，如何改变他们呢？这需要技巧。

此时，沟通的作用就表现出来了。因为，公司决定按照独立运营的模式来运营电商业

务，那么，如果公司成立了子公司来运营，这个问题就迎刃而解了，只要招聘一个懂电商的财务人员即可。要知道，传统财务人员是不懂电商业务做账的。

如果前期没有采取独立运营的模式呢？电商只是传统工业集团公司内的一个部门，那么，电子商务部肯定会受到传统财务部门的影响，这时只能提交一个报告，向董事长尽量争取，建议将电子商务部需要用到的财务预算资金预先提取出来，作为备用金。一旦需要使用，马上可以动用，用完之后，再走传统的财务流程进行报销。

如果财务部门不同意怎么办？那只能坐下来讨论了，万不得已，只好用实际的例子来证明财务部门无法满足电商快节奏的需要，到时财务部门就不得不同意采取备用金的模式来运营。关键在于董事长必须同意你的观点。

在传统工业企业操盘电子商务，负责人与董事长的沟通至关重要，否则会寸步难行。

备用金就是下表中的相关费用。

备用金

<table>
<tr><td rowspan="2"></td><td rowspan="2">数量</td><td colspan="2">营销渠道一</td><td colspan="2">营销渠道二</td><td colspan="4">营销渠道三</td></tr>
<tr><td>名称</td><td>投入（元/年）</td><td>名称</td><td>投入（元/年）</td><td>名称</td><td>年次</td><td>投入（元/年）</td><td>总金额（元/年）</td></tr>
<tr><td>大平台客户</td><td>2</td><td>SEM 营销</td><td>12000</td><td>微博营销</td><td>20000</td><td>电商峰会</td><td>2</td><td>10000</td><td>20000</td></tr>
<tr><td>淘品牌</td><td>12</td><td>微博营销</td><td>12000</td><td>SEO 营销</td><td>0</td><td>淘品牌电商大会</td><td>4</td><td>500</td><td>2000</td></tr>
<tr><td>网络分销</td><td>5</td><td>联盟营销</td><td>0</td><td>网络分销</td><td>12000～20000</td><td>微博营销</td><td>6</td><td>1000</td><td>6000</td></tr>
<tr><td rowspan="3">汇总</td><td></td><td></td><td>32000</td><td></td><td>24000</td><td></td><td></td><td></td><td>28000</td></tr>
<tr><td colspan="2">赞助线下电商聚会</td><td colspan="7">一年赞助 2～3 次（会议场所+晚餐+茶水+住宿），共 15000 元左右/次</td></tr>
<tr><td colspan="9">最低年广告费用投入：120000 元/年</td></tr>
</table>

1.6 确定电商运营目标，提出资源配合方案

在传统工业企业内部，你的方案要想得到公司高层特别是董事长同意，还有一个关键是：你的工作目标是否有吸引力，如果你的工作目标没有吸引力并且无法达到，那么，你想获得企业资源的倾斜，将十分困难。你需要提出有吸引力的目标，并且直接表明：你能够完成这个目标。

下面是一个工作计划的部分内容，通过这个案例我们可以直观地分析什么样的工作计划是符合实际的并且是可以落地实施的。

注：凡购买书籍的读者，可以关注微博@托尼富免费索取这份方案。

一、2015 年的销售计划

二、销售任务的分解与所需资源

1. 分解任务

2. 所需营销推广资源

3. 流程梳理

4. 团队建设

5. 如何提升用户体验？

三、纸箱电商发展思路建议

1. 成立独立的电子商务公司运营

2. 围绕用户体验优化组织架构、业务流程与沟通机制

四、2014 年总结

1. 2014 年新跟踪的客户清单

2. 2014 年正式合作过的客户清单

3. 网络营销效果与品牌曝光

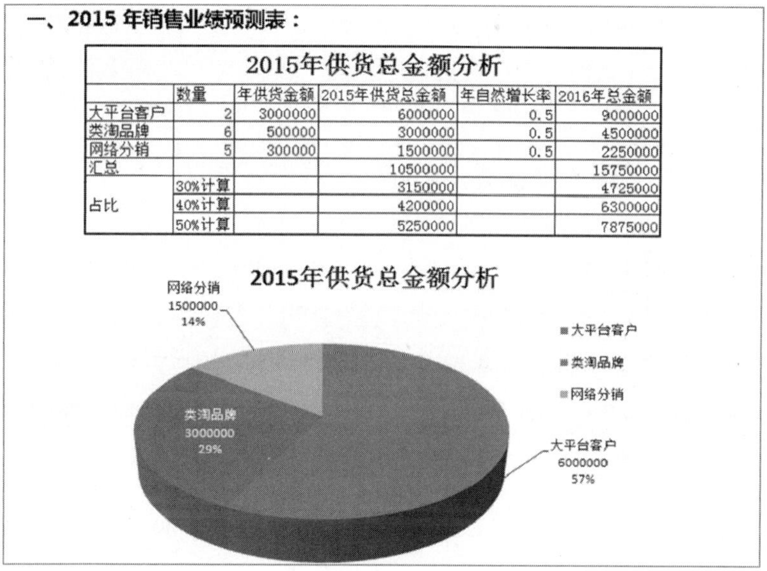

一、2015 年销售业绩预测表：

2015年供货总金额分析

		数量	年供货金额	2015年供货总金额	年自然增长率	2016年总金额
大平台客户		2	3000000	6000000	0.5	9000000
类淘品牌		6	500000	3000000	0.5	4500000
网络分销		5	300000	1500000	0.5	2250000
汇总				10500000		15750000
占比	30%计算			3150000		4725000
	40%计算			4200000		6300000
	50%计算			5250000		7875000

案例分析图表（1）

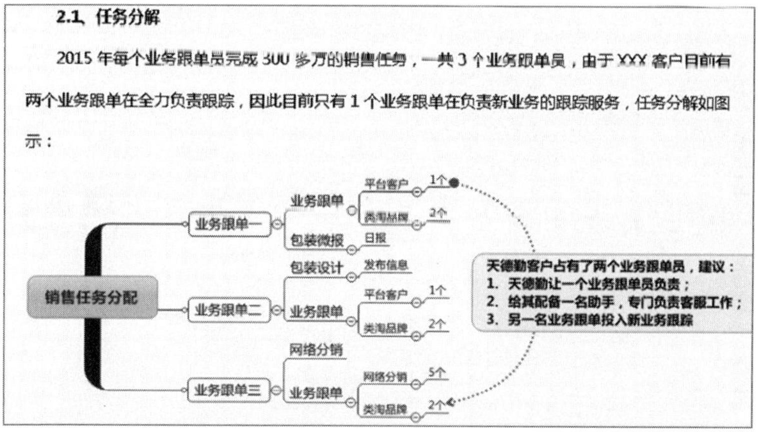

2.1、任务分解

2015 年每个业务跟单员完成 300 多万的销售任务，一共 3 个业务跟单员，由于 XXX 客户目前有两个业务跟单在全力负责跟踪，因此目前只有 1 个业务跟单在负责新业务的跟踪服务，任务分解如图示：

案例分析图表（2）

分析：电商业务规模如果要放大，则必须打通线下业务流程，形成高效执行的线下生产团队（这对传统业务也是巨大的帮助），并且随着包装设计公司业务的展开，对电商业务提供更强有力的支撑。从目前来看，线下供应链资源的整合任重道远（bpr 流程改造向来是传统企业的软肋）。

优化流程的核心标准是：以用户体验为中心，打造高效的线下业务流程，这一点在传统体制内无法做到，因此，即使从这个角度来说，也只有建立独立的电子商务公司，才能够使传统电商转型有成功的希望，也才有可能与其他包装公司合作，为客户提供体验更好的包装方案，才能够顺利地推行纸箱电商 O2O 的战略设想。

案例分析图表（3）

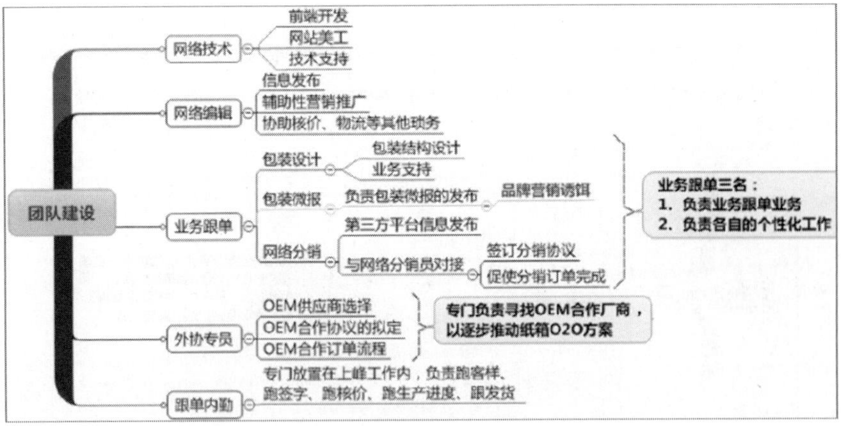

案例分析图表（4）

2 价格方面，不断地提高管理效率，缩减成本，尤其是优化业务流程，建立快捷的问题沟通处理机制方面应向电商公司借鉴先进的管理经验，以逐步摆脱掉传统的臃肿的业务流程与缓慢的沟通机制。

3 服务方面

3.1 核价：核价工具化， 通过开发专门性的核价工具，将运输成本分摊、管理费用分摊、原纸成本等基础数据进行封装，开发核价APP系统，使得业务员根据权限可以在任何地方，通过手机登录APP即可快捷报价；另外，对于标准邮政纸箱、淘宝纸箱与拉链纸箱，可以制作价格样本与产品目录，以开发标准纸箱电商市场。

3.2 打样与大货交期，严格执行责任协议，杜绝私人关系插单，或故意将订单挪后，将重大的延误交期事件播报显示，透明管理。

B 关于将问题播报显示，透明管理，细节如下。

（1）透明播报对象：重大的品质问题、客户的交期延误超过 3 天的、应收款未收延误的、其他严重问题；

（2）任何人不得人为干预重大问题的透明播报；

（3）用于播报问题的 led 屏显示于董事长、总经理与生产场所，循环播报。

案例分析图表（5）

通过一个详细的方案全面阐述你的工作目标，以及完成这个目标需要哪些资源的配合，并在其中加上财务流程的优化即可达到目的。

第 2 章

如何组建、培训与推动传统工业企业电商团队建设

2.1 团队组建的基本原则与运营、推广的关系

2.2 递交成员招聘计划

2.3 传统工业企业招聘的细节技巧

2.4 团队的两种培训制度：教练体系与政委体系

2.5 团队成员的工作安排与考核

商业模式确定之后，落地执行是关键。而团队是落地执行的组织保障，什么样的团队就会带来什么样的结果。是乌合之众还是虎狼之师，关键看三个环节：一是招聘标准；二是团队培训，技能与文化培训；三是实战效果。

2.1　团队组建的基本原则与运营、推广的关系

作为传统工业企业转型电商的操盘手来讲，组建一个全新的电商团队，尤其是在传统企业里面组建一个全新的电商团队，对于你本人来讲，或许是一件简单的事情，但是对于传统企业来讲，却是一件很复杂的事情。因为高层或许不明白，你为什么要这样组建这支队伍，所以，向董事长与高层讲清楚组建团队的原则至关重要，因为这也关系到后续运营与推广的效果。

在传统企业里面，企业的使命决定了企业的愿景，企业的愿景决定了企业的业务流程，企业的业务流程决定了企业的组织架构，企业的组织架构决定了关键部门的设置，关键部门的设置决定了关键岗位的设置。同样地，在互联网公司，商业模式决定了业务闭环，业务闭环决定了关键部门与关键岗位，最后走招聘的流程。

2.2　递交成员招聘计划

下面来看一个传统工业企业比较完整的团队建设流程。

1. 在商业模式确定之后，必须制定出运营节奏，即什么时候由谁来完成什么事情，达到什么样的效果，如下图所示（**只看前两个节奏，此图前面已有，此处主要看招聘的逻辑关系**）。

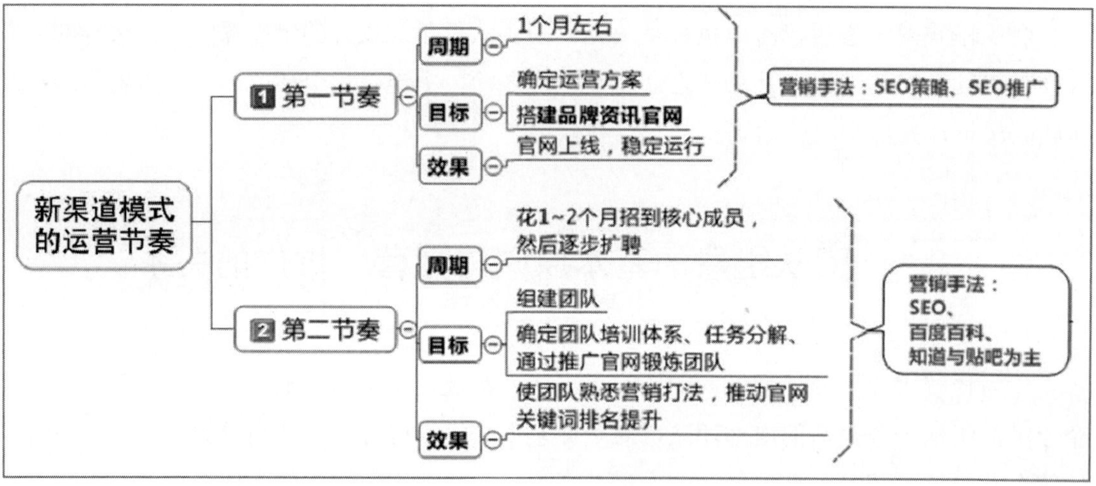

运营节奏在招聘中的作用

（1）完成什么事情？完成品牌资讯官网矩阵搭建与上线。

（2）什么时候完成？1～2 个月，因为是全新团队，需要从零开始招聘人员。

（3）由谁来完成？团队（什么样的团队在具体招聘需求表中列出）。

（4）达到什么样的效果？

- 锻炼团队。
- 官网上线。
- 网络推广，使关键词排名上升。
- 主要目的是进行品牌宣传，次要目的是吸引潜在客户来咨询。因为官网矩阵只是核心营销手法组合中的次级推广手法。

2. 设计出完整的团队组织架构图，让董事长与高层明白整体团队的组织框架，如下图所示。

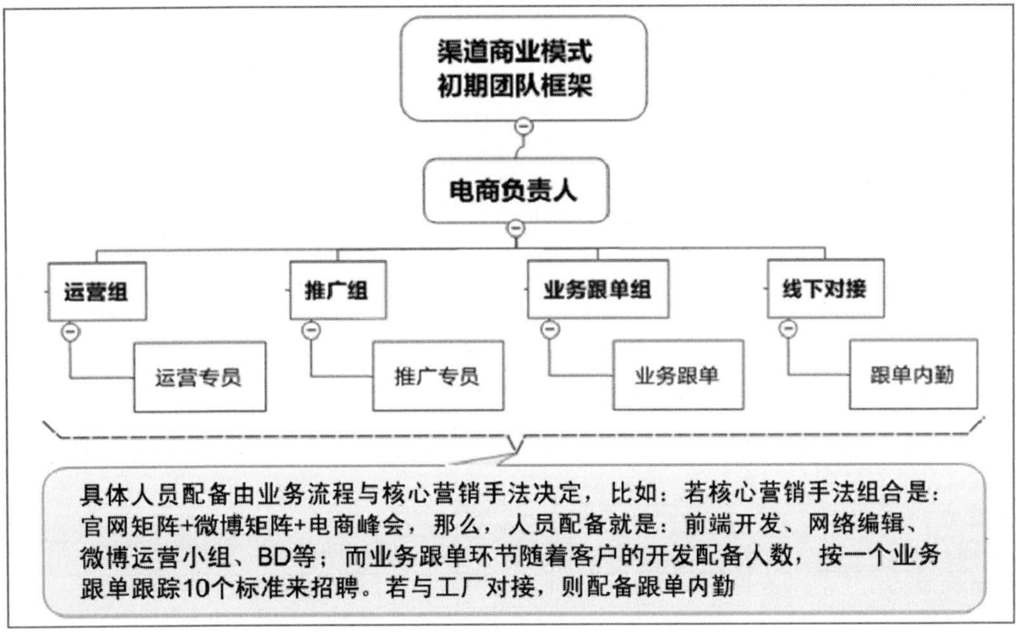

团队框架在招聘中的作用

（1）针对搭建官网矩阵来说，前期只需要招聘前端开发（要求懂一点美工，后续工作可以培训）、网络编辑、PHP 程序员（若采用开源的 CMS 系统，则可不招）即可。

（2）随着业务的开展，比如官网上线后，则招聘网络推广员。若配合新媒体营销，则招聘微博运营员（亦可由网络编辑兼任）。

（3）随着业务的继续发展，如果有客户来咨询，则必须招聘专门的业务跟单员及与工厂对接的跟单内勤。

3．提交完整的招聘计划表，如下图所示。

招聘计划表

序号	工作内容	负责人	所需资源	时长	进度日程（4 月开始，跳过周日）
1	网站空间	李光辉	两种方案，请选择： 1．租赁空间 2000 元/年，1000M 左右，支持商城系统。缺点是速度慢，空间小，有问题解决速度慢，不利于今后 B2B2C 平台扩展。 2．购买服务器托管，第一年 1W，第二年起付托管费 4000 元/年左右，空间大，速度快，有问题可快速解决，利于后期 B2B2C 扩展；缺点是成本高	1～3 个工作日	2012 年 4 月 2 日～4 月 4 日
2	网站架构策划（栏目、首页栏目页与内页版面）	李光辉	美工配合	1～2 个工作日	2012 年 4 月 4 日～4 月 6 日
3	网站优化布局（SEO 优化）	李光辉	技术配合	直到网站完成	贯穿始终
4	建本地测试站点	李光辉	/	2～4 个小时	2012 年 4 月 8 日
5	网站美工效果图（首页、栏目页、内页、互动页）	美工	招聘美工	美工到位后 4 个工作日	2012 年 4 月 9 日～4 月 12 日
6	网站技术开发（首页、栏目页、内页、互动页）	PHP 程序员	招聘技术	技术到位后 25～30 个工作日	2012 年 4 月 13 日～5 月 17 日
7	信息发布	编辑	招聘编辑	每工作日 50～100 篇	贯穿始终
8	等信息过 500～1000 时，上传到网络空间	李光辉	/	1 小时	2012 年 5 月 18 日
9	上线后调整完善	全体	全体配合	4～6 天	2012 年 5 月 18 日～5 月 25 日
10	营销推广	李光辉	美工、技术与编辑配合，广告费 1 万元左右	持续不断	2012 年 5 月 25 日～6 月 30 日

这个方案的前提是：网站平台采用网络免费开源的系统（ECShop 或 EmpireCMS），这类系统的好处是：大部分的功能都具备了，只要技术有二次开发能力即可。

全部进度完成需要 37～47 个工作日，2012.3.20～2012.6.30 共有 84 个工作日。因此，人员到位，大概 6 月下旬左右即可完成资讯版块的开发、上线、调整与前期推广。

（1）对美工的招聘要求。精通 PhotoShop，FireWorks 图片处理，对颜色敏感度高，有成功美工设计作品，懂 div+css，懂 HTML 标签语言，能够将效果图直接转化为网页，懂 Dreamweaver；有一年以上网络美工工作经验。在电商平台做过美工的优先。本月到位为好。

（2）对编辑的招聘要求。文笔好，有自己的博客，懂一些简单的网络推广（如 SEO，博客营销、微博营销、论坛发帖等），有包装行业工作经验的优化。4 月中旬到位即可。

（3）对技术的招聘要求。懂 PHP+MySQL，有帝国系统或 ECShop 二次开发经历，有成功网站作品，懂网站优化与一些简单的网络推广。工作经验一年以上。本月到位为好。

这就是一个完整的招聘需求计划表，相信董事长与公司高层看了会一目了然，尽管细节他们可能并不太明白，但是招聘的障碍基本可以扫除。

如果在这一环节出现了问题，那么将直接影响到后续的运营与推广计划。因为在传统工业企业，绝大多数人认为，做电商就是做一个站，外包就好了，你怎么说服他们呢？如果外包了，后续的运营与推广将会十分麻烦，你需要不断地与外包公司打交道，因此带来多余的沟通成本。并且，在我看来，外包公司制作网站基本上都是制作功能的企业展示平台，根本不可能从营销的角度搭建网站，他们建站的模块早就开发好了，只需要选择，然后根据你的要求制作前端模板页面即可。那么，后台的功能是否吻合 SEO 的需求就不得而知，基本上是不可能。如果你提出相关需求，算是新开发，在成本与时间上会浪费巨大；而网络上有优秀的免费的 CMS 系统可以使用，并且其后台是完全符合 SEO 规则的，这对网站的后续运营与推广有极大的帮助。

我在说服董事长时，使用了下面的数据，当然前提是我本人就是程序员，精通开发，而当时外包需要 10 万元，我个人只用了一周左右就把官网的整体框架搭好了，费用要少得多。但是后来传统高管还是要求外包，于是我给董事长列出了下面的图表。

世包官网的基础营销指示数据如下：【世包官网上线才 6 个月】

搜索引擎	百度	谷歌	雅虎	搜搜
收录数量	3,550	8,800	1,048	462

格力官网的基础营销指示数据如下：【格力官网上线 15 年】

搜索引擎	百度	谷歌	雅虎	搜搜
收录数量	1,090	965	57	217

但是就品牌收录率，搜索引擎曝光率来说，世包官网强于格力官网，为什么？

营销性网站与功能性网站对比

为什么呢？世包官网是电商营销性网站，而格力官网是传统功能性网站。我搭建的官网矩阵在我离职近一年之后，并且没有人做任何内容维护的情况下，它的相关排名还是在第一位，而且排在百度百科与百度地图的前面。为什么？就是因为它做得太好了，如下图所示。

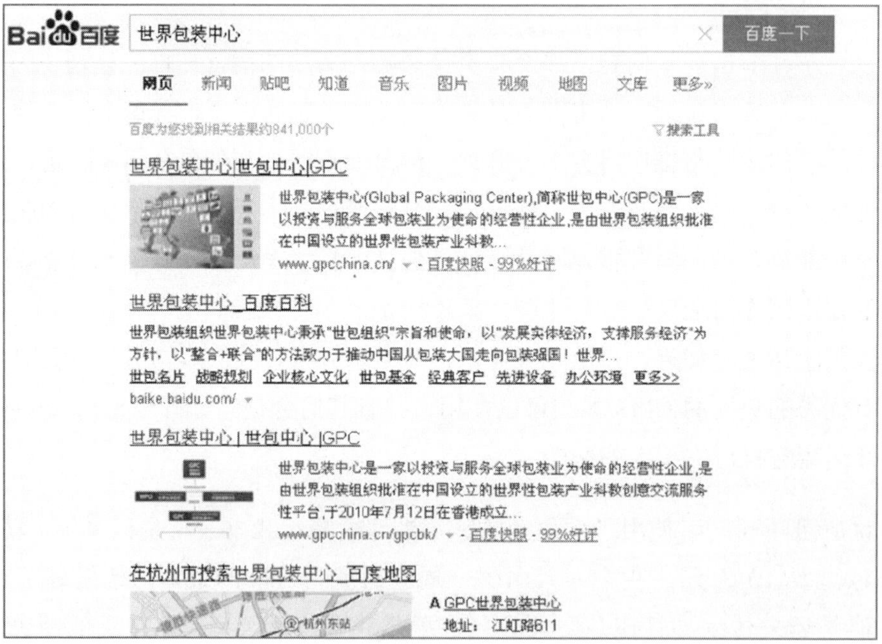

营销性网站的搜索排名

我在做“传统企业新媒体营销与 SEO 推广”时，专门讲到网站首页排名在百度百科前面、网站内页排名排在百度地图前面。如果一个网站不是搭建在营销性的基础之上，并且在内容建设方面十分出色，是绝不可能有这种排名的。

只有通过电商方面专业的东西才可以说服董事长按照你的意见来推进，否则传统高层的一句话就会把你打入十八层地狱，因为他们一心想外包，其实是另有目的。

2.3　传统工业企业招聘的细节技巧

前面我们曾经提到过：传统工业企业内部，其实人力资源部门对电商岗位招聘是没有经验的，需要电商部门自己来处理，原因主要是有些细节人力资源部门不知道，甚至无法理解。

比如下面这张组织架构图。

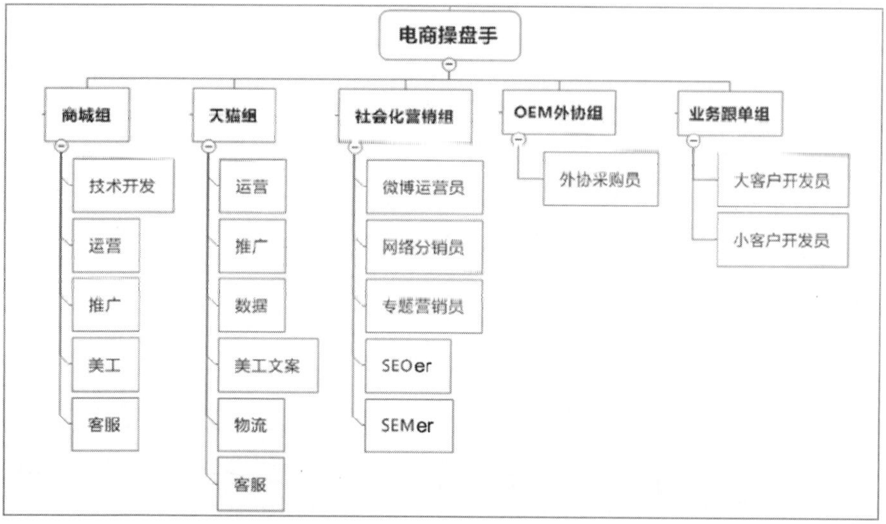

组织架构图

传统工业企业的人力资源部门基本不明白要怎么招聘这些人。因此，电商部门或电商子公司需要制定更详细的细节，才能够与人力资源部对接。如果是子公司，可以自己直接招聘，招聘到位后再与传统集团的人力资源部门对接，这是最方便的。

如果要传统人力资源部参与招聘，需要注意什么细节呢？

（1）出具详细的岗位职责表（见下表）。

岗位职责表

职责描述：负责世包电子商务部虚拟打样、成本核算、业务支持及与工厂对接工作			
工作权重（%）	**工作职责**	**内　　容**	**考核标准**
10%	职能管理	1．参与本岗位涉及的管理制度、工作流程建立及完善 2．起草编制本岗位月度、季度个人工作计划、目标及具体执行方案，经审核确定后实施	制度流程改进，计划完成评估
85%	包装设计 虚拟打样 成本核算 业务对接	1．详细了解客户要求及需要达到的效果 2．把客户的需求转换为生产工艺图或效果图 3．协助销售做好产品设计开发 4．负责将客户提供的图纸转换成制造图 5．协助网络推广提供包装宣传素材 6．协助业务对打样及订单进行对接与跟踪 7．协助市场调研进行成本核算分析 8．保管好与业务相关的资料 9．在设计和制造过程中有效控制成本	工作成果
5%	其他	领导交办的其他工作	—

岗位任职资格要求					
年龄	25 岁以上	**学历**	本科	**职称/职业资格**	—
性别	男	**外语**	CET-4	**外貌身高**	相貌端正
专业	包装工程、平面设计或相关专业	**工作年限**	两年以上	**特殊要求**	—

（2）对于特殊岗位，详细说明其招聘时注意的细节。比如：对业务跟单这个岗位规定出：只能招包装工程与包装印刷或包装类专业的，不要招传统包装公司的业务员，因为他们根本不懂网络营销；可以快速教授包装专业的人网络营销的知识，但是传统包装公司的业务员几乎是拒绝学习的。

（3）传统人力资源只参与招聘的筛选工作与初试工作，正式的面试必须由操盘手亲自出面，否则招来的人根本无法使用。

2.4　团队的两种培训制度：教练体系与政委体系

人员招聘到位后，最重要的工作就是培训，人员集中后，其实还称不上团队，顶多是一“人群”而已，甚至说乌合之众也不为过。只有经过训练的人群才是虎狼之师。

古斯塔夫·勒庞在《乌合之众》中描述了群体的许多特征，其中有两个影响极大：一是群体的智商很低；二是负面因素蔓延很快。因此，在团队初建时，必须制定能够落地执行的、有效的、简单的制度，发现负面影响要快速处理，规定负面信息只能单独沟通。

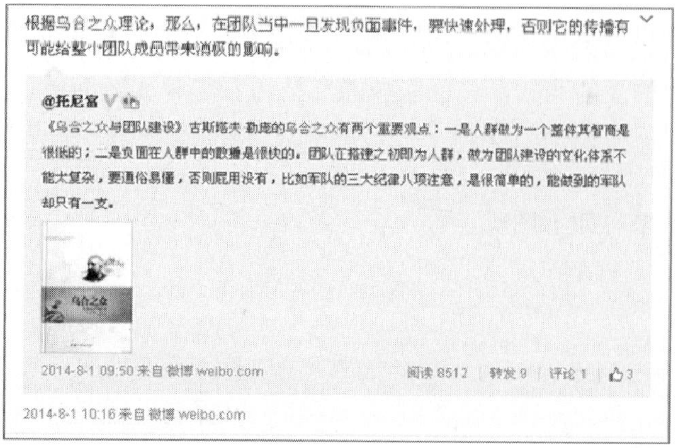
根据乌合之众理论，那么，在团队当中一旦发现负面事件，要快速处理，否则它的传播有可能给整个团队成员带来消极的影响。

@托尼富

《乌合之众与团队建设》古斯塔夫·勒庞的乌合之众有两个重要观点：一是人群做为一个整体其智商是很低的；二是负面在人群中的散播是很快的。团队在搭建之初即为人群，做为团队建设的文化体系不能太复杂，要通俗易懂，否则屁用没有，比如军队的三大纪律八项注意，是很简单的，能做到的军队却只有一支。

2014-8-1 09:50 来自 微博 weibo.com　阅读 8512 | 转发 9 | 评论 1 | 3

2014-8-1 10:16 来自 微博 weibo.com

乌合之众在团队培训中的作用

培训分为两种：一种是通过培训体系来培训；一种是通过实战来培训。这里着重讲一下通过培训体系来培训。

我将培训体系的核心内容分为两种：一是教练体系；二是政委体系。教练体系主要用来培训工作技能与协同技巧；政委体系主要用来培训企业的文化与团队精神。

成员刚进入团队时，任何人必须先学会教练体系的所有技能与技巧，必须遵守政委体系内所有的条款，任何人不得发挥，只有当你熟练使用所有的技能与技巧，并形成了习惯时，才可以在这个基础上，有自己个性化的发挥。否则会严重地影响团队的凝聚力与向心力。

我制定的教练体系与政委体系非常地简单，读过《乌合之众》的人明白：人群作为一个集体共同来操作一件事情时，它作为集体的智慧是有限的，甚至是弱智的。因此，作为集体共同遵守而执行的东西必须简单有效。比如军队的三大纪律八项注意，如果是个人来执行，很容易就做到了，但是一支几百万人的军队能够一起做到，就需要付出极大的努力。

教练体系如下图所示。

在传统工业企业里操盘电商时，最难的环节之一就是业务跟单，因此，我专门为业务跟单制定了必须学会的技能与技巧。这些技能与技巧看起来比较简单，但是在实际运营中，完全做到的人不多，要努力学习才行。

我制定的政委体系，如下图所示。

业务跟单三大铁律九项注意
每个业务跟单都必须烂熟于心，能够背诵。
01 客户沟通铁律三条
1 不要与客户争长短、对错、黑白……，要从服务的角度出发。
2 不要给客户带去麻烦，尽可能解决麻烦，经过努力，若无客户配合，无法解决的，可直接告知客户自己的努力。
3 与客户用任何方式沟通，要使用商务礼仪，要使用尊称，如：您，××总等。跟踪的客户遵循最长三天节奏制。
02 了解客户情况与动态
1 全面了解客户的企业情况【简介、企业性质、企业资质等】
2 全面了解客户企业的业务【主营产品、产品促销活动、产品营销方式……】
3 全面了解客户对接人员【性格、兴趣、爱好、沟通方式...】
03 客户了解三大渠道
1 微博、微信、微淘
2 官网
3 销售平台【商城、天猫、淘宝……】

教练体系

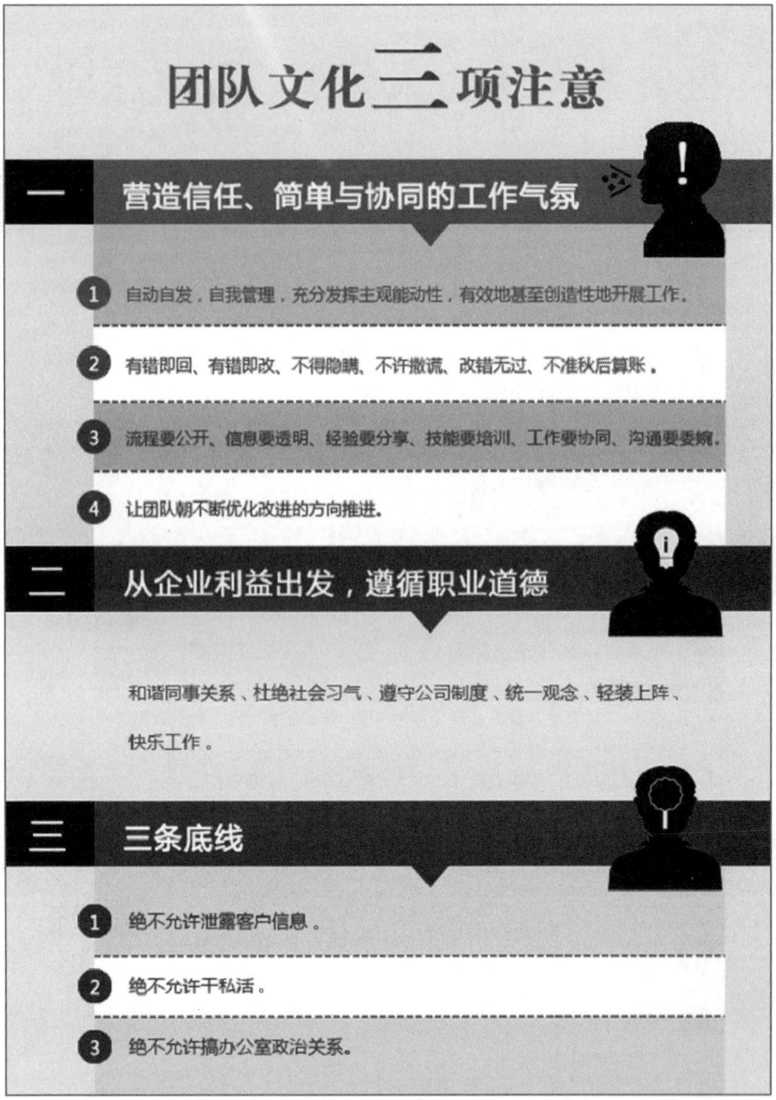

政委体系

这些条款虽然看似非常简单，但是我在培训成员时，至少要用三四个小时才能够完整地将它们解释清楚，把所有的技巧都一一教给他们。大家仔细体会一下。

2.5　团队成员的工作安排与考核

传统工业企业往往都是集团公司，与互联网创业公司不同（招聘之后马上就开展工作，基本上没有培训），对招聘进来的人基本上会有相应的培训，但是培训时间并不是太长，更多地是在实际工作中培训与提升。因此，对新进员工进行合理的工作安排，并进行考核成为重中之重。

本来，按照关键岗位原则，一个人只负责一个岗位才是正常的。但在实际操作中，往往并不是这样的，因此，工作的安排就显得十分必要了。

一个萝卜一个坑，这是在成熟的企业里面才有的现象，在初创公司或集团公司的新兴项目中，往往一个人做多个人的事。在招聘的时候就要说明这一点，否则有些人就会以这个为借口，消极怠工，这样就浪费了大量的时间。在招聘时讲明这一点，会得到谅解，愿意的人自愿进来，也愿意遵守；不愿意的人也马上淘汰了，不会造成太大的影响；如果是招聘进来后才发现这类问题，对团队的负面影响极大，他就是个炸弹，会影响其他人。因此，我在团队文化中特别讲明一点：有意见，绝不可公开说，只能与我单独沟通。目的就是控制团队整体的一致性。

比如，开发网站，按照正规的流程来说，前端开发、程序员、美工、编辑、运营与推广，都是重要的岗位。但是在传统工业企业内部，除非将平台作为战略决策，否则根本无须分得这么细。所以，前端开发人员要求做美工的工作，编辑也要求配合做运营与推广，程序员也得负责前端开发工作与配合做推广。而作为操盘手，更应该是多面手，我自己在团队中负责的事情就非常地多。

1．前端营销

源源不断地带来新客户与不断地扩大品牌的网络影响力，这是重中之重。

具体的工作是：营销矩阵，包括核心营销手法与辅助性营销手法，都必须直接参与。

比如：微博矩阵、官网矩阵、线下峰会、SEO 推广、网络分销、业务谈判、大客户招标、专题营销、诱饵营销、网络运营、图片营销等。

2. 团队建设

打造一支有力的业务团队，来配合业务的放大节奏，领导销售任务的完成。

具体工作包括：团队招聘、培训、工作安排与考核、团队协同与配合等。

3. 协调好与工厂的沟通与对接

业务跟单员负责具体的对接沟通工作，但是大的事情都必须亲自出面沟通，否则客户进来了，订单却没办法完成，导致客户流失的现象非常地多。因为传统工厂对电商的订单并没有额外对待的。相反，它们许多的做法会直接导致电商客户的流失，必须不断地沟通协调才可以。

在互联网公司，我们经常听到：没有 KPI、管理层很少、不开会。这些说法都是骗人的，他们或许没有纸质的 KPI，但是在实际流程当中，PDCA 一个都不会少，只是节奏更快，没时间用纸质的方式固定下来。雷军自己也说过：以前在金山时，一个版本可能一年才更新一次，当然有时间弄 KPI 之类的，但是在小米，一个版本一个星期就会升级一次，节奏完全不一样，如果还用时间在 KPI 上，还去开周会月会，根本来不及解决问题。现场沟通，现场解决，这是最快的方式。

因此，在传统工业企业电商项目刚上线的时候，我们并没有纸质的 KPI 考核，但是考核实际上却是存在的，员工的工作细节与考核也是存在的，针对业务跟单员，必须每日早会；针对推广人员，我们必须每周一次早会；针对全体人员，我们都有周会；为配合集团公司，我们都有季度会议与年会。

直到业务比较稳定后，传统高管就要求更详细的业务考核，详细到一天的各个时间段你做了什么，并且派人坐在你旁边看你是不是这样工作的。

详细内容包括：

日常工作：每一分钟在做什么；

月度工作：一个月完成了哪些工作；

季度工作：一个季度完成了哪些工作；

临时性的工作：领导分配了什么临时工作给你，你完成得如何，等等。

工作安排表如下表所示。

工作安排表

工作描述					
	内容描述	发生频次	单位时间（分钟）	累计时间（分钟）	重要程度
日常工作（即每日工作中都需要从事的工作，统计单位：每天）	上午十点给部门经理发当月的每日工作汇报表	1	3	3	高
	发完汇报表后例行单独早会	1	10～20	20	高
	与客户协调生产前事项	高	30～120	120	高
	与工厂对接人员了解业务进度情况	高	30～100	100	高
	关注电商客户的动态，与客户进行互动	中	30	60	高
	追踪潜在客户目前的状态	中	30	60	高
	核价	高	30	30	高
	微博辅助营销，关注电商微博动态	中	30～60	60	高
	小计			453	
月度工作（统计单位：月度）	微博辅助营销	高	30～60	1560	高
	与客户协调各项事项	高	30～120	3120	高

续表

工作描述					
	内容描述	发生频次	单位时间（分钟）	累计时间（分钟）	重要程度
月度工作（统计单位：月度）	与工厂对接人员了解业务进度情况	高	30～100	2600	高
	追踪潜在客户目前的状态	高	30	1560	高
	打样	高	60	1560	高
	合同签审	中	30	约 500	高
季度工作（统计单位：季度）	客户业务开发与跟踪	高	2340～9360	9360	高

（需要上述表格的可以私信@托尼富微博）

每一个成员都必须按照这个标准进行考核，传统工业企业在考核方面的严格性值得欣赏，但是灵活性却不足。

第 3 章

如何搭建传统工业企业网络营销矩阵

营销矩阵是商业模式中的核心内容，没有有效的营销矩阵，效果无从谈起；不适当的营销矩阵，只会浪费时间与金钱，如何找到适合自己的营销矩阵是操盘手的核心工作内容。

3.1 什么是营销矩阵与传统工业企业的营销矩阵

1．什么是营销矩阵

互联网发展到今天，“一招鲜走遍天”的时代早已经过去了，只有合适的、综合式的营销组合手法才能够让你脱颖而出。因此，我觉得每一个品类或服务都有自己内在的、天然的营销手法组合，电商操盘人一个重要任务就是：不断地去试错，并找到它们，然后优化它们，直到效果达到最大化。

网络营销的核心任务之一就是：将有效的营销手法与自己的品类结合起来，形成自己的网络营销矩阵，如下图所示。

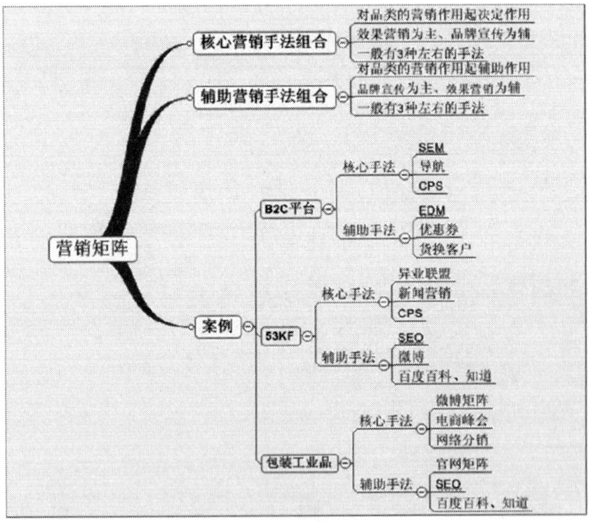

营销矩阵图

营销矩阵的定义：

（1）从营销的角度来说，通过核心营销手法组合达到产品的销售效果，与通过辅助性营销手法组合达到产品的品牌宣传，两者结合起来，就是营销矩阵。

（2）从落地实施来讲，营销矩阵讲究推行的节奏，一环套一环，逐步推进，同时也讲究营销业务流程的完整性，只有当业务流程达成完美的闭环时，节奏才能够朝前推进；没有业务流程的闭环，节奏就无法放大。

（3）从企业战略角度来讲，营销矩阵是企业营销战略的重要组成部分，是为了充分调动企业资源，快速实现销售计划的最佳手段。

2. 传统工业企业的营销矩阵

不管是传统工业企业还是传统消费品企业，我觉得任何一个品类都天然存在着属于它的核心营销手法组合与辅助性营销手法组合，而这种组合手法前期是需要通过不断快速试错测试出来的。决定这种营销手法组合的因素大概有：**品类产品+公司资源与团队+操盘手的综合能力+市场竞争环境。**

比如：我在 53KF 推广在线客服系统时，它的最佳营销手法组合是：网络异业联盟+cps+新闻营销，它的辅助性营销手法组合是：SEO+百度百科、知道+微博。

再比如：我在做包装工业品电商时，它的最佳营销手法组合是：微博矩阵运营+网络分销+电商峰会，它的辅助性营销手法组合是：官网矩阵+SEO+百度百科、知道。

核心营销手法组合以销售效果为主，品牌传播为辅；而辅助性营销手法组合以品牌传播为主，效果营销为辅。两者相辅相成，以达到营销效果的最大化。

营销手法组合纵向按节奏走，横向按流程走。

节奏感指的是：一个品类的运营推广是有节奏的，不同节奏运营的内容往往并不相同。

比如：我在做包装电商 O2O 时，它的第一节奏是“渠道营销”，以卖货为主；当月客户达到多少时，进入第二节奏“网络分销”，用网络分销把效果进一步放大；当月客户达到多少时，进入第三节奏“品牌建设”，以网络品牌推进、推动 OEM 的发展，将货由长三角卖到珠三角，又卖到京津地区，再到全国；第四节奏是“全网营销”。

流程感是什么呢？就是要形成自己的闭环。比如：包装电商三个环节是：前端营销→业务跟单→生产供应物流。一定要在第一节奏时，就要打通整个流程，即每一个节奏上它的流程应该是畅通无阻的，才可能在第二节奏大胆地放大营销效果，从试错、拉新、首单，到进入后端客户管理，数据分析，不断优化前端营销效果，然后不断放大它，提高老客户的后端复购率，不断强化品牌效果，通过品牌口碑吸引新客户进行消费（拉新），形成整个闭环，如下图所示。

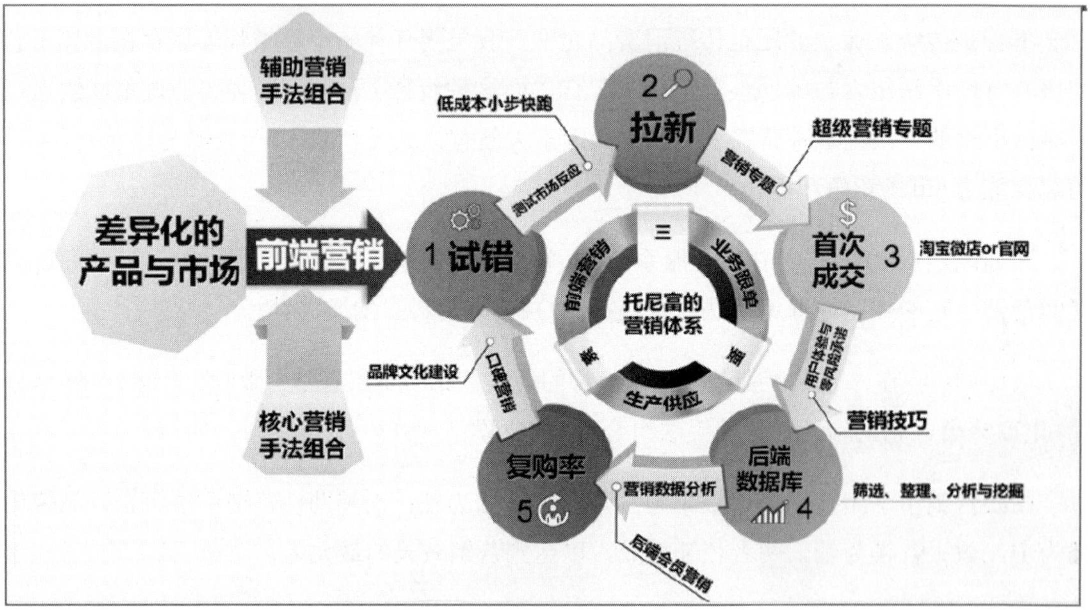

托尼富网络营销体系分析图

3.2　营销核心矩阵：核心营销手法组合

3.2.1　微博矩阵的实战

1．微博的传播路径

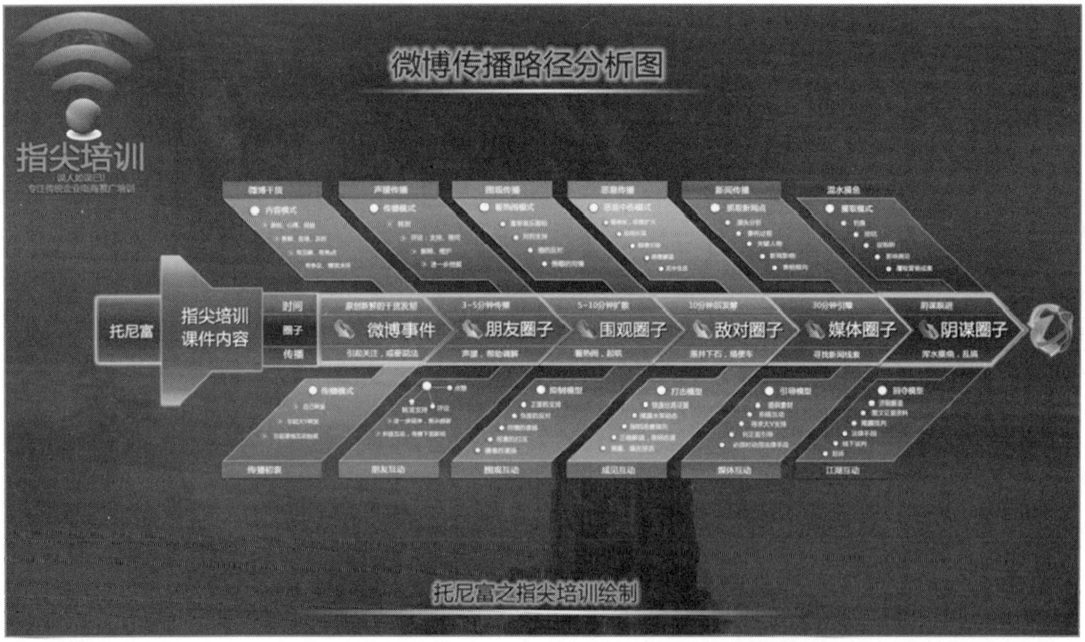

微博传播路径图（要电子大图的请关注微博@托尼富）

微博的传播路径的特征是基于社交领域内最重要的一个理论：六度空间理论。六度空间理论原来是一个数学领域的猜想，意思是：你和任何一个陌生人所间隔的人不会超过 6 个，换句话说，最多通过 5 个人你就能够认识任何一个陌生人，如下图所示。假设一个问题，我怎样通过 5 个人认识马云？理论上说，只要通过 4 个人认识张瑛就好了，如此类推，直到认识为止。

微博传播路径是玩好微博的理论基础，只有明白这一点，你所有玩微博的手法就不会离谱，其他技巧都是在这个基础上的发挥而已。

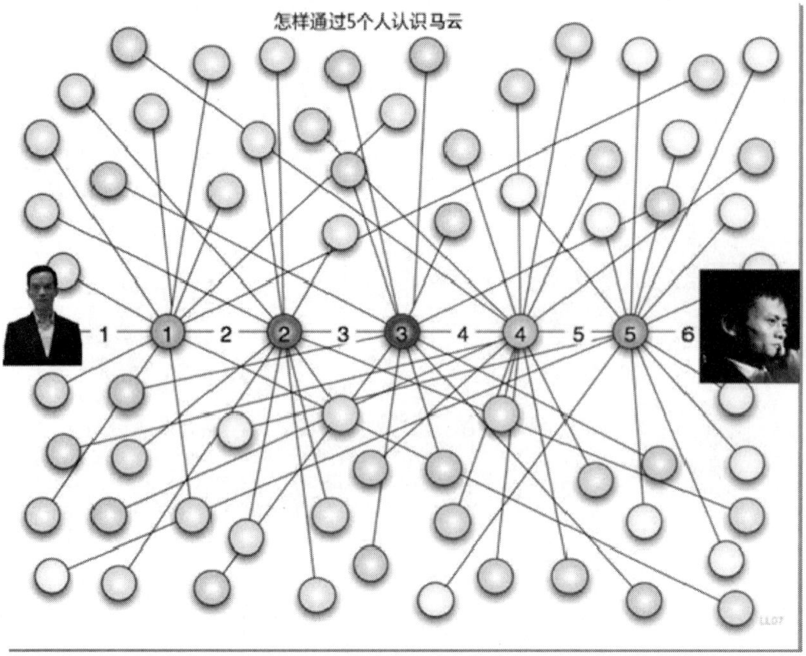

六度空间理论图

下面详细讲解一下微博的传播路径。

（1）信息源，就是你自己写的微博内容，信息源的表现形式可以多种多样，文字、图片（九宫格）、视频、长微博、头条文章皆可。信息源的质量是影响微博传播路径长短的关键，段子手写的内容往往更具有传播性，因为大家喜欢心灵鸡汤。关于内容的写作技巧，后面还有详细讲解。

（2）信息源发布后，首先看到的一定是你的家人、朋友或同学，根据信息的内容，他们会做出反应，或点选、或评论、或转发；信息不好，转发只是给你面子而已，或许传播就到此为止了，好的信息才会继续传播。

（3）你的朋友或同学转发后，他们的朋友也会看到，他们觉得不错，也会赞、评、转，如果觉得无趣，看一下就结束了，好的内容会引起这些围观者的二次转发，信息源第一次被引爆，传播到第二层。

（4）朋友及朋友的朋友，或许对你基本是赞同的，但在微博开放的世界里，总有人对你持反对意见，当你的微博平平无奇时，他们是蛰伏的，但是当你的微博具备了一定的新闻性、知识性、专业性、涉及某一专业领域时，观点就会百花齐放。这时，反对你的人就会冒出来，对你横加指责，不爽你就拉黑，心态宽就是无视，来火你就直接骂，这种互动，再次引爆了你的信息源；如果你的内容有一定的社会性或爆料性，它还会向下面传播。

（5）这时，就会引起新闻媒体的关注了，网络新闻工作者不必像传统线下的记者一样，必须去现场采访，微博就是虚拟的世界，它本身就是现场，发生的就是新闻。比如：深圳#女子割双眼皮惨死#，这样的内容，一定是其亲友最先发布了消息，然后迅速发酵，新闻媒体迅速介入，最先介入的新闻媒体貌似是腾讯（它就在深圳，近水楼台先得消息），然后是新浪。到我写这个例子时，已有近 10 个新闻媒体集中轰炸式发布了。

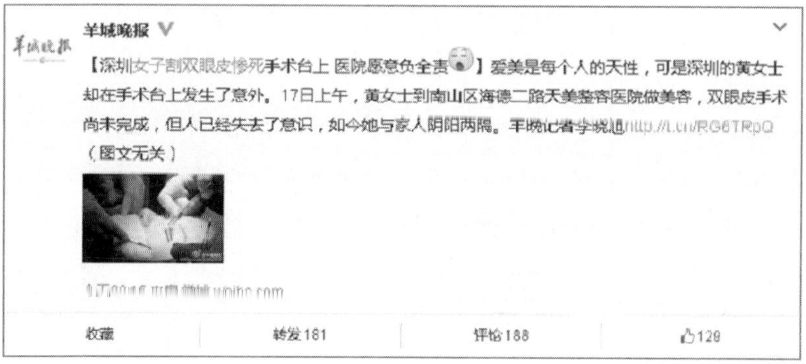

微博传播路径实例图（1）

尤其是这篇新闻：#哈尔滨天价鱼#，当事人陈先生爆出被吃天价鱼新闻，马上媒体跟踪报道，饭店居然也叫来记者公布录像说陈先生当时是好好走的，当地警察也说是按市场在操作。然后陈先生说是为了怕报复不得不这样做，并且说饭店票据上的签名作假，接着饭店又爆出猛料新闻，说吃鱼的是地税局的人，事情立马反转了，政府以不以真实名称提供服务、餐饮许可证过期的名义查封了该饭店，饭店老板生病打针去了，于是调查组去常州直接找陈先生了解情况，至此真相大白于天下，每一个节点都极具引爆性，这类信息源想不火爆都不行。

微博传播路径实例图（2）

（6）还有一种更为特殊的信息源，可能会引起更大的引爆性，甚至达到造星的目的，这是微博传播的最高境界，只是难度极大，目前这样的例子不多。“叶良辰”事件就是，只是后面的炒作没有跟上来，星没造成，造出个网红。早年的木子美、芙蓉姐姐走的也是类似的路线。

只是就目前来看，只有芙蓉姐姐逆袭得比较成功。现定居美国，并且当起了天使投资人，前期靠的是炒作，后期靠的完全是实力啊。

当你时时想着你的微博传播路径的时候，写的时候就会更加认真了，努力培养自己写微博的感觉，让自己写的微博走得更远，因为，微博会改变你的人生！

2．微博矩阵的任务分解图例

官微	**官微名称**	xx包装	建议改名为：品牌+**公司+包装**
	操作负责人	**网编**	
	常务活动	公司宣传	频率：每周1~3次 内容：公司简介、员工风采、办公场景、各类活动、培训、包装新闻视频专业知识、美女与包装（这个是重点）、公司经营产品的图片、包装设计师介绍、设计师名品介绍、包装故事会（去收集）等【网编】
		品牌宣传	
		产品宣传	
	专题营销	包装专题	内容：围绕公司品牌包装产品做系列专题 频率：1周1次 策划：由网编与招聘的美工参与，重要专题由托尼富直接策划 运营：由前端技术、美工与网编配合，美工出效果图、前端转化为网页，同时在官微、微信与官网同步发布，托尼富微博同步发布
	官微活动	促销活动	内容：各种电商大促（618、双十一、815等）、各种节假日与公司自己推出的个性化的活动 策划：由托尼富主持，技术、美工与编辑参与 频率：**跟着节日促销节奏走** 运营：策划、文案、美工、技术与客服充分配合，从活动发布、二次传播、大V助阵、客服咨询、订单跟踪到打包发货全程闭环运营
管理层微博	**管理层微博**		**一周之内全部开通**
	CEO		**半个月内申请微博**，同时认证好，若无时间，可由其他人代运营，最好是自己运营，参与进来玩，尤其是在搞活动做售后服务时
	CIO		
	淘宝主管		
	COO	托尼富	
员工层微博	**员工层微博**	所有员工以私人名义参与微博互动（点赞、转发与评论），注意不要以公司员工名义转发，以第三方身份转发即可，观点可有正有反，自然即可	

微博矩阵的任务分解图

根据你自己的情况，对上面的表格进行优化修改，就可以直接使用了。

3．微博的运营技巧

（1）团队组成。

① 文案。

② 美工。

③ 推广。

针对正规企业而言，这是微博运营的最小团队。一个文案，专门负责做内容，策划好微博一个月内发布的大致内容，在执行过程中不断根据效果进行调整优化。

有图的微博比无图的效果会更好，有些著名的段子手的微博，几乎都是精心制作的图片内容，文字部分极少，比如：天才小熊猫。如果条件许可，可以招一个美术学院毕业的专业人才，她会实现你许多原来无法实现的想法，我的团队中也有专门的美工，负责制作相应的图片素材。

通过微博矩阵可以轻松地完成微博传播的前两个路径，如果有预算，可以购买粉条、粉丝通，甚至购买微任务，让大V帮你转发等，效果往往好上十倍以上。

（2）内容写作技巧。

① 有一个亮点。比如：专业性、排行榜、内幕消息、娱乐性等。

② 有一个争议点。设定选项，供人讨论，比如上海女孩去江西男友家过年，争议点就比较多，你可以设定：这是一个礼节问题还是一个婚姻问题？微博热搜是追踪争议点新闻的好地方。

③ 最好有一幅图。有图片比没图片的效果要好，九宫格图片比普通图片的效果要好。

④ 考虑使用视频。2016年，微博会大力扶持视频，有视频制作能力的加油原创吧。

⑤ 要意犹未尽。一个问题分为几个方面，不要一次性全部写出来，留一点让别人补充，是互动的好方式。

（3）推广。

① 自己转。适合于“意犹未尽”型。

② 吸引大号转发。做到这一点很不容易，如果有钱，就用钱砸吧，或者购买粉条亦可。

③ 策划活动。比如：春节期间的红包与送礼是最好的活动；平时可以周期性举行促销抽奖活动。

（4）其他辅助性推广。比如：通过社群的方式大家互转；追随微博推荐的话题进行借势；多与团队成员沟通，多尝试，找到自己的玩法。

3.2.2　网络分销的实战

传统工业品的网络分销与消费品的网络分销不同，消费品的网络分销可以是个人，也可以是渠道或公司；而传统工业品的最佳网络分销方式是与公司及掌握资源的知名人士合作。

工业品的网络分销类型有以下几种。

1．同行分销

比如：做金属包装的可以成为做瓦楞纸包装的分销商，反之亦然。

我在包装工业品行业做电商时，公司只做瓦楞包装，当时就有一位老板过来谈合作。因为他只做塑料包装，而他的塑料包装客户又需要瓦楞包装，于是就找我合作。

2．异业分销

比如：潜在客户的上下游公司。

我有一个大客户，是很大的中国出口欧洲的汽车零配件贸易公司，刚开始一年的需求量是 600 万以上，但是这家贸易公司的上游工厂有 200 多家，将这些上游工厂发展过来，就是巨大的客户。

3．其他分销

比如：知名的培训师、知名的自媒体、网红、社群组织的负责人等。

淘宝大学的讲师，认识许多大卖家，大卖家需要纸箱时，他过去一谈，合作基本就成了。

3.2.3 电商峰会的实战

只参加有潜在客户的电商峰会，不参加传统展会。因为传统展会只看到竞争对手，而电商峰会只看到客户。这一特点在包装工业品行业极为明显，因为哪个电商大卖家不需要包装？

1. 准备工作

宣传画册、名片（只印二维码）、助手、提前打好报告（传统企业流程很慢，一定要提前打好报告）、订好票与酒店并弄清楚峰会的流程，确定与哪些潜在客户线下互动。

申请报告样板（提前一周多时间打了申请报告）。

参加派代电商年会申请

派代是中国电商界知名度很高的IT媒体公司，电商圈人脉极广，与中国主流电商圈高管互动密切，参与派代年会的几乎都是中国电商圈的大牛，**都是我们的潜在客户**。参与这类年会，有利于直接与客户面对面沟通，扩大A集团在电商圈的影响，为A集团成为**纸箱电商中国第一品牌**提供展示的平台，同时直接带来潜在的客户咨询，促成商业往来。

大会时间：2013年8月27～28日（周二～周三）。

大会地点：北京，新云南皇冠假日酒店。

大会规模：1000人（电商圈总监级别以上）。

参会要求：仅限电子商务负责人或公司副总及以上人员参加。

参与方式：资料入袋1200份。

参会金额：1000元。

请财务汇款。

汇款账号信息：

户名——北京派代信息技术有限公司。

银行——中国工商银行北京紫竹院支行。

账号——×200 2482 1920 0013 046

电子商务部　2013 年 8 月 20 日　星期二

2．分工

最好带一名助手，由助手负责检查宣传画册的发放工作，并在现场交换名片（在电商圈，名片不再是主流，所以，一定要设计得独特一点。我在 2012 年就开始使用二维码名片了，效果不错），争取覆盖到 80%的人；你自己主要负责现场微博转发，争取与峰会主角互动，以吸引现场潜在客户的注意。

托尼富的名片

3．互动

争取与一两位潜在客户线下互动，准备好要聊的话题。话题尽量轻松活跃一点，不要太商业化，功利化，若是重点客户，尽量争取单独的空间聊一下；努力争取上台发言的机会，以分享干货为主，将干货与品类结合，以吸引潜在客户的注意。

现在龚总的微博是：@龚文祥

4．整理与总结

峰会结束后，注意整理好相关资料，逐个加上潜在客户的微博或微信，定时互动，节假日送去问候，以分享为主，增进感情关系。

一一整理潜在客户的名片，归档存放，并且按计划一一电话回访沟通，努力创造机会面谈。

5．拜访

意向性很强的客户或重点客户，争取线下拜访，带一个精通产品的助手前往，现场为客户解决相关问题，提出更好的解决方案，以促成合作。

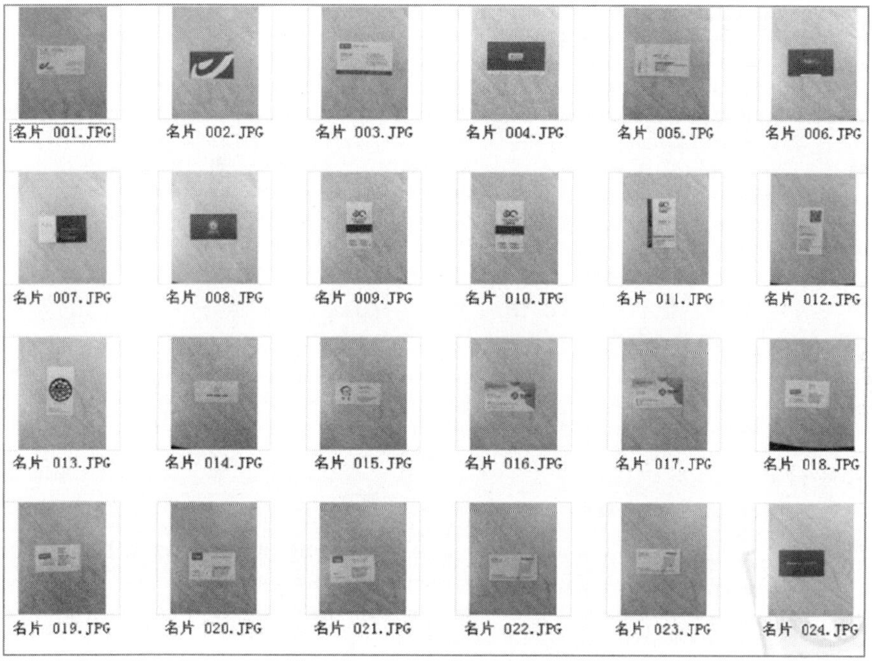

我在电商峰会论坛收集到的名片

拜访客户

3.2.4 B2B 第三方平台实战

工业品有两大免费营销手法，一个是 SEO，在后面辅助性营销手法中会详细讲，另一个就是 B2B。

1. 入驻

安排专人入驻 200 个左右的 B2B 相关平台，并且统一保管与维护注册的资料，B2B 平台导航网址之前详细提到过，内容如下：

传统工业企业转型电商时，网络营销矩阵中有一个重要的辅助营销手法：入驻 200 家免费的 B2B 平台。

B2B 网址导航站是：http://www.b2b98.net/b2b/cn.html 和 http://www.b2bdq.com/。

注册 200 个左右的 B2B 平台，切记：所有平台注册信息资料都用公司的联系方式，并统一保存保管。

2. 资料准备

一是公司简介；二是核心产品；三是公司资质文件；四是公司所获奖项；五是公司的核心竞争力；六是比竞争对手更强的卖点（做成一个 PK 的资料图片）；七是视频；八是所有产品宣传资料。可以参照世界包装中心的百科写法（http://baike.baidu.com/view/8958420.htm）。

八类资料必须认认真真地准备好，不得有丝毫马虎，图片制作越精美越好，卖点提炼越精致越好，让客户在潜移默化中受到影响，从而产生咨询与成交。

与竞争对手的优势对比

3．发布资料

结合产品的定位、卖点与宣传广告，准备好与推广关键词匹配的方案，同时宣传公司、品牌与核心产品。

4．维护

这一点非常重要：专门安排人手，定期维护发布的资料，按一周几次的频率（根据具体情况确定）发布相关的产品资料，定期检查发布的内容是否有效。

3.2.5　SEM 实战分析

SEM 是平台型电商最核心的营销手法之一（另外两种是 CPS 与导航网址，统称平台电商营销手法三板斧），几乎所有综合性平台（阿里巴巴、慧聪、苏宁易购、国美等）或者垂直类平台（唯品会、1 号店、当当、聚美优品等）都在投 SEM 广告，因为它是 PC 端最大的搜索流量入口。

另外还有一个行业，对 SEM 的投入非常巨大，它是百度最大的客户，即医疗行业。我们以医疗行业为例详细介绍 SEM 的实战技法，只有医疗行业的 SEM 技法才是 SEM 的顶级技法。

1. 关键词的选择标准

1）客观标准

客观标准也可以叫外部标准。关键词作为互联网最具价值的“产品”，其竞争程度与营销价值不断地被互联网巨头们关注、控制与商业化利用。关键词的竞争程度指的是关键词搜索量的多少，而关键词的营销价值指的则是其搜索指数的高低。根据搜索量的多少与搜索指数的高低这一客观标准，就可以判断关键词的价值，并依据这一客观标准，将关键词分为 A、B、C、D 四大类，从而对网络营销产生实际的指导作用。可以用一个坐标来展示。

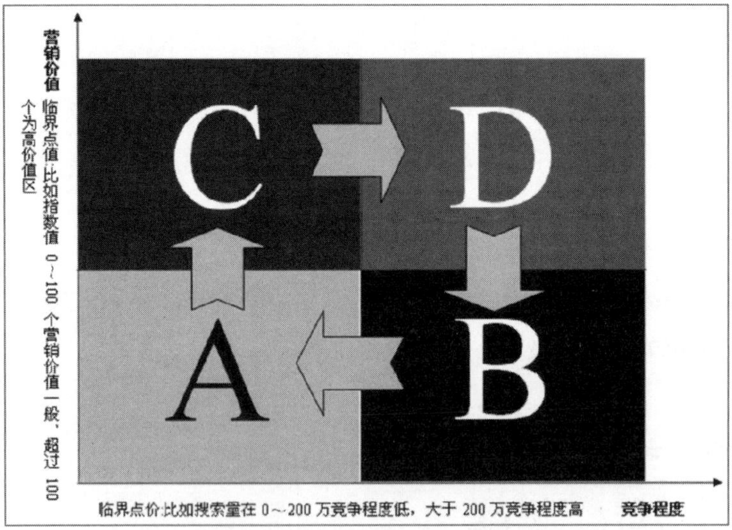

关键词选择的客观标准

注：上图四类关键词之间存在一种变换关系，一般而言，会从 A=>C=>D=>B=>A 产生变化，竞争度低、营销价值低的 A 类词在一定条件下会变为营销价值高的 C 类词，C 类词属于蓝海类关键词，而 C 类词一旦长期被开发，则极可能变为 D 类词，D 类词则是红海关键词，D 类词有部分关键词会在较长时间内存在激烈的竞争关系，成为企业争夺的焦点，而 D 类词在客户习惯的影响下，极可能成为 B 类词，竞争激烈而营销价值降低。

关键词的客观选择标准表格

关键词类别	行业名称	竞争程度（搜索量范围）	营销价值（指数范围）	评　估	重 要 性
A	灰海词	0<A<200 万	0<A<100	潜力词	关注开发，观察其变化
B	黑海词	B>200 万	0<B<100	吸血词	慎重，慎大量使用
C	蓝海词	0<C<200 万	C>100	吸金词	大胆使用，单人操作，保密
D	红海词	D>200 万	D>100	品牌词	性价比与品牌并重，审慎操作，追踪使用

客观标准四类使用规则与操作建议：

① 蓝海词。要不断地开发新的蓝海词，并且在使用过程中要大胆投入，以争取在最短时间获得最大效益，同时要注意保密，有条件者最好新开账户，单独操作，尽量延长蓝海词的存活周期，避免为一般人所知。

② 红海词。由于竞争激烈，营销价值较高，因此，红海词一方面要注重开发其品牌效应，同时也要关注其资金投入，密切关注竞争对手的变化，根据市场的实际情况采取相应措施，红海词最好让熟手来操作，以提高资本回收率。

③ 灰海词。价值虽小，但是投入也不多，最重要的是：随着行业市场的变化与网民搜索习惯的改变，极可能变为蓝海词。当然，也不排除因为操作不当，同行盲目投入，搅乱市场，直接变为黑海词或红海词。要不断地积累这类词的营销数据，观察其变化，一旦变为蓝海词，就大胆使用蓝海词操作规则运行。前期可由新手操作，统计分析同步进行。

④ 黑海词。价值不大，竞争却过高，一般是行业内主流企业对网络市场的误判（这类现象十分普遍，竞价行业一般营销分析功能较差。因为竞价时只要有投入，基本就有收获，这导致相关人员普遍缺乏营销分析能力），主观地以为某类词就是高价值词，应大量投入，因此造成了黑海词的出现，并且由于缺乏有效的流量分析系统，使得黑海词长时间停留，虽然带来了一些价值，但实际回报率较低。这类词，最好由熟手操作，同时要做好数据统计与分析，审慎操作，根据实际情况追踪使用，在适当情况下减量运行，伺其有变，再做打算。

2）主观标准

主观标准也可以叫内部标准。在企业内部，由于长期进行网络营销，大的企业就会积累不少的营销数据。其中有两个重要的数据，一是关键词的出价高低，二是关键词带来的咨询量的多少。同样地，根据关键词出价高低与关键词咨询量的多少，也可以将关键词分为 A、B、C、D 四大类，从而对网络营销产生实际的指导作用。同样地，它也可以用一个坐标来展示。

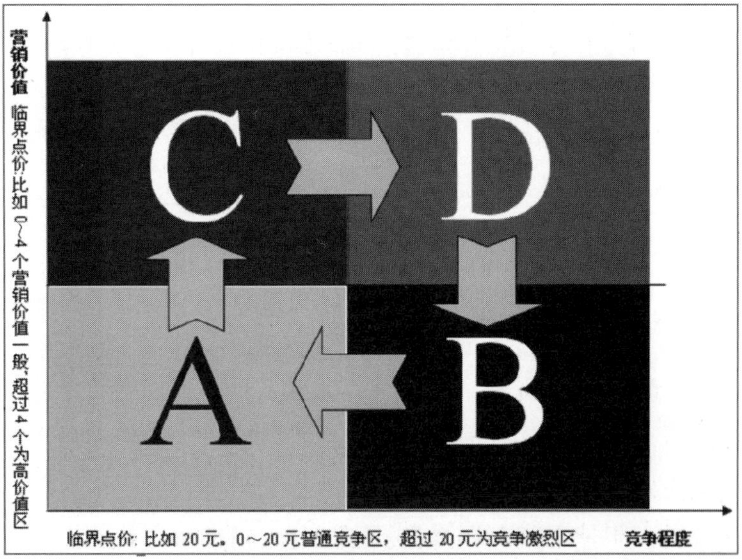

关键词选择的主观标准

要统计出上图中的关键词区块，需要如下参数：

① 一段时间内关键词的加权平均点击单价，得出其竞争程度（时间越长标准性越强）；

② 一段时间内关键词的加权平均咨询数量，得出其营销价值（时间越长标准性越强）；

③ 以加权平均点击单价与加权平均咨询数量为标准，将关键词进行分类；

④ 加权平均点击单价与加权平均咨询数量标准是可变的；

⑤ 没有医疗行业比较全面的统计数据，很难得出权威的标准，这个标准仅供内部参考用。

关键词的主观选择标准表

关键词类别	行业名称	竞争程度（价格范围）	营销价值（咨询范围）	评　估	重 要 性
A	灰海词	0<A<20 元	0<A<4	潜力词	关注开发，观察其变化
B	黑海词	B>20 元	0<B<4	吸血词	慎重，慎大量使用
C	蓝海词	0<C<20 元	C>4	吸金词	大胆使用，单人操作，保密
D	红海词	D>20 元	D>4	品牌词	性价比与品牌并重，审慎操作，追踪使用

注：不同行业上述标准会不同。比如肝病类与胃肠类的标准就不相同，上面的数据仅供参考。

主观标准四类词使用规则与操作建议：

① 蓝海词。如果说客观标准的蓝海词要吸金需要花大力气的话，那主观标准的蓝海词吸金会快得多。可以说，不少的民营医院半年或一年暴富，这是最主要原因，另一个原因就是蓝海产品，等其他人反应过来时，他已经赚得盆满钵满，其他人再进入这个市场，他或成行业霸主，或开创了新的蓝海领域。竞争越激烈的行业，越难产生蓝海词，并且往往蓝海词的产生跟营销策划也有关系，因为营销策划可以创造蓝海词，有时基于产品或服务的差异化的策划，可以意外地产生新的蓝海词。寻找已经存在的蓝海需要大量的市场真实的营销数据，没有数据，很难找到蓝海，即使找到了，极可能也会错过。因此，竞争激烈的行业最需要数据的收集、分析与挖掘。当蓝海词出现不止你一家的广告时，则意味着蓝

海词进入转变阶段，这时更要放大营销效果，获取最后一次赚钱机会，或在初期就逐步申请 1～3 个账户，甚至 4 个，抢占所有的机会。

② 红海词。在客观标准下，红海词必然会成为众多企业争夺的对象，竞争激烈的行业尤其如此。许多的企业死在红海里或元气大伤，因为投资的 ROI 太低，而要求的资源多且要优质。这类词门槛高，应更关注其成交转化率，做强后端，同时团队建设是重中之重。一盘散沙、自以为是、我行我素、不服管束的团队肯定不行。红海词性价比与品牌宣传价值并重，应花大力气应对，以免浪费资金。

③ 灰海词。在客观标准下，灰海词变化的可能性与方向难以捉摸，在内部标准下，如果营销数据分析系统完善地成立起来了，透过真实的数据分析，很容易找到这类词，并观察它的变化，力争通过有力的营销策划与活动，改变这类词灰色的性质，使之变为蓝海词。这类词潜力大、可塑性强，关键要看企业的网络营销策划能力与相应营销专题页面的魅力，切忌浮夸权威、虚造新闻、乱堆数字、欺诈客户，在竞争激烈的行业尤其如此，不要以为把国务院、卫生部、假新闻、假数字、假威权、假案例、假图片、假人物组合在一起，就天下无敌了。真实、朴素、真正有效的产品与服务才是让客户所喜爱的。

④ 黑海词。这类词在竞争激烈的行业较为普遍，因为暴利，等于抢钱，大家不惜血本，先抢到再说。暴利产品或服务行业做竞价，基本上乱投乱中，数据分析也许是在发现没有原来暴利后才恍然大悟的事了。一句话，这类词就是因为缺乏或忽略网络营销分析，胡乱投放造成的。切忌。

以上参数主要说明了网络部采取的营销手法带来的结果：**花了多少成本、买来多少流量、带来多少客户**。解决了网络部工作的成绩与存在的问题，也间接地对网络部的工作有改进的意见。但是，它没有全面解决网络部的工作**存在什么问题**，以及**如何解决这些问题**。因此，统计工作还有更重要的方面，只是这个方面只能在上面的分析的基础上进行。

比如：① 如果总流量不大，流量单价过高，且无效流量比例很大，可能网络部的营销策略都存在问题。

② 如果有效咨询转化率比业内平均水平低，也说明存在重大问题。

③ 如果咨询流量少，咨询转化率低，咨询单价高，则网站、营销页面、创意都可能有问题。

④ 如果预约咨询流量少，预约咨询成本高，预约咨询转化率低，则咨询组存在问题，竞价组也存在问题。

⑤ 如果到院成本高，到院转化率低，则医院形象有问题。

这是统计过程中的商业规则。**但只知道这些规则还不够**，我们需要进一步统计这些参数背后的营销因素，后面会详细介绍。

2. 竞价组的基础工作、常务工作与统计工作流程

竞价员在计划、单元、关键词、创意与营销页面各个环节去指导他们的工作，其实找不出缺点来，而且不一定能够说服他们接纳你的建议。因为，一是没有标准，二是他们长期在一线操作，经验可能比你更丰富。具体的操作技巧他们基本全面地掌握了。

但是，竞价在事实上的确存在提升的空间，怎么办？

只能从更高的高度来看这个问题，那么，我们需要找到问题的症结，然后将问题列出来，交给竞价员，他们会比较高效地在实际操作中更正它。我们只要跟踪一下就行，一般不需要直接介入他们的操作过程。因为，你可能帮不上忙，或者说他们不需要这方面的指导。他们已经够熟练了，需要的是另外的标准，这个标准他们没有系统地做过。

我们整理一份竞价组的**基础工作、常务工作与统计工作**流程图，来分析它的作用及其带来的影响。

工作流程制定好后，最为关键与重要的就是执行、反馈、调整、考核与监控。没有执行就没有效率。

请看下图（先分为两个图，然后再将它们综合，这样更容易理解）。

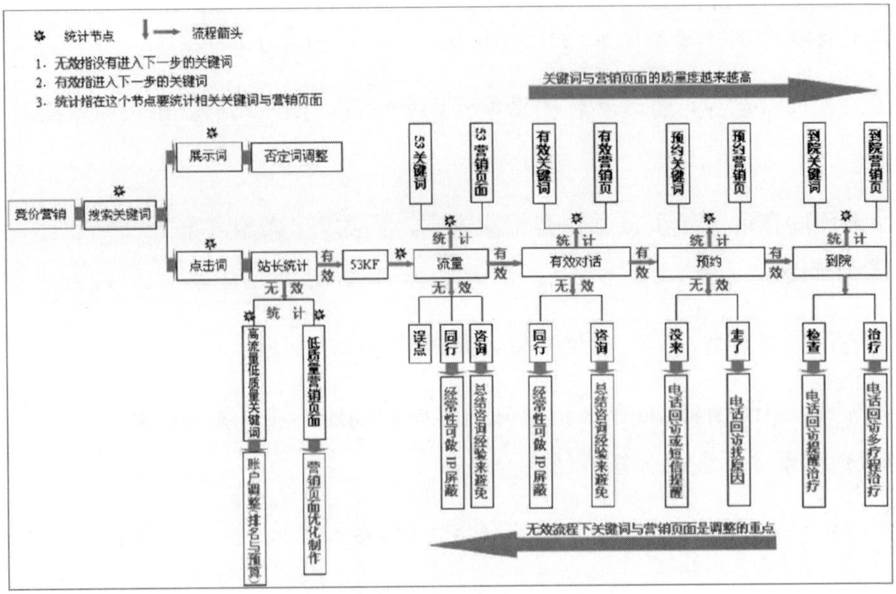

竞价营销流程图与统计节点

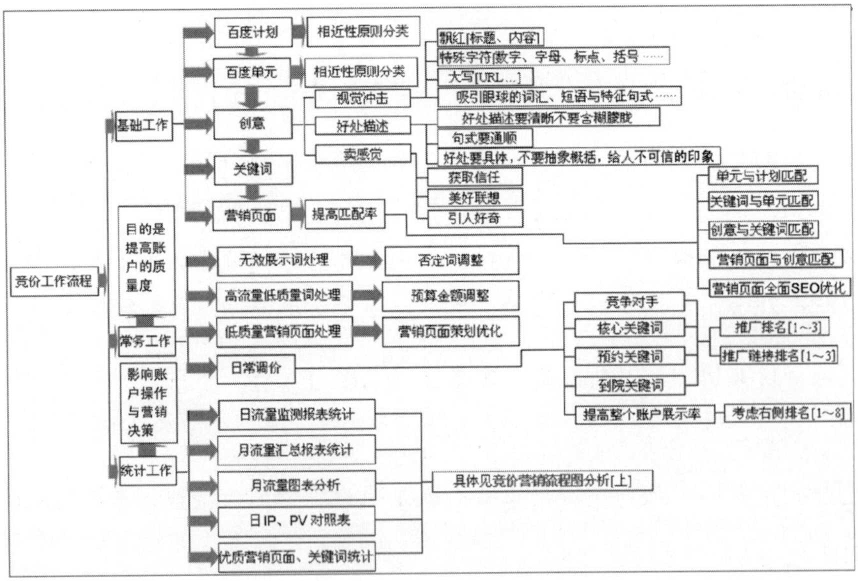

竞价工作流程图

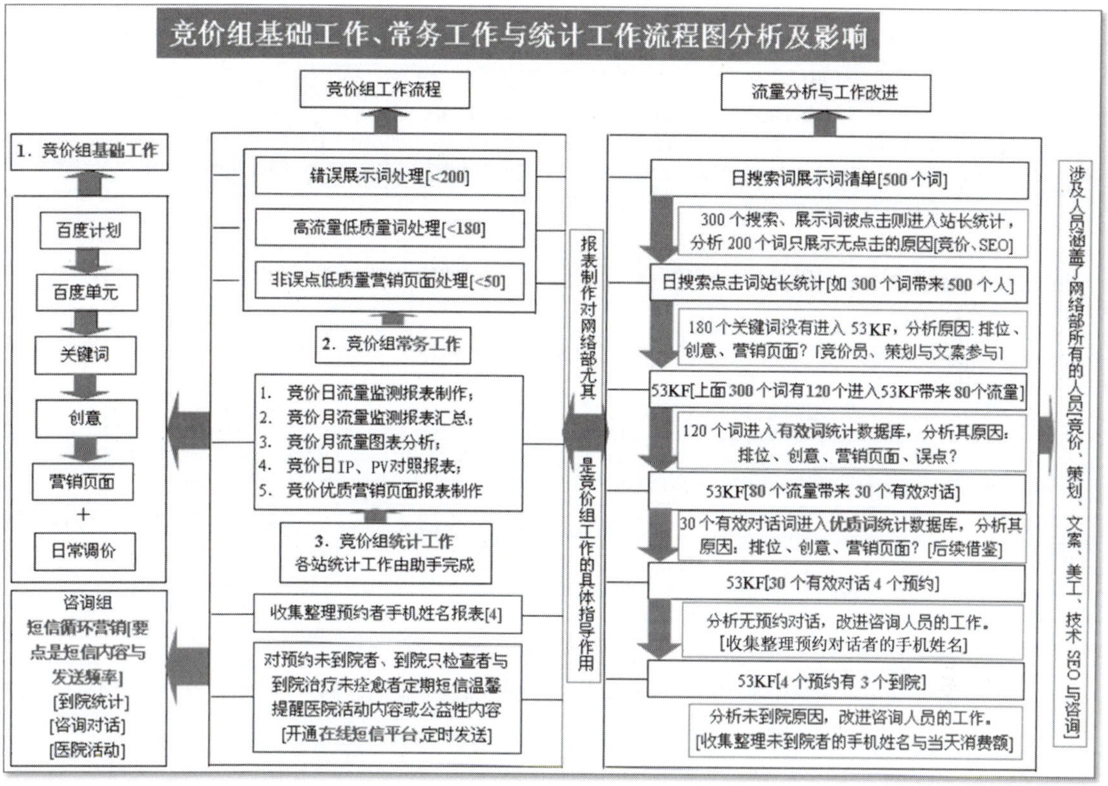

竞价组的基础工作、常务工作与统计工作流程图

上面就是医疗行业著名的竞价三图，我整理出来后，几乎是医疗行业的电商营销推广负责人人手一份，争相传阅。请仔细体会，结合自己的实际情况进行优化改造。

涉及的各种统计报表如下图所示。

竞价统计日报表

竞价组统计工作所涉及的各种报表

网站(www.fXX.com)流量统计报表(竞价) 统计日报表(日总分表)

责任人：YN　　2010 年 12 月 05 日　星期日 当天总表

时间段		网站	站长关键词		53 客服关键词		对话量	预约量	到院量	消费金额	预约成本	到院成本
日期	星期		流量	关键词数量	流量	关键词数量						
2010-12-05	星期日	www.fXX.com	517	249	118	50	35	9	5	1028.68	114	206

当天分表

序号	关键词		搜索总量	搜索指数	流量	百分比	相关营销页面	53 客服				
	大类	具体词						流量	对话量	预约量	到院量	消费金额
1	脂肪肝	脂肪肝	11500000 / 1770000	800 / 12	12	12%	http://www.fXX.com/jianjie.html	0	0	0	0	123
2		转氨酶的危害	11500000 / 1490000	800 / 23	23	23%	http://www.fXX.com/jianjie.html					
3		……										
4	胆红素	胆红素高										
5		胆红素是什么？										
6		……										
7	脂肪肝											
8												
9												
10												
11												
12												
13												
总					35							

竞价统计月报表

网站(www.fXX.com)流量统计报表(竞价) 统计月报表(总表)

责任人：YN　　2010 年 12 月 05 日 当月总表

时间段		网站	站长关键词		53 客服关键词		对话量	预约量	到院量	消费金额	预约成本	到院成本
日期	星期		流量	关键词数量	流量	关键词数量						
2010-12-05	星期日	www.fXX.com	345	200	82	50	31	9	5	1560	145	178
……	……											
2010-12-31	星期五		354	189	56	45	26	8	4		1534	
汇总												

当月分表

序号	关键词	搜索总量	搜索指数	流量	百分比	相关营销页面	53 客服						
							流量	对话量	预约量	到院量	消费金额	预约成本	到院成本
1	转氨酶	11500000 / 1770000	800 / 12	12	12%	http://www.fXX.com/jianjie.html	23	5	2	1	99	45	99
2	胆红素	11500000 / 1490000	800 / 23	23	23%	http://www.fXX.com/jianjie.html							
3	脂肪肝												
4													
5													
6													
7													
汇总				35									

3. 竞价需要的数据分析系统

目前市场有两种不同类型的统计系统，一种是**免费的流量统计系统**，如 51la、站长统计等；另一种是**收费的在线客服系统**，如 53KF、商务通等。

（1）免费的流量统计平台的优缺点。

优点：统计了所有访问网站的 IP，统计数量准确，统计了流量的几乎所有的**自然属性**（包括：时段、搜索引擎、关键词、来源、页面、入口、操作系统、浏览器、语言、时区、屏幕色彩、屏幕尺寸、国家/省份、城市、接入商、场所、Alexa、分省 ISP、回头客、浏览深度）。

缺点：无流量营销转化功能。

（2）收费在线客服系统的优缺点。

优点：统计了所有进入咨询环节（营销环节）的流量的**营销属性**，包括：客户名称、客户 IP、咨询量统计（按时间、咨询页面与地理位置）、访问量统计（按时间、搜索引擎与关键词）、咨询员数据统计（按时间、对话数量与对话时长）。

缺点：无整站总流量统计，流量的自然属性统计不完整。

（3）两种统计系统的共同缺陷。

① **无流量的成本分析**：没有统计任何类型流量的成本单价。如：流量单价、无效流量单价、咨询单价、有效咨询单价、预约（下单）咨询单价与成交咨询单价。因此，无法衡量投入的 **ROI**。

② **无流量的营销分析**：没有统计任何类型的流量转化率。如：咨询转化率、有效咨询转化率、预约咨询转化率与成交咨询转化率。因此，无法衡量营销手法的**优劣度**。

③ **无营销决策的营销报表**：没有任何有营销价值的报表，无法对网络营销手法的工作

流程、工作方法产生指导作用。因此，无法提高网络营销手法的运用与适时调整网络营销的方向。

通过上面的分析，我们需要的统计系统应该有如下特征：

① 可统计一个站总流量。

② 总流量可以按网络来源进行区分，如：按各类搜索引擎、竞价与 SEO、网络广告等，即任何不同的来源都可以区分开来。

③ 可统计任意流量对应的关键词、关键词对应的入口营销页面、进入咨询入口的营销页面、非咨询直接跳出的营销页面及各页面停留时长。

④ 可统计咨询流量、有效咨询流量、预约咨询流量与成交咨询流量。

⑤ 可统计咨询转化率、有效咨询转化率、预约咨询转化率与成交咨询转化率。

⑥ 可统计所有流量对应的关键词与营销页面，特别是统计咨询流量、有效咨询流量、预约咨询流量的成本分析与营销分析资料。

具备上述特征的统计系统，智能性更强，如果靠手工来统计已不可能，只能通过软件来实现。

这个数据分析系统在数据处理方面分三**大块**。

第 1 块：原始数据收集功能（手工输入/导入）。

① **流量数据**收集与导入/输入，包括总流量、无效流量、咨询流量、有效咨询流量、预约咨询流量与成交咨询流量。

② **成本数据**收集与导入/输入，只要输入总金额即可。

③ **关键词**收集与导入/输入。

④ **营销页面**收集与导入/输入。

注意：由于营销页面是相对固定的，可以提前输入进软件系统。关键词的输入要针对流量来输入。

第 2 块：数据分析出具报表（完全用软件处理比用 Excel 效率高）。

① 自动生成转化率报表，包括咨询转化率、有效咨询转化率、预约咨询转化率与成交咨询转化率。

② 自动生成各类单价，包括流量单价、咨询单价、有效咨询单价、预约咨询单价、成交咨询单价与无效流量成本金额。

③ 根据临界标准值自动生成 A、B、C、D 四种等级的关键词数据库。

④ 根据营销决策需要生成各类报表。

比如：根据流量、咨询成本、关键词、创意、营销页面、质量度这条线，统计一个综合性报表，则可以直接看到专题的好与坏、创意的好与坏、营销效果的好与坏，并借鉴好的方面，改进差的方面。

第 3 块：营销决策。

① 根据各类转化率报表的情况分析网络部竞价组存在的问题，并提出解决方案，监督实施。

② 根据各类成本单价的变化，适时调整关键词出价。

③ 根据各类营销报表可以直接看出问题所在，而解决的办法也存于其中，只要监督执行即可。

④ 各类报表既可以解决营销战略的问题，又可以解决工作方法与思路的问题，可以实现在市场数据的指导下将各类营销手法运作到最好。

最后，唯一的故障将是团队协作与执行、执行、再执行。

4．智能数据分析系统的基本参数

1）5 个重要的流量参数

- **日总流量**：指的是一天有多少流量，包括竞价的流量，也包括其他营销手法带来的流量，是考核**营销手法好坏**的基础依据。
- **日咨询流量**：指的是日总流量中有多少流量进入了咨询环节（53KF 或商务通），是考核**竞价创意与营销页面的好坏**标准。
- **日有效咨询流量**：指的是日咨询流量中有多少 IP 带来了 10 条以上聊天记录。
- **日预约咨询流量**：指的是日有效咨询流量中有多少 IP 带来了预约。

日咨询流量、日有效咨询流量和日预约咨询流量可以统称为有效流量，是考核营销手法的核心依据之一（正面考核），也是考核流量质量度高低的核心标准。

- **日无效流量**：指的是没有进入咨询环节（53KF 或商务通）的流量，其对应的关键词与营销页面肯定有问题，是考核营销手法的核心依据之一（反面考核），也是考核流量质量度高低的核心标准。

2）4 个重要的转化率参数

- 咨询转化率：指的是一天用多少钱，买了 N 个流量后，有多少个流量进入 53KF 或商务通，即多少个流量会有一个进入咨询环节，是考核创意与营销页面最基础的依据。咨询转化率=总流量÷咨询流量或咨询转化率=咨询流量÷总流量，前者得到大于 0 的数值，后者得到百分比，但意义一样。前者指的是多少个 IP 会带来一个咨询，后者指的是 100 个 IP 中，会有几个咨询流量。
- 有效咨询转化率：指的是咨询流量中又有多少个流量带来的病人跟客服聊了 10 以上的记录（含转电话），即多少个流量当中会出现 10 条以上的聊天记录。它是考核咨询人员与营销页面质量度最基础的依据，相关公式可分为以下两种。

① 有效咨询转化率=总流量÷有效咨询流量或有效咨询转化率=有效咨询流量÷总流量

这是以总流量为基数，指的是一段时间内总流量中会产生几个有效咨询。

② 有效咨询转化率=咨询流量÷有效咨询流量或有效咨询转化率=有效咨询流量÷咨询流量

这是以咨询流量为基数，指的是一段时间内咨询流量中会产生几个有效咨询，我们通常使用的是后者，因为现在市场上的在线咨询统计系统统计不了总流量。

- 预约咨询转化率：指的是有效咨询流量中，有多少个病人产生了预约，即多少个有效咨询中会出现一个预约，产生预约是考核竞价营销与咨询最重要的依据，相关公式可分为以下三种。

① 预约咨询转化率=总流量÷预约咨询流量或预约咨询转化率=预约咨询流量÷总流量

这是以总流量为基数，指的是一段时间内总流量中会产生几个预约咨询。

② 预约咨询转化率=咨询流量÷预约咨询流量或预约咨询转化率=预约咨询流量÷咨询流量

这是以咨询流量为基数，指的是一段时间内咨询流量中会产生几个预约咨询。

③ 预约咨询转化率=有效咨询流量÷预约咨询流量或预约咨询转化率=预约咨询流量÷有效咨询流量

这是以有效咨询流量为基数，指的是一段时间内咨询流量中会产生几个有效咨询。我们通常使用的是第三种，一是现在市场上的咨询统计系统统计不了总流量，二是咨询流量的价值比有效咨询流量略小，但是如果大量产生了无效的咨询流量，则值得关注。

- **成交咨询转化率**：指的是病人预约后，真正成交的病人出现的频率。比如：预约 10 人，估计有 5 人真正成交，则成交频率为 2，即 2 人当中有 1 人真正成交，这是直接考核医院品牌的一个重要指标。相关公式如下：

成交咨询转化率=预约咨询流量÷成交咨询流量或预约咨询转化率=成交咨询流量÷预约咨询流量

一般直接使用这个公式，即预约了几个，有几个真正成交了，其他公式的价值略显重复，可以使用上面的预约咨询转化率来包含。

3）6 个重要的成本价格参数

- **咨询单价**：指的是进入咨询环节的一个流量的平均价格，**咨询单价=总金额÷咨询流量**，比如：花 1000 元买来了 1000 个流量，其中有 100 个进入了咨询，那么，咨询单价为 10 元，即咨询单价=1000÷100=10。
- **有效咨询单价**：指的是有效咨询流量的平均单价，**有效咨询单价=总金额÷有效咨询流量**，比如：100 个进入咨询环节的流量，其中有 10 个产生了有效咨询，那么，有效咨询单价为 100 元，即有效咨询单价=1000÷10=100。
- **预约咨询单价**：指的是预约咨询流量的平均单价，**预约咨询单价=总金额÷预约咨询流量**，比如：10 个有效咨询当中，产生了 1 个预约咨询，那么，预约咨询单价为 1000 元，即预约咨询单价=1000÷1=1000。
- **成交咨询单价**：指的是成交咨询流量的平均单价，**成交咨询单价=总金额÷成交咨询流量**，比如：1 个有效预约的病人，真的去了医院，那么，成交咨询单价或称落地价是 1000 元，如果病人没去，钱就白花了，即成交咨询单价=1000÷1=1000。
- **流量单价**：指的是一个流量的平均价格，**流量单价=总金额÷总流量**，比如：花 1000 元买来了 1000 个流量，则流量单价为 1 元。若只买来 200 个流量，那么，流量单价为 5 元，即：流量单价=1000÷200=5。
- **无效流量成本**：指的是总流量中有多少个流量没有进入咨询环节，**无效流量成本=（总**

金额÷咨询流量）×无效流量，比如：花 1000 元买来了 1000 个流量，其中有 100 个进入了咨询，那么，无效流量成本=1×900=900，即无效流量成本=（1000÷1000）× 900=900。

以上参数主要说明了网络部采取的营销手法带来的结果：**花了多少成本、买来多少流量、带来多少病人**。解决了网络部工作的成绩与存在的问题，也间接地对网络部的工作提供改进意见，但是，它没有全面解决网络部的工作**存在什么问题，如何解决这些问题**。因此，统计工作还有更重要的方面，只是这个方面只有在上面的分析的基础上才能进行。

这是统计过程中的商业规则。**但只知道这些规则还不够**，我们需要进一步统计这些参数背后的营销因素。

5．智能数据分析系统与网络部工作改进的关系

在统计分析过程中需要将网络部的**工作流程、工作方法与统计的数据**结合起来，这样，统计工作的价值才会显现。

1）竞价手法的营销分析

即要与竞价员的工作流程与方法直接挂钩，这样营销数据统计工作就具有直接的对竞价组的指导与数据支撑作用，而不是为了统计而统计。

① 与关键词挂钩。统计咨询流量、有效咨询流量、预约咨询流量与成交咨询流量相关的关键词，收集其有效咨询量与有效咨询单价，以慢慢形成标准，整理一段时间内加权平均咨询量与一段时间内加权平均咨询单价。

② 与营销页面挂钩。统计与关键词相关的营销页面。

③ 与创意挂钩。统计与营销页面相关的创意。

④ 与调价挂钩。统计与创意、关键词相关的调价。

⑤ 与质量度挂钩。统计带来咨询流量的关键词对应的计划单元的质量度。

由上可知，网络营销数据分析系统中的竞价手法营销分析其实与竞价三图有直接的关系，竞价三图中提到了竞价员的三个重要工作内容，分别是：基础工作、常务工作与统计工作。其中基础工作主要是账户的基础操作，常务工作主要是创意、营销页面调整与调价，统计工作为手工统计一些简单的表格，而要将这三类工作做好，需要营销数据支撑。

2）SEO 手法的营销分析

即要与 SEO 人员的工作流程与方法直接挂钩，这样可以直接看到 SEO 组的工作成效与问题。

① 与 SEO 排名关键词挂钩。统计 SEO 带来的咨询流量、有效咨询流量、预约咨询流量与成交咨询流量相关的关键词，可直接考核 SEO 所做关键词的效果。

② 与 SEO 信息更新质量度与频率挂钩。更新频率、原创性与排名的关系，排名与流量的关系（考虑互联网广告的拦截现象）。

③ 与 SEO 发布外链挂钩。发布外链与排名的关系，排名与流量的关系。

④ 与 SEO 站内优化基础工作挂钩。基础优化工作与排名的关系，排名与流量的关系。

SEO 工作主要还是常务推广工作（基于医院类、地域类关键词的推广）、为竞价营销所做辅助推广工作，禁词营销基本无力涉及。

不管是 SEM 还是 SEO 都配合专题营销一起执行，效果会更好。

3.2.6 CPS 实战案例

CPS 是互联网广告的终结模式，比较著名的是：阿里巴巴的淘宝客、微博的达人通、京东的 CPS。简单地讲，CPS 就是销售商品后再获得佣金的营销手法。对商家来说，十分划算；对推广者来说，可以直接获得收入，实现双赢。

常见的 CPS 有两种，如下图所示。

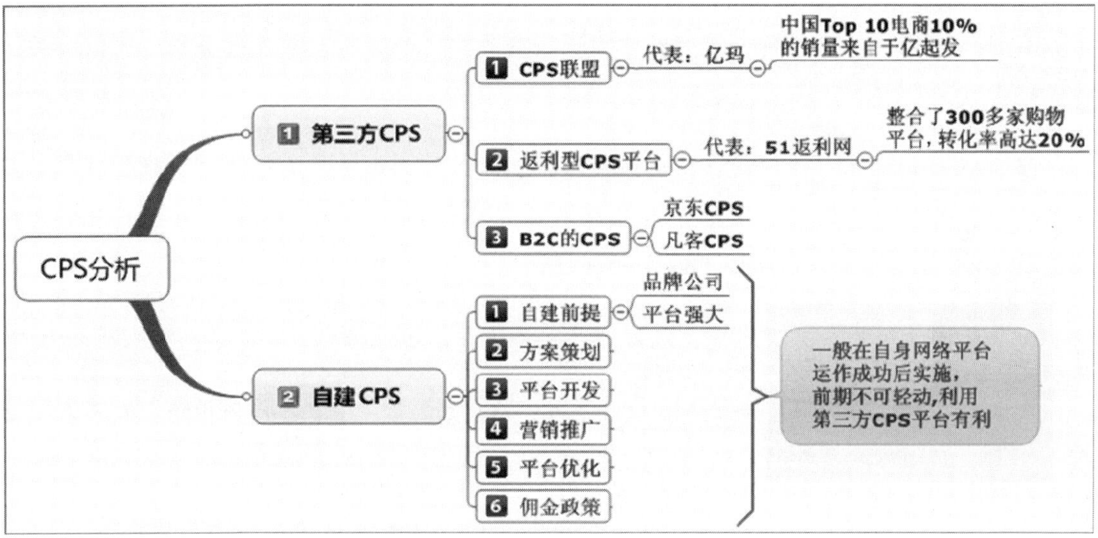

CPS 分析

CPS 联盟因其本身的特征，为电商平台所喜爱，根据营销效果付费是网络广告的一种趋势，对企业来说，投入都不会亏本；但是第三方 CPS 平台对入驻商家有严格的规定，一般不是成功的品牌或转化率高的商家很难进入第三方 CPS 平台进行销售；而自建 CPS 平台在自身平台运作成功之前，意义不大。因此，CPS 联盟是一种后期营销手法运作模式，前期不可轻动。

CPS 联盟是一种按实际销售额提成的网络营销手法，只有当你的产品被购买之后，才付给联盟推广平台佣金。从长远来看，CPS 联盟是电商平台不二选的营销手法。

CPS 联盟要成功除了上图中说的品牌与平台原因之外，营销推广也至关重要，如果产品的确吸引人，CPS 平台营销手法得当，也可以为电商平台带来不少的销量。

下面以一个我亲自操作的实例来详细地讲解如何推行 CPS 营销。

我是如何通过 CPS 获得两万注册用户的？

我在 A 公司时，曾经负责过营销中心，还分管广告子公司与软件子公司，当时公司的核心任务就是：增加注册收费会员。

当时 A 公司的基本情况是：中国最大网络客服软件公司 A，是在网络客服领域排名第一的公司，100%真实的注册用户有 483931 个，客单价 1000 左右。搜索与 A 公司相关的词指数近 1000 左右。日注册量以 500 个的速度递增。

A 公司的营销手法以短、平、快为主，网络运营以谨慎著称。

A 公司几乎没有任何广告投入，获得了 48 万注册会员，其中的秘诀很多，我不方便透露。下面我只阐述我负责的 CPS 项目。很显然，它也是一种免费的营销手法。

当时 A 公司并没有 CPS 平台，于是我提出了 CPS 方案，落地执行的步骤如下。

（1）网络结构设计，后台核心的功能就是制作极具诱惑力的产品模块分销链接。另外，就是会员分销数据与收入数据的管理；前台核心展示主要是参与 CPS 会员的收入状态展示，这对其他人将会产生直接的影响。

（2）UI 界面设计，根据网站结构设计，设计出 CPS 平台的后台功能页面框架与前台的页面展示效果，设计好 CPS 平台的注册流程、收入查询流程、收入提现流程、会员管理流程、分销流量查询等界面。

（3）后台程序开发与前端开发。

（4）内部测试，通过后上线。

（5）平台的运营推广，这是重中之重。

① 搜索源炒作，搜索在搜索引擎中原本搜索量为 0 的关键词，通过系列新闻炒作与 SEO 优化，使得它在搜索中出现搜索量暴涨的现象。

② 专题营销，制作了一系列利于 A 公司及其产品的专题，并在平台上专门做了一块专题栏目，以提高平台流量的转化率。

③ 和客户合作，专门找与 A 公司有相同客户却又没有竞争的互联网公司合作，比如：网建公司、网络服务公司、软件公司、淘宝第三方服务公司，与至少几十家公司谈过合作，其中有商派这样的阿里投资的公司。

④ 和医疗行业合作，医疗客户是 A 公司的重点客户，续费能力极强，我又在医疗公司工作过，所以合作起来比较轻松。

⑤ 调动我负责的广告子公司与软件子公司的资源，做辅助性营销，其中最重要的是 SEO，也带来了一批注册。

前后大约带来了 2 万的注册用户。

如上所述，CPS 营销要想成功运营，需要很多人员的参与：

① 策划人员。

② 美工设计人员。

③ 编辑。

④ 后端程序员。

⑤ 前端开发员。

⑥ 网络推广员。

⑦ 运营员。

⑧ 客户业务员。

作业：如果个人操作 CPS，应该如何运作？

3.2.7 导航网址广告内幕分析

导航网址 2004 年以前的网络地位是超越搜索引擎的，因为它的流量比搜索引擎还大。比如 hao123.com，1999 年上线，是由一个叫李兴平的初中生做的网站，目的就是为了让草根网民方便上网，早期的雅虎也是这种平台，李兴平凭借这个网站月平均收入 100 万左右。

导航网站 hao123.com 后来被李彦宏看中，专门派刘计平去跟李兴平谈收购。2004 年 8 月 31 日，百度出资 5000 万人民币收购 hao123.com，外加部分百度股权。

目前，hao123.com 的日流量在 6000 万以上，能够被收录进 hao123 难度非常大，首页被收录的全部要收取广告费，好的位置平均每月至少要花费 100 万元以上。

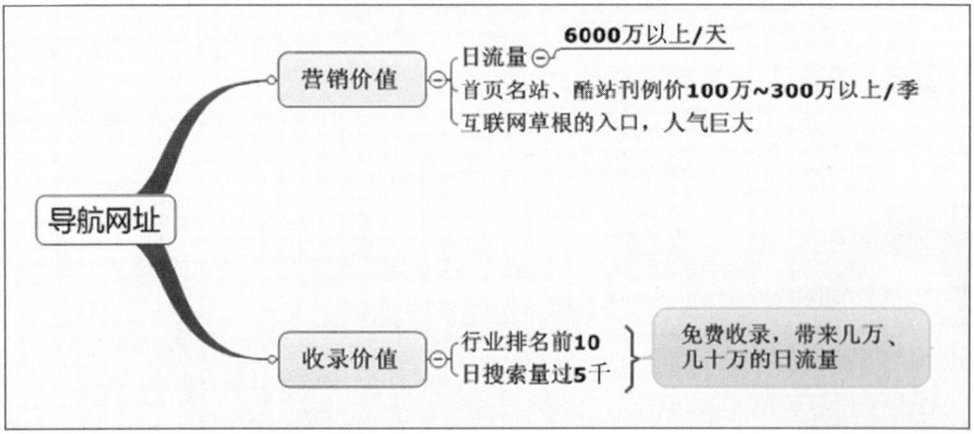

导航网址

导航站的诱人之处在于：如果你的平台推广得好，于所在领域排名前 5～10，网站每天的搜索量过 5000，那么就可能被所有知名的导航站免费收录，则仅通过这些导航站就可以源源不断地带来免费的流量，对于网站的品牌宣传，营销效果都有极大的作用。因为，被 hao123 这类名站收录的站自然是行业站的佼佼者，品牌效果不言自明。

这也是一种借力营销的做法，互联网中有这样可以免费利用的资源，但是你自身的平台首先要有一定的影响，然后借力，使自己越来越强。

导航站收录法，是要引起注意的一种好的营销手法。

3.3　营销辅助矩阵：辅助性营销手法组合

3.3.1　官网矩阵实战

官网矩阵指的是通过多个官网平台联合推出，互相链接呼应，以达到营销最大化的综合营销手法。由于每一个平台都必须全盘考虑 SEO 因子，因此一般与 SEO 放在一起阐述，更加容易明白理解。

3.3.2　SEO 实战

简单地说，SEO 就是搜索引擎优化，往往与官网平台结合起来讲，通过对官网平台的 SEO 优化，使得官网平台能够在搜索引擎中获得较好的排名，从而带来更多的流量，增加官网平台的曝光量，起到宣传公司与品牌的作用。

这两点放在一起讲解，是因为它们的关系太紧密了。做官网矩阵根本离不开 SEO，现在流行的官网系统，都集成了 SEO 的因子在内。

1. 官网矩阵的准备工作

1）搭建官网矩阵的原则

工业企业如果不是将官网平台作为核心的营销手法，而只是作为辅助性营销手法（当然核心与辅助是相互转换的，当发展到一定阶段，核心的手法可能变成辅助的手法，辅助的手法也会变成核心的手法），官网矩阵一般由三类网站组成。

一是公司品牌资讯网站，主要用于全面系统地介绍公司、品牌、核心产品、行业最新信息，起到宣传公司与品牌的作用，如下图所示。

品牌资讯官网案例图

二是专题型网站，主要用于全面系统地介绍公司的产品设计、新品开发、产品包装、产品宣传及产品行业最新资讯，起到全面宣传产品的作用。

包装专题网站

三是包装设计微报、商城，包括包装设计与包装商城等，是汇集包装行业各种资源的平台。

包装商城

包装微报

2）在线沟通与后端营销

官网矩阵在辅助性阶段时，在线沟通极为重要。官网矩阵在核心阶段时，后端营销极为重要。

在线沟通主要用于前期少量潜在客户通过官网矩阵进行咨询时的回答，由 FAQ 自动回答与客户实时回答共同组成，在线沟通工具可以采用企业 QQ、百度商桥或第三方在线沟通软件，比如 53KF 等。

后端营销是在核心阶段，当大量的客户通过平台进行咨询，并逐步形成自己的老客户群体时，对老客户的维护与二次营销显得极为重要，这时云平台必须满足后端客户的系统管理。

3）形成自己的闭环

官网矩阵作为一种独立的营销手法，其商业模式决定了它所有的关键环节必须在自己的系统内，否则将极为麻烦，比如阿里巴巴淘宝，现在不也学京东做闭环吗？努力在搭建自己的物流体系，甚至根据品类的不同，努力在做原来坚决不做的自营品类吗？

官网矩阵的闭环与传统工业电商整个商业模式的闭环是一致的，从宏观上讲，就是三个环节，以包装工业品为例，如下图所示。

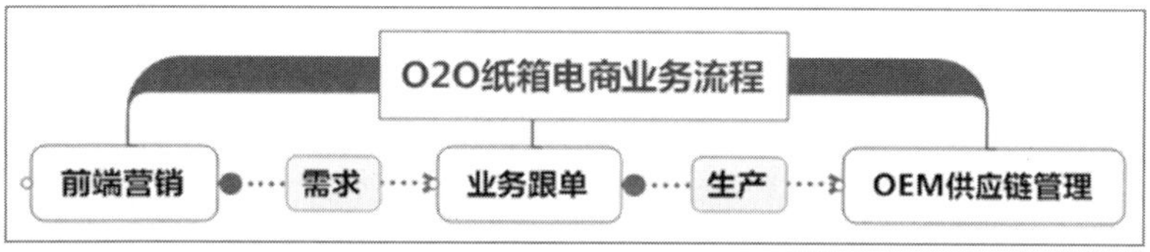

业务流程闭环图

2. 官网矩阵的定位与关键词策略

1）网站的定位

不同的定位做出来的网站是完全不一样的，考虑传统工业企业的实际情况，我们要区分好三种不同模式的网站定位，以方便传统工业企业做好自己最适合的选择。

一是功能展示型网站。功能型网站是早期传统企业普遍采用的网站定位，这类网站一旦做好， 年几乎都不会有什么变化，更谈不上运营。它的作用仅限于网络展示，并且访问的流量极少。目前来看，就是个摆设，不起作用，但是传统高管往往热衷于做这类网站。

二是营销型网站。营销型网站从一开始就建立在网络营销的基础之上，整个网站将网络营销与公司特征紧密结合，完全符合 SEO 的规则，这种网站需要不断地维护运营，当经过一段时间的运营后，就会发现网站的结果出现在搜索引擎的排名当中，甚至排在前三名，如下图所示。

营销型网站排名

三是互联网平台。传统工业企业将官网作为核心的营销手法，成为战略的中心，那么就会推出行业性的平台，这种平台必然是营销型平台，同时需要一支强大的运营推广团队来维护运营它，投入的资源一般不低于千万级别。

作为传统工业企业的董事长，采取什么样的定位，需要慎重考虑，然后交给一支互联网团队去打造。

2）常见的关键词工具

① http://index.baidu.com/，百度指数查询。

② https://beta.sycm.taobao.com/，生意参谋查询。

③ http://tool.chinaz.com/KeyWords/，关键词排名查询。

④ http://tool.chinaz.com/kwevaluate/，关键词竞争度查询。

3）关键词分析的三个维度：搜索量、搜索指数与趋势

① 关键词的收录量：在搜索引擎中搜索该词时，出现的搜索结果，搜索量越大，竞争程度越激烈，商业价值越高，做上去的难度也就越大；往往商业价值很高的词都被 SEM 了，

只能花钱才有效果。

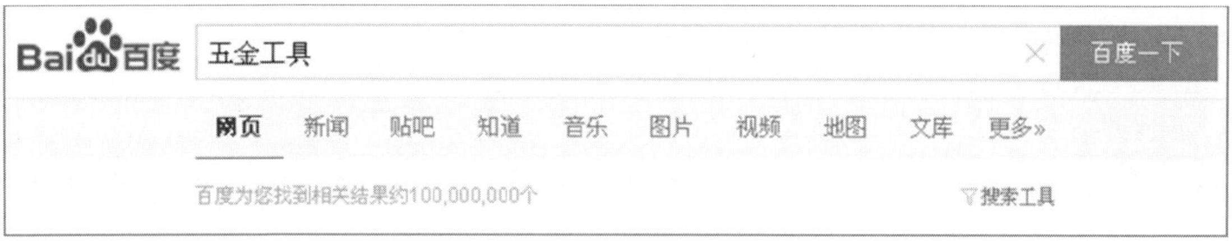

搜索“五金工具”，搜索结果为 1 亿

前三条都是广告（凡是出现“推广”字样的都是广告），说明“五金工具”被 SEM 了。

搜索结果中的广告

② 关键词的搜索指数：通过搜索引擎的指数查询工具，查询该关键词时，得到的数据，即搜索指数，搜索指数为 0 的关键词基本上毫无价值，这是筛选长尾关键词的工具。

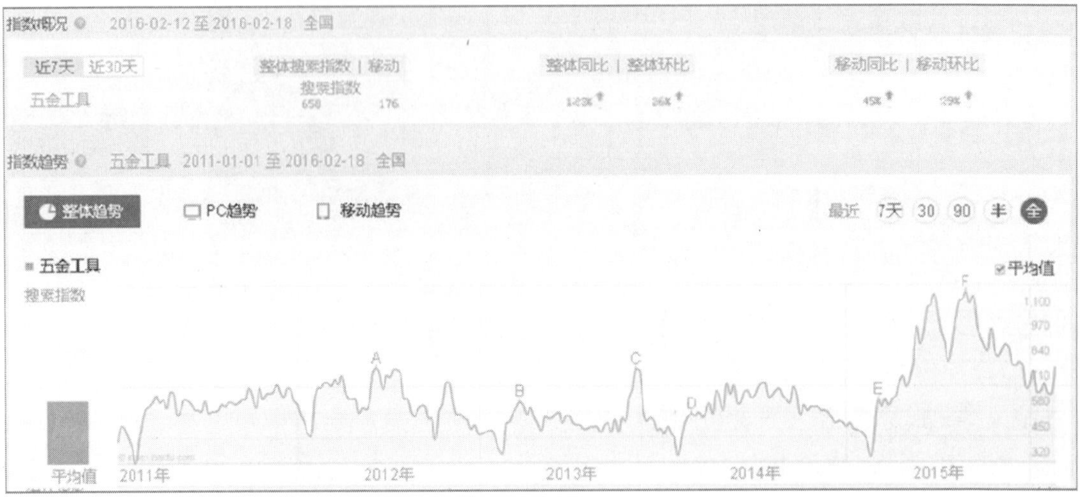

搜索指数图

4）关键词选择方法

筛选关键词的工具有 6 种。

① http://index.baidu.com/，百度指数。

② http://www.google.com/trends Google，趋势。

③ https://adwords.google.com/select/KeywordToolExternal Google，关键词工具。

④ http://www2.baidu.com/，百度关键词推荐工具，百度竞价客户才可使用。

⑤ http://top.taobao.com，淘宝搜索排行榜。

⑥ https://beta.sycm.taobao.com/，生意参谋。

（1） 热门词。如果用搜索结果来划分，搜索结果大于 500 万的都是热门词，都具有较高的商业价值，基本上都会 SEM。

（2）竞争对手词。竞争对手在使用的关键词，分为两方面：一是竞争对手的公司品牌词；二是竞争对手在搜索引擎结果当中的其他关键词，可以通过 SEO 去详细分析竞争对手的网站获得。

（3）长尾词。通过上面介绍的百度、谷歌与淘宝关键词工具可以大批量获得。

（4）蓝海词：政策词/工业品品类词。政策词是大家需要重点关注的对象，不过现在基本上也很难有机会找到了，早有公司大面积布局了。如果你找到了，绝对是很好的机会。所谓政策词，就是政府明令禁止百度 SEM 的关键词，在医疗行业最多。

5）找到蓝海词

蓝海词是竞争强度不大，上升趋势明显，潜在客户经常搜索的词。不断地寻找蓝海词，是每一个做网站排名的推广人员必备的素质，长期沉浸其中，才会获得不同的敏感。寻找蓝海词没有技巧，就是时刻关注，并使用上面的工具去寻找。

6）关键词密度与位置

（1）关键词的密度以 3%～8%为宜，少则不及，多则作弊，会导致被搜索引擎降权处罚。

（2）关键词的放置位置。

① TKD，即在 Title、Keywords、Description 三个地方放置适当的关键词，有利于展示搜索结果。

② 内页标题使用关键词。

③ 正文使用“B”标签框定关键词，比如<B>五金工具</B>。

④ 图片使用<alt>、<at>标签，使图片能够被搜索引擎识别。

⑤ 超级链接的链接文本放置关键词。

7）官网矩阵的关键词策略

原则上，不同的网站关键词策略是不一样的。

① 信息类网站，以热门关键词为主，每一个热门词必须用专题的页面来展示。

② 平台型网站，以长尾关键词为主，若 10 万个长尾词排名都很好，那么整个网站的流量自然会上来，信息生成的方式以 UGC 最佳。

③ 企业官网，这类网站以高质量关键词流量为主，是最为复杂的，该怎么做呢？

作为官网策划人员，必须精通各类关键词分析工具、关键词分类、关键词筛选、竞争对手分析、精通网站的诊断、熟悉各种流量分析工具。

3．官网框架搭建

当官网矩阵为辅助性营销手法时，建议不需要自己开发网站系统，而是采用市场上使用广泛的免费 CMS 系统，这样可以大大提高搭建速度与效果，因为市场上主流的免费的 CMS 系统是经过千万人检验的，其稳定性比新开发的系统要强很多。

但是，如果官网平台是核心营销手法，必须自己开发，或者在免费的基础上自己二次开发，否则无法满足其后续快速扩张的需要，苏宁易购在这方面吃过大亏，在后面的案例中会详细分析。

在这里，不详细阐述技术的问题，但会给出技术帮助网址，懂技术的人一看就明白了，不懂技术的推广人员需要系统地学习开发语言与标签语言，这不是本书要讲解的内容。

（1）推荐两个 CMS 系统：帝国系统与织梦系统。这两个 CMS 系统是目前网络上使用极为广泛的免费的 CMS 系统，建议随便选用，我一般选用帝国系统，即：empirecms。

（2）首页模板、封面模板、列表模板与内页模板。这是帝国系统后台的 4 个重要模板，在此基础之上，根据自己的前端设计进行二次设计即可。

4．内容建设与内链布局

（1）三种内容（收集、伪原创与原创）。

① 去收集行业内相关的信息，进行整理，形成自己的观点。

② 在原文章的基础上进行修改，一般修改两个地方，一是文章开头，二是文章结尾。

③ 完全自己原创信息，这是最佳的方式，但相对数量较少，除非有自己的采编团队与记者。

（2）使用帝国系统内的内链建设功能，科学地布局整个官网的内部链接。帝国 CMS 系统中内链系统叫“内容关键字”，该功能的位置在后台→其他→新闻模型相关→管理内容关键字。

（3）网站地图工具，帝国系统内带，看帮助文件。帝国系统的使用手册请见：http://www.phome.net/doc/manual/。

5．反向链接与 PR

① 反向链接查询：http://outlink.chinaz.com/和 http://link.aizhan.com/。

② 反向链接的要点：链接文本、链接网址、链接内容、链接网站。

③ 由专人负责，按计划推进。

6．SEO 的营销流程

如何全面开展 SEO 组的工作，从宏观上面，我的想法包括三方面。

① SEO 常规性推广。

② SEO 辅助于竞价的推广。

③ 禁词营销。

SEO 实战涵盖了上述三个方面，禁词营销因人力资源的限制，很难大规模推行。

SEO 工作原来有个误区，是零指数关键词排名推广，想达到品牌宣传的效果而不可得，想顶负面信息下去，又嫌不足。我的想法是务实，直接将 SEO 的推广工作与营销咨询挂钩，进行 SEO 营销，这是 SEO 整个工作的定位。根据这个定位来重新制定 SEO 的工作计划、方案与实施。

要实现 SEO 营销，最重要的就是根据 53 客服统计与流量分析制定关键词策略，根据关键词策略制定关键词排名计划，根据关键词排名计划目标制定 SEO 实现方法，然后组织实施，对实施过程进行实时监控分析，根据监控的结果进行计划调整与方法纠正，以确保目标的实现。

其实，在常规性推广与辅助性推广中都涉及禁词，只是规模小，影响相对较小。

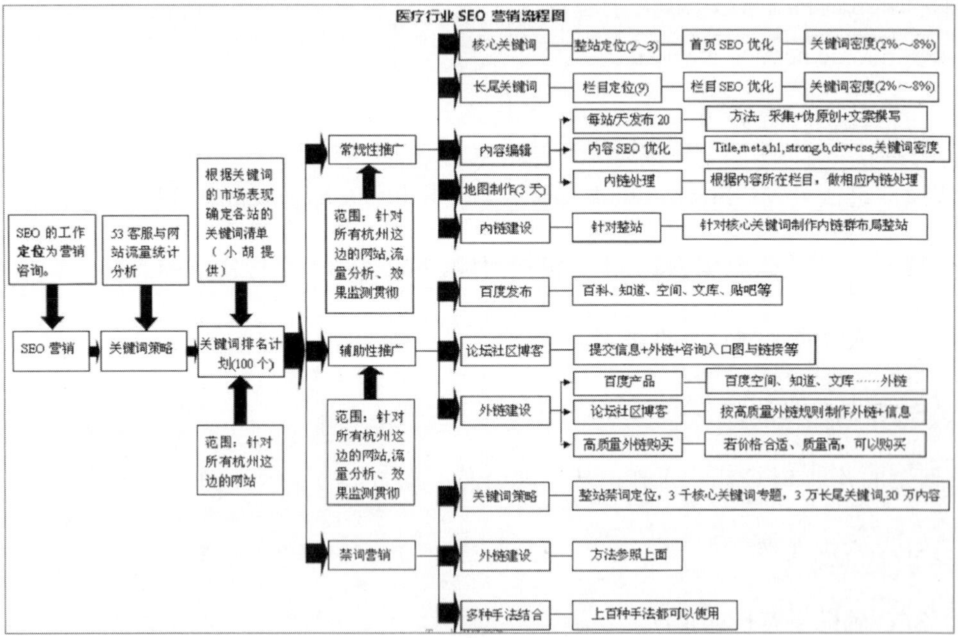

SEO 网络营销流程图

3.3.3　诱饵营销实战

诱饵本意是指：捕捉或毒杀某些动物时用来引诱它的食物，是欺诈的意思。这里取褒义，意思是让潜在客户感兴趣的公司卖点，该卖点符合法律的要求，但又对潜在客户极具诱惑性，可以分为六种。

1. 产品诱饵（赠品）

即极具个性化的产品，尤其是从来没有过的创新型产品，如下图所示。

产品诱饵

2. 图片诱饵

往往使用夸张的手法来表现产品或服务的某个重要卖点，但却不失真，比如：大象与重型包装，因为一般重型包装的承重最大为 8 吨甚至更多，但是往往运输大象多半不会使用重型包装，所以就有了想象空间。

图片诱饵

图片诱饵需要一个技能，就是美工，如何做好美工呢？上面的大象图就是我的创意，然后让美工把它制作出来的。

美工是如何练成的？

① 需要什么工具软件？这是美工的基本技能，一般来说，精通一两种即可：一是 PhotoShop；二是 Adobe Illustrator；三是 CorelDRAW。当然，如果你只用美图秀秀我也没办法。精通这些软件是基础，如果这些软件都不懂，就需要比较长的时间了。

② 什么专业最好？如果你是美术专业的，恭喜，你学得会快很多，当然不是这个专业的，你有兴趣也可以。

③ 模仿，这是非常重要的一环。去网络上寻找一张 PhotoShop 得十分漂亮、十分有创意的图片，研究它、记住它每一个细节，至少得看它 1 个小时以上，完全记住它，然后抛掉它，自己动手一步步去 PhotoShop 或 Adobe Illustrator。PhotoShop 完之后，与原图对比，找到差距，再研究原因，研究清楚了，再抛掉原图，接着 PhotoShop，如此循环，直到 PhotoShop 得一模一样为止。

④ 换一幅图，重复上面的步骤。

⑤ 动手做一幅新图，创意可以用领导的，听领导仔细讲清楚美工意图，然后自己动手收集素材，再动手去实现。如果素材难找，可以自己画。

⑥ 上线测试效果，如果带来的流量与优秀的美工差不多，恭喜你，成功了，如果没有达到这样的效果，再重复上面的 5 个步骤，直到与优秀的美工一样。

关键是坚持和努力再加上一点天赋。

在附件 1 中我提供了许多我及我的团队制作的图片素材，凡购书者都可以私信@托尼富免费获得。

3．资料诱饵

将有价值的资料包装成套餐，吸引潜在客户去做某个动作，比如进群。这种方法在社群营销领域使用极为广泛。

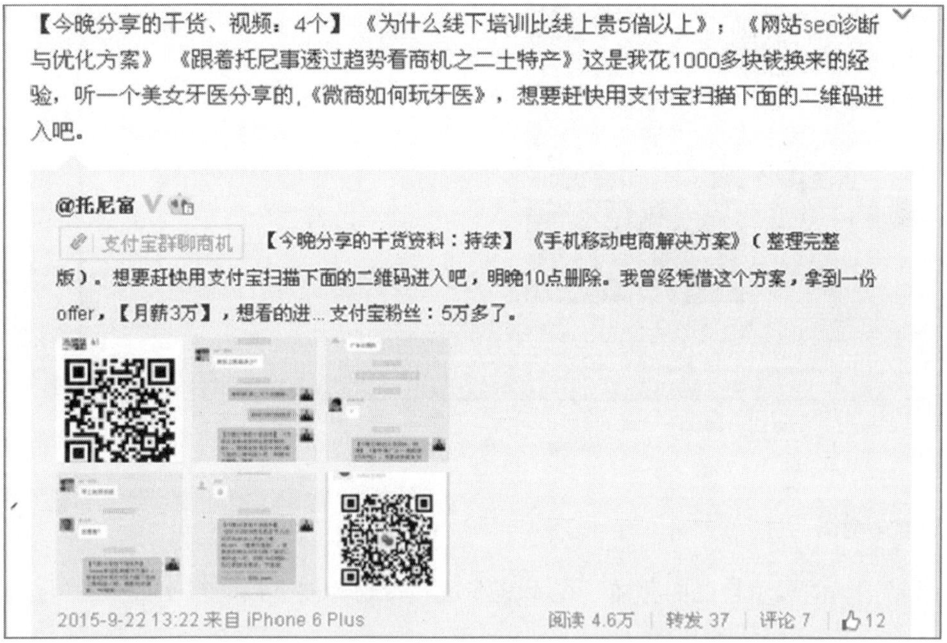

资料诱饵

4．红包诱饵

这不仅是逢年过节时会有，在搞培训或玩论坛时也经常使用，是威力极大的诱饵。在微博里，应该是涨粉最快的方法，一次力度较强的红包抽奖活动，可以增加 20 万以上的粉丝，如下图所示。

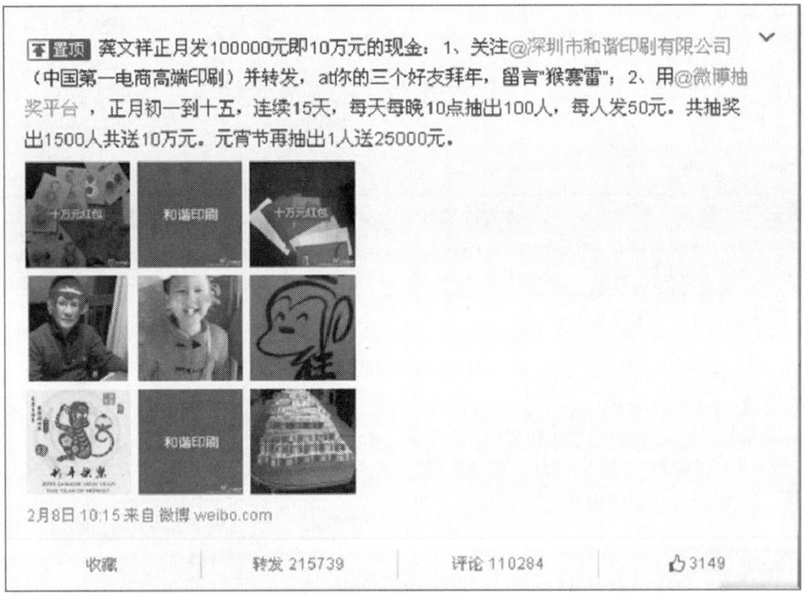

红包诱饵

5. 美女诱饵

这里指正当的展示自己的美丽，绝不是涉黄，否则会被举报，得不偿失。

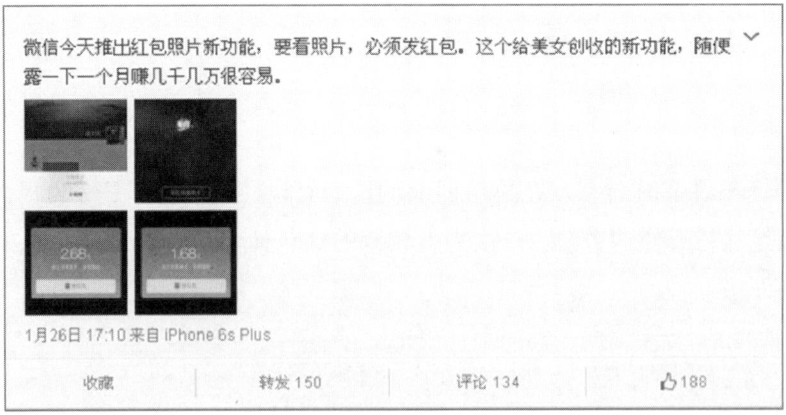

美女诱饵

6．视频诱饵与动画诱饵

将产品的某种特殊功能采用视频或动画的方式展示出来，是一种比较好的营销手法，并且 2016 年微博极力推崇原创视频，如下图所示。

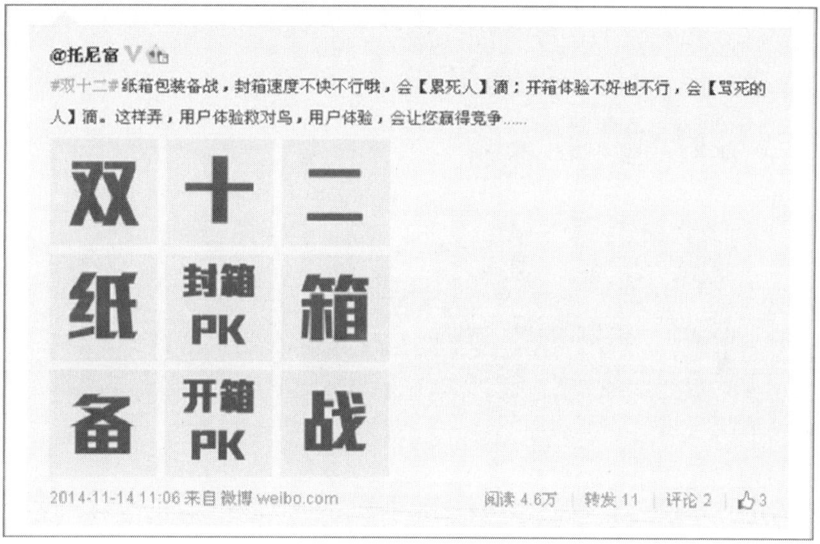

视频动画诱饵

上面微博的动画效果使用微博“扫一扫”功能扫描下面的二维码，即可观看。

视频动画二维码

3.3.4 电子杂志实战

电子杂志主要有四种形式。

（1）与微博配套的电子杂志，如下图所示。

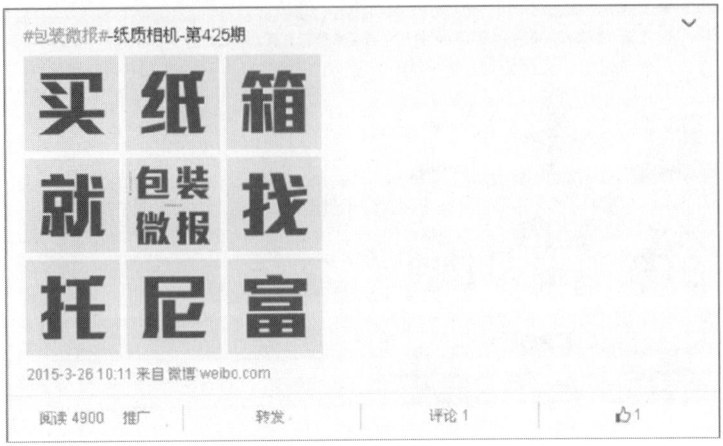

电子杂志（1）

点开九宫格中间的“包装微报”后，弹出下图所示内容。

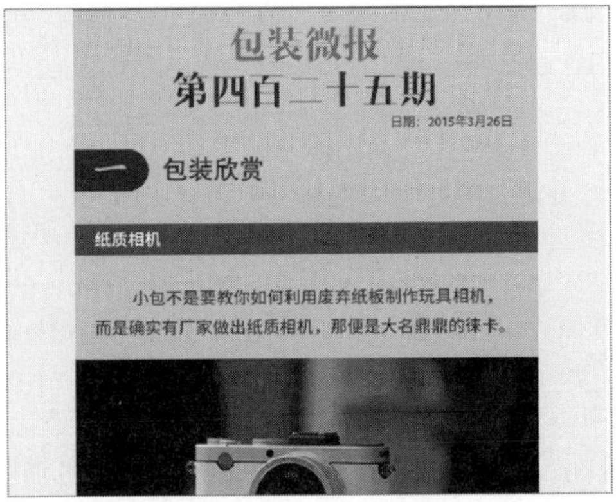

电子杂志（2）

（2）与官网矩阵配套的电子杂志，如：包装微报官网。

电子杂志（3）

（3）与电商峰会配套的纸质印刷杂志，与客户面谈或拜访客户时使用的纸质杂志。

纸质杂志（1）

（4）与谈判、宣传配套的杂志。

纸质杂志（2）

扩展：若印刷5万份杂志，配合电商峰会进行营销，会不断地带来潜在客户的咨询。

3.4 技术支撑、数据积累与营销放大的关系

在传统工业企业里，营销效果放大，有个基本的前提：针对网络营销的电商业务流程闭环必须完全打通，否则营销放大不仅不会形成固定的老客户，反而会给传统工业企业带来极大的负面影响，因为留不住客户，线下无法应对快速的网络订单。

营销效果的放大和两个因素密切相关：一是数据积累；二是技术支撑。如果没有数据积累，想引爆营销效果几乎不可能；如果没有技术支撑，想手工引爆营销效果也难实现。两者结合起来，放大的机会会大得多。下面通过一些实例来说明这一点。

1. 技术支撑、数据积累与 SEO 效果放大的关系案例

案例：公司如何将网站收录由 1.2 万升为 40 万。

这是我在 A 公司时的一个案例，当时 A 公司官网的收录量大概在 1.2 万，经过营销，收录量暴增到 40 万以上，后来因为整个官网改版为商城，导致收录量大大降低，这也是 A 公司慢慢丧失掉在其他领域排名第一的原因吧。

这种手法可以运用到其他许多领域，包括服饰、鞋子、旅游、化妆品等，有自己平台积累的更佳。

1）所需资源

① 长期积累的会员数据库，越详细越好，公司名简介、品牌、主营产品、产品型号、规格尺寸、用料、联系人、联系方式及新闻活动官网等。

② 开发一个小软件（叫 tomeli2015 吧），可以循环读取会员数据库，将相关内容根据专题模板生成一个静态页面，一定要是静态页面，同时用目录形式在网址中展示。

2）需要人员

① 专题页面策划 1 名，负责制作一个专题页面模板，必须符合 SEO 关键词布局规则与排名规律，不懂的可以看我写的《SEO 的六大秘密》，在微博@托尼富中搜索“SEO 的六大秘密”即可看到；专题页面有相关变量，每一个变量与会员数据库的字段相对应，当程序 tomeli2015 执行时，会将数据库字段循环读取出来，替换掉专题页面中的变量，并生成一个专题页面。

② 美工 1 名，由美工根据策划的要求制作出 UI 版面图。

③ 前端开发 1 名，由前端开发人员将专题页面 UI 图转化为包含变量的专题页面模板，并发送给程序员。

④ 程序员 1 名，由程序员（可以用 PHP、.Net、Java 等）将专题页面模板与 tomeli 2015 对接，前期测试 100 条记录，生成 100 个页面，看看效果，根据实际情况与策划、美工及前端开发配合，重新优化专题模板，直到最佳（指美观度、内容完整度及 SEO 优化布局合理）为止。

⑤ 在晚上启动 tomeli 2015 程序时，大约有 40 万条会员数据库。因此，大约一个晚上可以全部执行完毕，第二天随机抽查 100 个页面，看实际生成情况，若无问题，则一次性全部上传到空间。

⑥ 在 tomeli 2015 小软件中加入一个功能，这个功能极有利于 40 万条生成的网页被搜索引擎所收录，是什么功能呢？

第 1 步：在 tomeli 2015 中加入常见的网址登录入口网址数据库。

第 2 步：开发一个功能，使之循环读取已生成的 40 万个静态网页生成文件，并生成文件目录列表。

第 3 步：将生成的目录列表按 50～100 个为一页分布排列集成到一个地图文件当中，并生成分页查询功能，严格按照 SEO 的规则来布局生成。

第 4 步：通过 tomeli 2015 把所有地图文件循环递交到登录网址中。

第 5 步：大约快则一周，慢则半月左右，所有的分页文件就会被常规的搜索引擎收录。

这种方法完全通过软件完成，因为数目巨大，人工难以快速做到。但通过软件完成，即使有几百条数据库，同样可以快速做到。

2．技术支撑、数据积累与电商峰会名片效果放大的关系案例

电商峰会有许多的赞助方式，其中有一种叫：资料入袋与名片交换。参加一个规模为 5000～10000 人的电商峰会，通过资料入袋，大概可以带来 5000 以上的名片，如果累积参加了 10 次类似规模的电商峰会，大概就可以积累 5 万左右的电商高管的名片。

通过技术开发或从市场上购买类似的 CRM 系统，对这 5 万名潜在客户进行科学分类管理，派专人按计划分类分批进行电话沟通或微信沟通或 QQ 沟通，按千分之一的成功来计算，也有 50 个客户。

也可以将这些电商高管分批导入到公司申请的微信号或公众号，通过维护微信号的朋友圈，慢慢对他们进行潜移默化的影响，相信也会带来不少的咨询与订单。

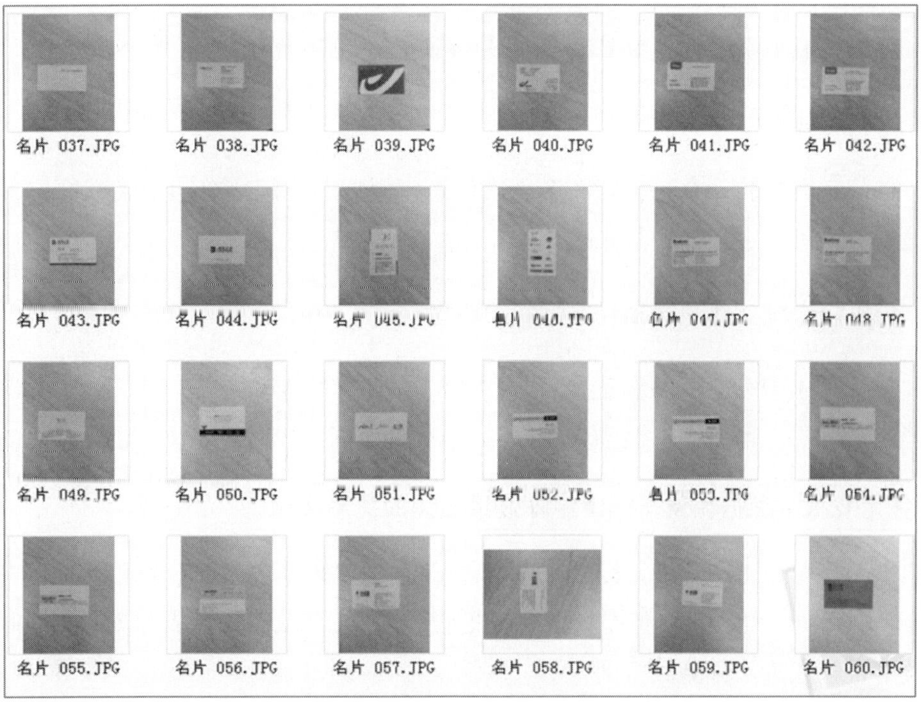

电商论坛上收集的名片

3．技术支撑、数据积累与B2B营销效果放大的关系案例

传统工业企业网络营销推广中，B2B 营销是最重要的辅助手法之一，入驻与维护的平台数量越多，效果越明显，但是人工维护需要花费太多的时间，如果采用工具维护，则事半功倍。

让技术员开发一款软件，可以集中管理 1 万个 B2B 平台的资料发布与维护，那么只需要 1 个就可以维护好 1 万个平台的数据维护。只需要给技术员分配好相关发布的资料即可。

这款软件的功能如下：

（1）可以根据收集的 B2B 数据库，自动进行账户注册。

（2）可以智能识别绝大多数 B2B 平台的验证码。

（3）可以智能检验发布的信息是否被删除。

（4）可以智能检验一个平台发布多少次信息，根据一定规律自动生成维护日志，操作员根据维护日志每天进行维护与修改。

（5）可以集中统一地回复来自各平台的咨询。

（6）与既有 CRM 系统对接，将每一个客户自动导入到系统中，由业务员进行深入跟踪与维护。

4．技术支撑、数据积累与微博矩阵效果放大的关系案例

假如集团公司有 10000 人，其中 1000 人参与到微博矩阵中来，那么官微的影响是一般传统工业企业所无法达到的，但是如何有效地管理 1000 个微博账号成为难题。这时，只有借助于技术来管理，才可能做得到。

技术可以开发一款类似于皮皮时光机一样的软件，只是需要新增如下功能：

（1）可以批量管理 1000 个账号的登录与发布信息状况，如果有账号没有完成任务，可以智能提醒。

（2）生成可以调用的有效内容与图片，供 1000 个账号调用，但是每一个账号看到的内容是不重要的。

（3）可以生成按时间自动发布的微博。

（4）当官微需要其他账号配合时，可以智能提醒，甚至短信提醒。

（5）可以与大 V 智能互动，并引起大 V 的转发，或者与大 V 进行商业上的合作并跟踪合作的效果，作出分析。

（6）可以进行周期性的促销活动，并跟踪每一次活动的效果，作出数据分析，提出下一次活动时优化改进建议。

5. 技术支撑、数据积累与诱饵营销（线索营销）效果放大的关系案例

诱饵其实就是公司在网络上布下的线索，当潜在客户看到线索后，就可能带来咨询，如果公司网络上布下 100 万个线索，你可以想象其中的威力了。

但这不是人工可以轻易做到的，需要借助技术。

比如：图片诱饵。假如有 100 万张有关公司品牌产品或设计的图片分布在网络上，如何有效地管理好它们？只能靠技术。

这款软件需要具备如下功能：

（1）可以智能地知道每一张图片分布在什么平台。

（2）可以智能地识别每一张图片被浏览的次数。

（3）如果图片可以被更改，可以直接在软件内部进行登录修改。

（4）如果图片可以改为视频，可以直接在软件内部将图片换作视频。

（5）如果需要将所有图片隐藏，可以直接在软件内部将图片的像素改为 0×0。

（6）所有图片带来的客户可以自动导入到公司 CRM 系统进行维护。

其他诱饵也可以做类似管理，那么，诱饵营销将会极大引爆，其营销效果或许会让你惊讶。我曾经做过这类图片营销，只是将它与专题结合起来，一个晚上就生成了近 100 万的页面。

第 4 章

传统工业企业如何玩新媒体营销

4.1　微博矩阵玩法与如何吸引潜在客户

4.2　官网矩阵玩法与如何解决实力背书

4.3　微信矩阵玩法与如何最大化客户价值

4.4　微博、微信抱团互动技巧

新媒体营销是传统工业企业营销矩阵中最重要的营销手法之一。一方面可以快速地通过新媒体阵地对公司的形象与品牌进行全方位宣传；另一方面潜在客户往往也在新媒体领域出没，通过新媒体发声可以吸引这些潜在客户的注意。建议传统工业企业有自己的新媒体运营团队或小组，这支小分队做得好，就是以一抵百的超级业务员。

2016 年 3 月 1 日，阿里 CEO 张勇在阿里电商大会上说：商业要从以货为中心转向以人为中心。这意味着，对新媒体营销的认识从来没有达到如此的高度，它将与 SEM（百度竞价、谷歌 AdWords 及直通车）一样，成为营销矩阵中最核心的营销手法。

4.1 微博矩阵玩法与如何吸引潜在客户

在“3.2.1 微博矩阵的实战”中详细地讲解了微博矩阵的玩法，本节着重讲解微博矩阵是如何吸引潜在客户的。

1. 内容

微博内容运营主要分为四个方面。

（1）电商方面的新闻资讯、专业知识与传统企业电商运营及推广手法，这一部分内容占 60%以上，甚至占 70%。为什么？因为我的潜在客户都是电商卖家，他们喜欢这种内容。

（2）工业品视频内容，我的团队每周会根据我的要求为我制作专业性与娱乐性相结合的包装动画，这部分内容基本是每周讨论 1～2 次，甚至更多，即动画视频为诱饵，以吸引潜在客户关注。

（3）工业品电子杂志，我的团队每天会根据要求制作一期工业品电子杂志图片，宣传工业品设计、包装、品牌及公司或行业的一些最新动态。

（4）其他微博热点、热搜新闻或电商娱乐新闻，占大约 5%。

这种内容架构，使得整个微博极具传播价值，因此带来商业价值。2015 年我的微博总阅读量是 8283 万。

2015 年，托尼富微博阅读量

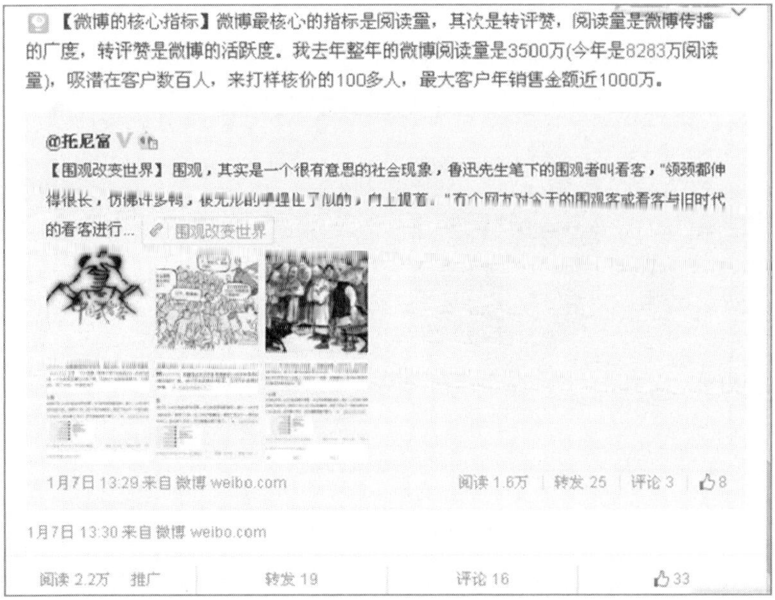

微博的核心指标

2. 互动

（1）我的团队形成了一个小型的微博矩阵，其中的网络编辑、前端开发及业务跟单人员基本上每天都会与我互动。根据前面我们讲过的微博传播路径理论，我们知道，这种做法对微博的二次传播有些帮助，当然除非成员中有厉害的玩家，否则起最大作用的还是你自己写的内容。

（2）与大V互动，因为我写的电商方面的专业知识有一定深度，而且平时与业内部分大V的关系也不错，所以大V很乐意转发我写的一些微博。这种互动带来的影响很大，因为平时我的一条微博平均转发量在一两万，但是大V转发后，会达到几十万甚至几百万的阅读量。

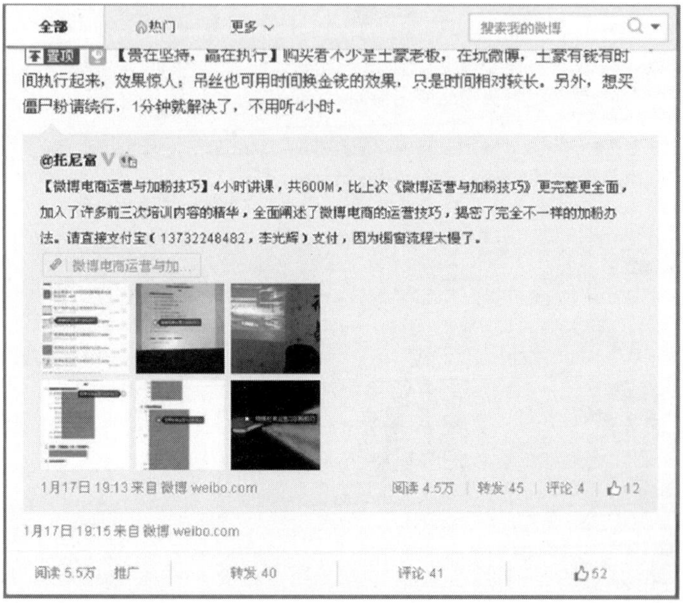

微博运营与加粉技巧

（3）社群互动，通过微博认识一些志同道合的玩家，大家一起互动，对微博的宣传也有一定的帮助。

3. 广告

广告主要是三种：粉丝头条、粉丝通与微任务。

其中，粉丝头条与粉丝通通过点击微博下面的推广链接即可进入。

（1）**粉丝头条：**内链 4 折、橙 V9 折、会员 9 折、本周 2 次 7 折。

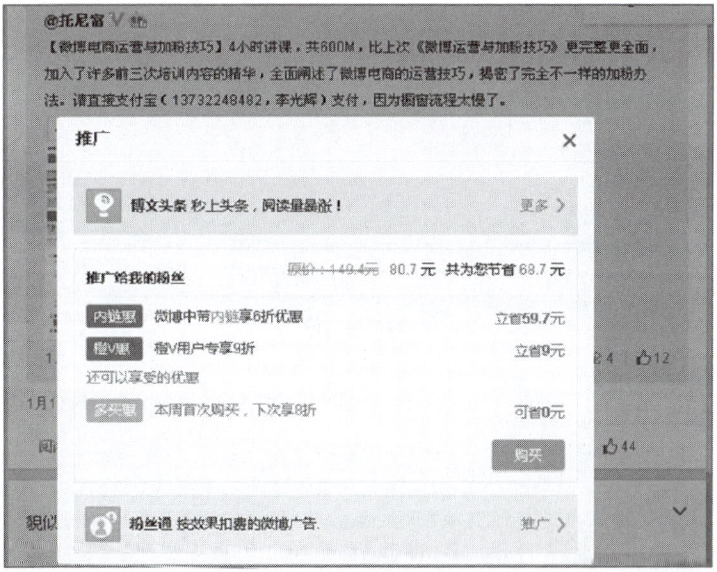

粉丝头条

（2）粉丝通，网址为 http://tui.weibo.com/。

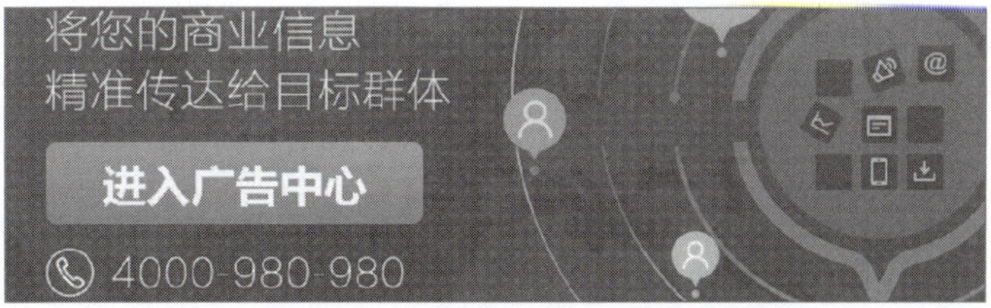

粉丝通

最低充值额度为 1000 元。

粉丝通充值

（3）微任务。企业与个人都可以使用，网址是 http://weirenwu.weibo.com/。

微任务

根据自己的实际情况选择一种身份进入，要推广自己的产品选择前两种，要帮助别人推广产品获得收入选择第 3 种。

熟练地使用微博提供的营销工具是做好微博电商的必修课，那么如何运营微博电商呢？

2015 年 12 月 16 日，微博在微电商盛典暨年度颁奖典礼上发布 2015 年电商领域的重要数据：截至 11 月底，微博橱窗用户已破百万，微博支付用户突破 4800 万，签约的微电商达人超过 1 万人，微博电商自媒体扩大至 500 人。2015 年微博上时尚红人微博阅读量超过 1500 亿，互动量达 3.2 亿。

微博还宣布了 2016 年在微电商领域策略，微博将把重点放在继续招募和扶持优秀微电商达人和导购达人，帮其实现影响力变现，建立自媒体和达人社交电商圈。还将与时尚红人及红人机构合作，利用官方资源推广扶植时尚红人，发展粉丝经济。

一句话：微博电商风口来了，你怎么办？

我给大家定的节奏如下。

第 1 步：申请成为微电商达人，因为微电商达人会得到官方扶持，并且拥有微博橱窗的高级功能。

第 2 步：到微博橱窗发布你的产品或服务。

第 3 步：利用微博矩阵进行营销推广。

有产品或服务，有微博影响力，就可以变现了。

1．申请微电商达人

申请微电商达人的方法如下图所示。

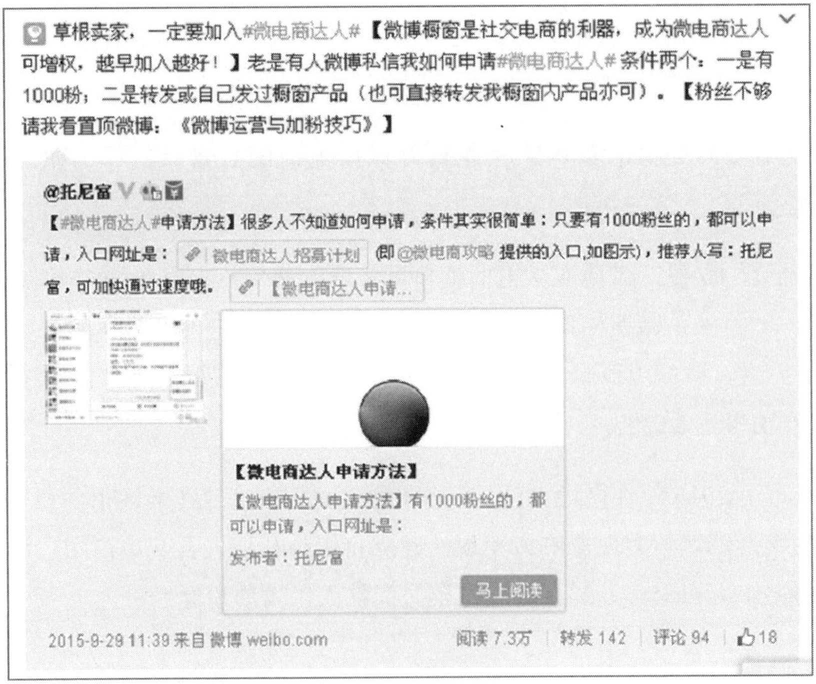

申请微电商达人

直接通过网址：http://e.weibo.com/v1/vertical_edaren/apply 申请，只要有 1000 粉丝的，都可以申请。

推荐人写“托尼富”，可加快通过速度哦。

2．微博橱窗

微博橱窗的简单功能这里不再讲解，只介绍一下#微电商达人#的高级功能吧，如下图所示。

普通用户只有“商品”发布这个功能，微电商达人可以批量展示产品，看下面五幅截图就明白了。

微博橱窗（1）

微博橱窗（2）

微博橱窗（3）

微博橱窗（4）

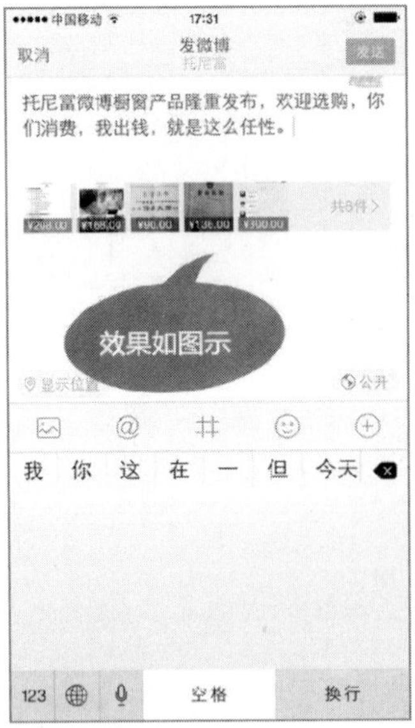

微博橱窗（5）

发布后的效果如下图所示。

微博橱窗发布效果图

提醒：想看《微博橱窗攻略》的读者，打开手机微博扫描上面的二维码即可。

3. 微博达人通

有实力的商家可以交 1000 元保证金入驻微博达人通：http://darentong.weibo.com/。

微博达人通仅接受企业和网店用户入驻，网店用户必须拥有天猫店或信用等级在三钻以上（含三钻）的淘宝店，商户须正确填写以下资料，方可注册通过微博达人通入驻商家审核。

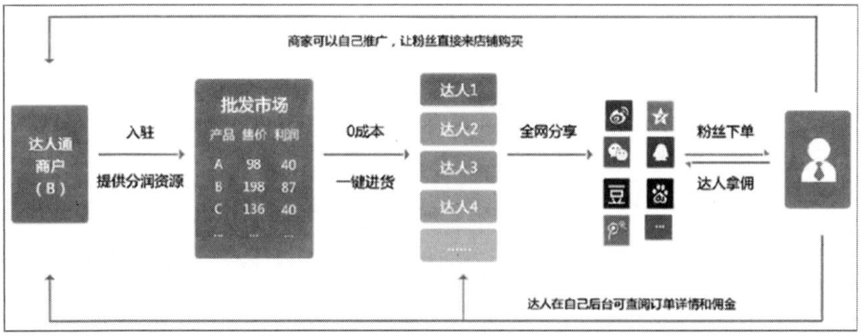

微博达人通

微博达人通入驻

4.2　官网矩阵玩法与如何解决实力背书

在“3.3.1　官网矩阵的实战”中详细讲解了官网矩阵的玩法，这里着重讲官网矩阵在营销矩阵中的地位与作用。

如果官网矩阵只是辅助性营销手法，官网矩阵最大的作用就是：品牌背书，几乎很难直接带来客户咨询与订单。这跟将官网作为核心战略手法的打法不同，如果将企业平台作为核心打法，则它的作用主要是吸引客户咨询，是客户的主要来源。

这里只讲官网矩阵作为辅助营销手法的作用。如何才能让官网矩阵起到品牌背书的作用呢？

前提条件：传统工业企业必须是业内知名品牌，在线下有一定的知名度与美誉度，否则承担不起网络品牌作用。一般来说，如果是知名品牌，则可直接进行硬品牌背书。

（1）官网矩阵是最佳品牌背书形式，因为可以从多个方面来展示公司与品牌的线下知名度与美誉度，如官网矩阵的主网站往往直接就是品牌资讯网站，而专题网站则为品牌与产品的专业性网站，商城系统则是品牌产品直接展示销售平台。

（2）董事长若是业内名人，或接受过知名电台甚至央视的采访，可以直接挂到品牌咨询网站上。

（3）公司重大的公开活动，荣获何种品牌荣誉、媒体报道等放在网站明显的位置上。

（4）公司制作的关于品牌宣传方面的图片、杂志、视频与其他手册，都是极好的宣传素材。

（5）公司参加的所有重大的峰会论坛信息、图片与讲话。

（6）公司在重大的比赛中获奖的新闻等。

品牌背书往往与其他营销手法是结合起来使用的，比如：通过微博矩阵吸引过来的客户，他们多半会去搜索引擎中查找你公司的信息，如果发现：

（1）你公司的网站排名十分靠前。

（2）官网上的介绍充分展示了公司的实力。

他们就会消除心中的疑惑，经过初步沟通就会迅速展开合作。

4.3　微信矩阵玩法与如何最大化客户价值

微博意见领袖龚文祥说：“微博拉新、微信客服、论坛互动、APP 独立。”4 句话成为新媒体布局最基本的常识。可见微信的定位是后端营销，为什么？

根本原因是与微信的定位相关的，微信的定位是社交沟通平台，不是电商平台。它的核心赢利模式是游戏，不是电商卖货。所以，微信平台经历过几次大的屠城事件，如下图所示。

序号	微信屠城大事记	倒霉商家或大号
1	第一刀砍掉了草根大号（微信有几十万粉丝的）	蘑菇街首创的诱导分享朋友圈，微信叫停了
2	第二刀砍掉公众媒体号（折叠）	大闸蟹首创引发的朋友圈点赞，微信叫停了
3	第三刀砍掉个人大号（1万粉丝以上限制功能）	“营销大师”们教的乱丢漂流瓶，微信叫停了
4	第四刀砍掉公众号（财经企业类）	大号们搞的几万人加好友玩法，微信叫停了
5	封杀微信平台第三方微信助手	伪自媒体们抄袭鸡汤发广告，被封杀了

微信屠城事件

微信公众号目前只是原创写手的天堂。一个企业要培养一名优秀的写手，难度是非常大的。招聘一名知名写手，恐怕也很困难，因为优秀的写手一年赚几百万元是没有问题的，而传统工业企业电商 CEO 的工资估计也只有这么高。

工业品电商的客户有 3 个显著特征。

（1）客单价高，因为是批发，一般下一个订单至少3～5万元。

（2）复购率高，一般一年会下10次以上的订单，多的时候更多。

（3）客户终身价值高，大的客户一年贡献上千万元都有可能，甚至是过亿元。

因此，客户总数量是比较少的，大概也就几百个，通过公司的微信号进行管理绰绰有余。

如何维护工业品电商客户呢？从下面三个方面进行。

（1）日常多介绍行业的前沿信息与公司的重大信息，让客户了解公司在行业中的重大影响，尤其是重要的产品面世时。

（2）公司举办重大活动或参与重大活动时，通过朋友圈进行宣传，尤其是公司获得重大发明、推出重要举措或荣获重大奖项时。

（3）快速回复客户的问题，做售后服务工作。

内容尽量以图片、视频为主，文字为辅，设置常见问题的FAQ供客户查询，与订单系统打通，可以方便客户查询自己订单的进度，让客户实时了解订单的生产状况、品质管理与发货情况。

4.4 微博、微信抱团互动技巧

微博、微信抱团玩法，其实就是微博、微信社群玩法。社群玩法是微博、微信另外一种极为重要的玩法，可以说是2016年社交领域中的最大风口之一，所以单独列出来，重点讲解。

工业品网络订单有时有不少小的客户，比如批量只有1000件左右的，这类客户数量众多，单个客户的订单没办法接受，怎么办？让这类客户联合下单，这时就可以用到社群了，具体做法如下。

（1）公司推出标准件产品，比如我在营销包装工业品时推出了一款产品，叫拉链纸箱，它除了规格不同之外，结构都是相同的。

（2）所有小订单客户集中统一往这个标准件上靠，统一下单，通过快递分批发货。

（3）必须配备信息化系统来处理，否则跟踪进度将十分麻烦。

（4）工厂里必须配备一名专门的业务跟单员，负责这类订单的跟踪与处理。

（5）前端业务员将所有这类客户统一到一个社群（因为价格都是一样的）集中进行管理，也方便及时处理问题。

（6）社群的管理必须到位，否则客户联合起来压价，会让你十分头痛。在进群之后，必须充分沟通，并且交纳一定的保证金（可以抵货款）。当然这是建立在公司的品牌影响与产品设计实力基础之上，并且确保公司的产品在市场上处于绝对的优势，包括价格优势，否则不建议采用这种方式来管理，采用微信或 QQ 的方式分散进行管理更好。

标准品也可以通过淘宝店或天猫店铺的方式进行销售，也可以解决上述问题。

社群活动营销细则

1. 活动互动

（1）抽奖互动：凡是社群的粉丝发起的抽奖活动（奖励产品、红包），大家都必须参加，中奖者晒单时，大家必须转、评、赞。

（2）赠送互动：凡是社群的粉丝发起的样品赠送活动，大家都必须参加，获得样品时必须晒单，晒单时，大家必须转、评、赞。

（3）软文互动：凡是社群的粉丝做软文广告（要求至少送出一个样品，获取方式是：群内抽中红包最少的得到样品）需要大家转、评、赞时，必须在微信群内发红包，红包不限制金额，要求每一个人都必须有红包可领，领了红包后，大家必须去转、评、赞该粉丝的软文广告。

（4）协助互动：A 粉丝要求 B 粉丝中有影响力的微博帮忙直发软文广告（双方可协商广告形式与内容）时，必须给 B 粉丝私包（大小随意，不低于 50 元即可）。接受私包的 B 粉丝必须给这条微博购买粉丝头条，A 粉丝再给其他粉丝发红包（大小随意，每人都有即可）。B 粉丝给 A 粉丝的微博上头条后，其他粉丝领到红包必须参加转、评、赞。

2. 干货互动（一定要是非广告的）

（1）内容互动：任何一个粉丝觉得自己发了一条信息（一定是非广告的，下同），是有亮点的、有争议性、带爆料性质的，或有新闻价值的负面消息，即干货时，可以@托尼富，由托尼富根据情况再转发，其他粉丝跟进学习如何歪楼评论，越娱乐越好，在这个过程中培养自己写微博的灵感。

（2）选项互动：任何一个粉丝觉得自己发了一条选择题式的微博（比如：你觉得这两个哪个更好，请选择。）可以@托尼富，由托尼富转发，其他粉丝跟进选择，可以不选其中任何一个选项、可以歪楼、可以调侃、可以反对、可以赞成、可以讨论、可以聊天、可以争吵，在这个过程中持续培训自己写微博的敏感度。

（3）爆料互动：任何一个粉丝可以通过私信方式给其他粉丝（当然也包括我）私信你自己觉得有价值的内幕干货，接受爆料的粉丝必须转发出来，并@托尼富，其他粉丝跟进讨论。若该问题有的粉丝不懂，建议先百度一下，找几篇资料，看完后得出一个自己的结论，来进行互动，在这个过程中可以锻炼自己收集整理资料总结结论的能力。

（4）困难互动：任何一个粉丝在工作或生活中遇到自己无法解决的困难时，可以提出来，@托尼富转发后，其他粉丝跟着转发，以影响更多的人参与解决问题。事先说明：不得道德绑架，必须让别人帮你解决。提倡大家在自己能力允许的范围内自行进行解决。这个困难互动主要是针对电商方面，比如推广、方案、运营、选品、售后客服、遇到刁难的客户及管理等。其他困难互动，大家可以给予力所能及的帮助。

（5）借势互动：任何一个粉丝觉得自己在转发某个大 V 的微博或微信时，自己写的内容非常专业，可以@托尼富转发后，其他粉丝跟进歪楼，以争取大 V 转发我们当中任何一条微博，以扩大影响，这是圈子借势大 V 的玩法，这一点可以与“活动互动”结合起来。

3. 社会热点互动

（1）任何一个粉丝第一个转发一条社会热点新闻时，可以@托尼富转发后，其他粉丝跟进歪楼，以吸引其他大 V 转发，形成更大的圈子影响力。

（2）当一条社会热点新闻出现严重舆论分歧时，任何一个粉丝都可以罗列这些分歧，可以@托尼富转发后，其他粉丝跟进激烈讨论，如果我们坚持自己的某个观点，或许可以影响舆论的走向，以进一步扩大圈子的影响力。

（3）热点舆论严重分歧时，还有一种玩法：以圈子的力量集中轰炸一个五毛或公告，大家可以通过网络人肉数据的办法，不断地挖掘该五毛或公告以往的劣迹，给予集中曝光，只要坚持正能量，应无风险，则圈子的影响将极大地曝光，圈子影响力大了，福利将属于每一个粉丝。

4. 线下互动

（1）若有群友要组织线下的群友互动（一般是近距离群友可以参与，组织者提前利用微博将活动内容进行发布周知），组织者要提供必要的方便。比如：接车、安排住宿；参与的群友全程发微博跟踪报道；不能参加的群友通过微博互动的方式全程参与；若有群友有社会资源对线下活动有帮助，可以事先沟通，组织者要给予一定的报酬与感谢。

（2）微博社群的线下分享，若有人想给参加的群友提供一个高大上的培训场所，可以与托尼富讨论细节问题，这种情况在群友集中处于某个市或邻近地区时可以考虑。也欢迎其他培训机构与托尼富进行合作。

上面这个案例是托尼富微博社群玩法，通过这种社群活动，可以进一步加强与微博粉丝的关系，成为传统工业企业新媒体营销的重要组成部分。

社群玩法需要不断地与高质量的粉丝进行互动，也需要跟大V借势，因此，获得高质量粉丝的资料特别重要，如下图所示。

高质量粉丝账号清单（1）

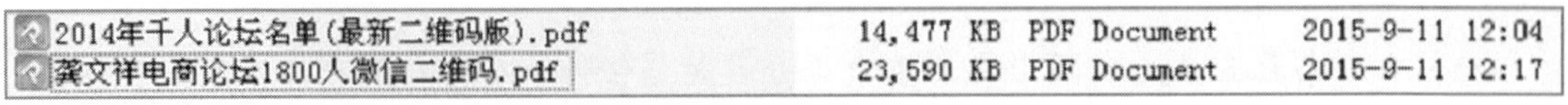

高质量粉丝账号清单（2）

高质量粉丝账号清单（3）

请按本书“购书七大福利”中介绍的方法索取上面的资料。

第 5 章

如何做好传统工业企业电商售后服务工作

售后服务直接影响到用户体验，如果用户体验不佳，则前端营销效果越好，灾难越大。售后服务是业务闭环中的最后一环，也可以看作业务流程中的第一环。业务开始，营销才真正开始，用户体验才真正开始，传统工业企业内部需要对售后服务的做法进行优化改造，才可能跟得上电商业务的标准。

5.1 优化改造旧有业务流程

传统工业企业的业务流程十分复杂，我在负责包装工业品电商的初期就发现了这一问题，如下图所示。

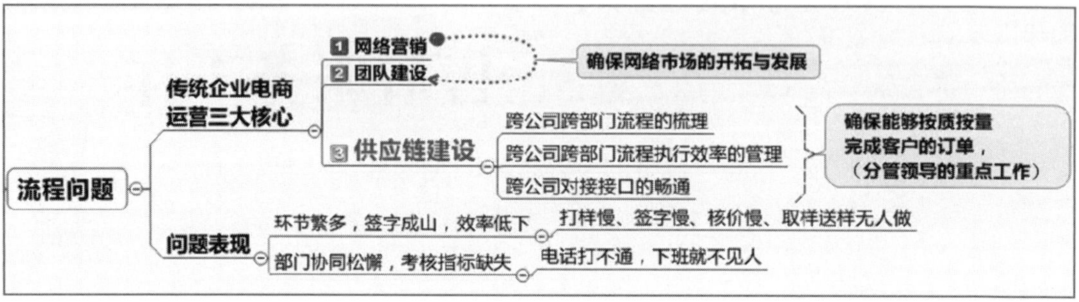

传统流程的问题逻辑图

我将传统工业企业的流程概括为：“环节繁多、签字成山、效率低下、打样慢、核价慢、取样送样无人做”。据我所知，签字的过程非常烦琐，各个主管部门大小职务人员统统加入签字的队列当中，对电商业务持明显的消极怠工态度，致使效率低下到令人发指：报价居然要 10 天时间！打样居然要 36 天，天天催促居然没有用。

核价延后图如下图所示。

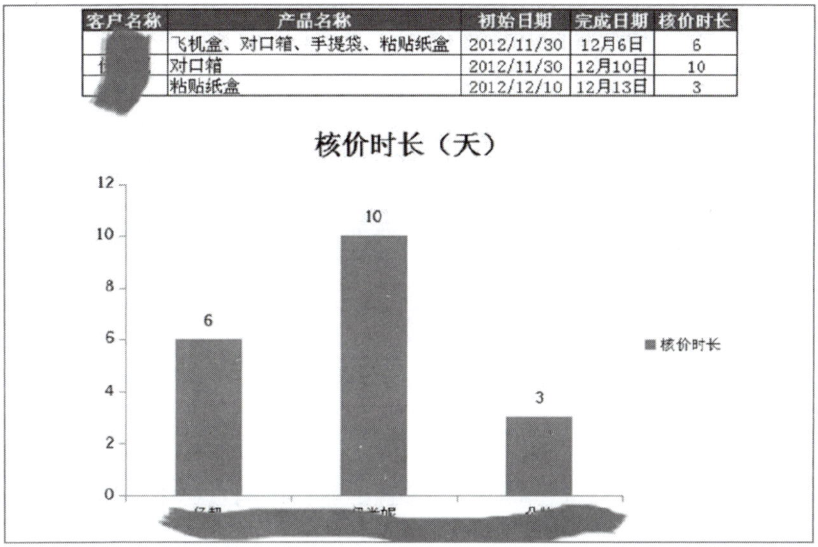

客户名称	产品名称	初始日期	完成日期	核价时长
[redacted]	飞机盒、对口箱、手提袋、粘贴纸盒	2012/11/30	12月6日	6
[redacted]	对口箱	2012/11/30	12月10日	10
[redacted]	粘贴纸盒	2012/12/10	12月13日	3

核价延后图

打样延后图如下图所示。

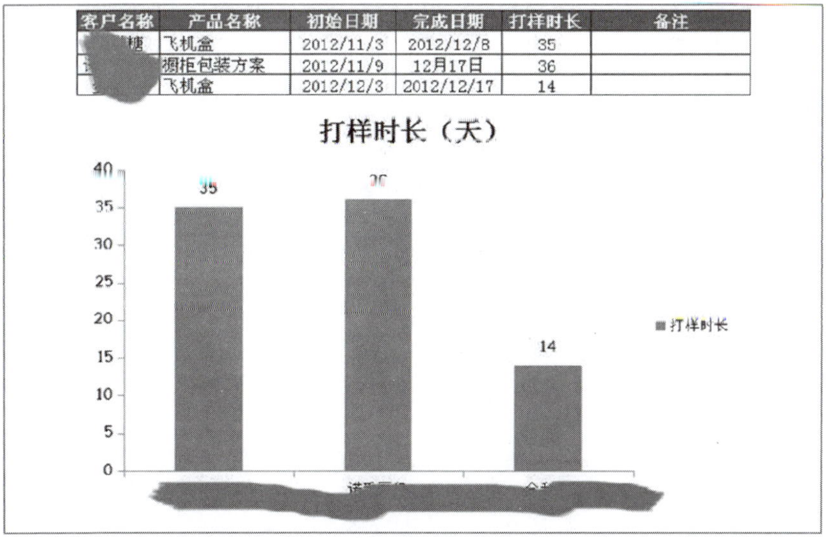

客户名称	产品名称	初始日期	完成日期	打样时长	备注
[redacted]	飞机盒	2012/11/3	2012/12/8	35	
[redacted]	橱柜包装方案	2012/11/9	12月17日	36	
[redacted]	飞机盒	2012/12/3	2012/12/17	14	

打样延后图

传统工业企业的相关人员解释旧有业务流程最充足的理由就是：线下订单优先。

我向董事长提出的解决办法是：优化现有流程（因为即使是对于线下来说，18 道签字手续也太多了），针对电商业务写出关键岗位，安排人手，专门进行跟踪。

当然，最佳处理办法就是采用独立运营方式，比如成立电商子公司全权负责运营，线下工厂在生产供应环节必须全力配合。但是这种商业模式实施之初，即独立运营全面推开之前，就必须进行业务流程改造了。

落地优化推进步骤如下。

（1）在订单计划部安排对接人员，专门负责电商订单的对接工作。

（2）招聘跟单内勤，专门负责协助业务跟单员与工厂的流程的对接（在新流程实施前，必须这样做），取样、催核价、走签字流程、监管品管、跟踪发货等。

（3）由于核价的保密性，业务跟单员不得直接与核价部门对接，由电商团队指派一个人专门负责与核价部门对接，做到业务员不得接触原始价格，而接触原始价格的人不得懂业务，以确保价格的机密性。

（4）电商团队中的产品价格只有负责人全部知道，业务跟单员只知道销售价格。

（5）全面打通了前端营销→业务跟单→生产供应整个流程，并且做到流程十分精简，又不影响落地执行，且方便公司相关部门进行监督。

生产供应问题的解决方法如下图所示。

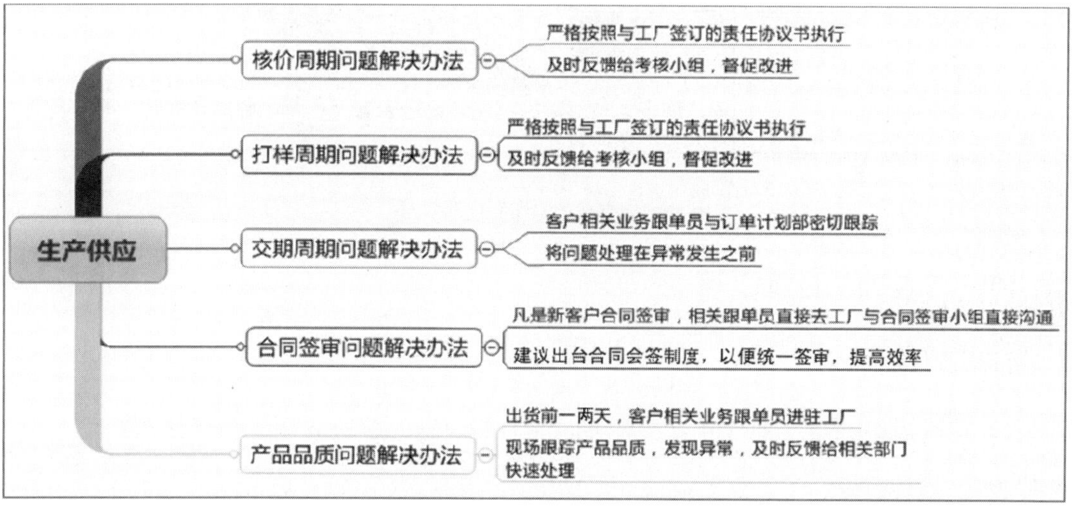

生产供应问题的解决方法

流程优化改进，保持通畅，是营销放大的基本条件，如果不疏通，整个业务将无法推进。

5.2　确定售后服务的标准与执行细节

售后服务是业务流程的一部分，所以单独讲解。因为，传统工业企业的售后服务流程是严重滞后的，产品品质出现问题，解决的周期居然接近 20 天，如下图所示。

2012.10.31	2013.3.23	货已送到，但出现质量问题。根据[redacted]电话和现场调查，总结起来包括4个方面： a. [redacted] b. [redacted] c. [redacted] d. 客户[redacted]

问题解决时间（1）

2012.10.31	2013.4.12~13	（1）致电[redacted]请其安排将样品交给[redacted]； （2）致电[redacted]，约定周六上午10点到11点之间见面； （3）与[redacted]拜访，展示新材料样品并对送货时间进行声明，现场人员对新材料包装比较满意[redacted]说临时比较忙，直接跟现场人员沟通即可）。

问题解决时间（2）

一共用了近20天时间！

解决的办法是：

（1）将售后服务问题进行分类，对不同性质的问题的解决周期进行硬性规定。

（2）将售后服务规定升级为制度，交由公司高层讨论通过，盖章执行。

（3）没有按照制度执行的，按制度进行处罚。

在执行的过程中将制度细节进行不断地磨合与优化，直到能妥善解决问题为止。

5.3 沟通模式的优化与改进

互联网节奏快，传统企业节奏慢，为什么呢？

原因很多，其中重要的一点就是：沟通模式与沟通手段不同。

电商公司的沟通模式是平等的、互动的、活泼的、畅所欲言的。因此，很容易了解事情真相，找到解决的办法。

传统企业的沟通模式是汇报式的、命令式的，甚至有先后次序的、沉闷的、拘谨的、报喜不报忧的。因此，沟通下来，可能谁也没真正弄清楚问题出在哪里。那么，提出来的解决办法极可能就是错的，尤其是报喜不报忧这种情况。因为，汇报式沟通主动承认问题的人极少，这样永远无法了解真相，永远无法解决问题。

电商公司的沟通工具是多种多样的：QQ、微信、微博、短信、手机、邮件、会议、远程视频、远程音频……一次财务用款可以通过 QQ 同时与 BOSS 及财务沟通好即可，流程极短。

传统企业的有效沟通工具相对较少，沟通效果也不佳，除电话外的其他沟通方式失效的现象较多，沟通了却得不到任何回应，等于无效。打电话不回的现象也很多。

我们可以模拟一场传统工业企业内部的沟通过程。

首先是会议主持人发言，规定好会议的议程。

然后是各部门主管就提出的议程问题或本部门的工作进行回答与汇报，其中没有任何互动。

接着是高层副总裁类的领导发言点评。

最后是董事长发言并点评。

会议结束。

整个会议过程几乎没有任何互动，完全的汇报命令式，会议开得沉闷无趣，具体问题并没有得到解决。

我们再来模拟一下电商公司的发言。（这是真实的例子，因为我也参加了）

周六上午 9 点，BOSS 与我们进入会议室，调试好视频工具，试了音量，然后周例会就开始了。

会议模式是：先汇报，再互动。

（BOSS 半个月在 JH，半个月在杭州，Z 总是金华客服中心的副总裁，S 总与我在杭州）

S总说：上周三晚上，我们的服务器遭到同行的DoS攻击，宕机1小时，我们连夜抢救，进行恢复，同时用邮件及时通知了客户，并为此表示抱歉，使损失降到最低。

Z总说：我们医院有好几个客户打电话过来咨询，问什么时候能修好，对我们意见很大。

BOSS说：这样被动不是办法，今后还出现这类情况，咋办？

S总说：那只能使用备用服务器，要增加投入了。

BOSS说：投入不是问题，你先出个方案，然后抓紧实施吧。

S总说：好的。

BOSS说：小Y，你负责跟踪这件事。

小Y说：好的。（小Y，BOSS的助理）

下一周会议又开始了。

BOSS说：S总，关于备用服务器的事情进度如何？

S总说：服务器买到了，要连续不断三天三夜烤机，完成后再选择服务器放置地点。

BOSS说：计划放在哪里？

S总说：计划放在山东。

BOSS说：好。

【案例分析】

沟通的特点：汇报与互动结合，及时发现问题，现场解决问题，丝毫没有受到距离的影响。

最大特点：BOSS亲自参加，会议主持是各个副总裁轮流进行的。

传统工业企业的会议沟通是汇报命令式为主，互动式为辅或者没有互动。而互联网公司的会议则是互动式为主，汇报命令式为辅。两者的方式不同，效率也就完全不一样。关键是互联网公司还是远程会议。

我的解决办法是：

（1）业务跟单员每天必须有早会，目的是每天必须密切跟踪所有新客户的进度，尤其是新客户正在下的订单的进程，不能有任何错误。

（2）网络编辑、前端开发、美工与技术人员每周三开一次早会，主要沟通前七天的工作情况。

（3）每周有例会，主要沟通上一周的工作情况与安排下周的工作。

整个沟通过程基本是以互动式为主。

周例会工作模板

<table>
<tr><td>部门名称</td><td>电商</td><td rowspan="2">电子商务部运作文档</td><td>上级部门</td><td>Z 总</td></tr>
<tr><td>部门负责人</td><td>李光辉</td><td>期数</td><td>第 X 期</td></tr>
<tr><td colspan="4">3 月份第 2 周信息部工作汇报（内容为模拟数据）</td><td>填表时间：2016-4-6</td></tr>
</table>

<table>
<tr><td>工作内容</td><td>完成情况</td><td>意外说明</td></tr>
<tr><td>【常务】
1．前端营销，微博、微信、微淘 1～10 篇
2．关键词排名优化（根据情况进行调整）</td><td>100%</td><td>注意新进成员对团队文化的认同感培训
不断提升团队成员的工作技能</td></tr>
<tr><td>【早会】
小 W、小 S 新客户开发进度管理</td><td>随机</td><td rowspan="2">注意新进成员对团队文化的认同感培训
不断提升团队成员的工作技能</td></tr>
<tr><td>【培训】
1．新进员工沟通与培训，业务跟单教练体系培训
2．新客户筛选与沟通
3．团队协同做前端营销</td><td>100%</td></tr>
</table>

续表

<table>
<tr><th>工作内容</th><th>完成情况</th><th>意外说明</th></tr>
<tr><td>【客户开发情况】
1．在跟踪的潜在客户 35 家
2．目前两个业务跟单员各跟 10 家左右
3．米 N 下了第二单，已送货（第一个第二次下单的客户）</td><td>随机</td><td></td></tr>
<tr><td colspan="3">主要问题</td></tr>
<tr><td colspan="3">1．为了完成销售指标，要加快对前端营销的投入
2．跟单内勤小 H 参加工厂篮球队后，工厂那边应有对应的职务代理人（有指定，但执行不到位），以免影响效率
3．与金钱无关的公司盖章请尽快授权下放，以提高效率（如：域名备案、各类互联网平台注册、移动端 APP 注册、服务器托管等）</td></tr>
<tr><td colspan="3">部门配合情况</td></tr>
<tr><td colspan="3">与工厂的沟通对接比以前有所改进
行政部加快对前端技术人员的招聘，以接替离职的技术人员
尽快开展与工厂的远程视频会议，以提高沟通效率，快速处理问题</td></tr>
<tr><td colspan="3">培训情况
本周对新员工进行业务跟单与团队文化的培训</td></tr>
<tr><td colspan="3">新制度推行
1.《业务跟单三大铁律九项注意》
2.《团队文化三项注意》</td></tr>
<tr><td colspan="3">下周工作计划改进与主要工作计划</td></tr>
<tr><td colspan="3">尽快拿出前端营销的新方案，尝试对大客户的吸引与合作
其他按常规执行</td></tr>
<tr><td colspan="3">其他</td></tr>
<tr><td colspan="3">关注与推动包装电商推进小组的成立，持续阐述“用户体验（指品质、服务与价格）”的重要性，以提高线上线下的协同效率</td></tr>
<tr><td colspan="3">注：本工作计划应于周五上班时做好，送交总裁办</td></tr>
</table>

沟通模式的改变有利于提高工作效率与部门协同，必须推动它的优化与改进，否则会痛苦不堪。

5.4　售后服务与用户体验

传统工业企业也讲究用户体验，但是他们对用户体验的定义与互联网公司不太一样。他们的用户体验被内部流程、反馈速度与处理方式破坏了，但是放在传统工厂里，他们的做法是完全正确的，并无不妥，这就存在巨大的风险，表现如下。

1．签字手续

传统工业企业出现售后问题后，必须走流程申请，否则根本没人理你，也不会给你处理。但是走流程，要先打报告，讲清楚事情的细节、问题所在，然后本部门主管签字，分管领导签字，订单计划部签字，再走品管部、设计部、生产部……签字手续非常多，最后定出责任人，提出解决办法，再与客户沟通，这就是在“确定售后服务的标准与执行细节”这一节时我们举的那个例子为什么要用 20 天来解决问题的原因，因为签字人不在就需要等。

2．处理办法

传统工业企业解决售后品质问题时，主要有三种处理方式。

（1）退步接收：您接收了产品，我们再给您优惠一点。

（2）提前预告：我把货做砸了一点，您愿意如何处理？是退步接收，还是我们重新帮您再做一批？一般客户还是选择退步接收。

（3）公关：包括各种请客送礼之类，这就是暗箱操作了。

这三种手法在传统领域是行得通的，但是在互联网领域，是有巨大风险的。退步接收与提前预告，都是与“用户体验”相违背的，表面上看客户是接受了，实际就会以不下单来回应，因为我们的竞争对手不是采取退步接收或提前预告来处理的，而是直接给予客户一定的补偿，以换取客户的重复下单。至于请客送礼，普通的与客户吃饭，象征性的送礼比如送书等，是可以的，若想通过行贿的手法换取高价合作，在互联网中的风险十分地巨大，严重者，会完全砸掉公司的品牌。因为，稍有规模的电商公司，都有廉政部门。另外，其采购部门负责人多半是老板的直属亲戚，对此极为反感。阿里、京东、1 号店，几乎每年都有采购部员工因为受贿锒铛入狱，并且会把行贿的公司在网络上进行公布。

3. 送货方式

传统工业企业的送货方式往往是在承揽合同中明确规定的，基本上分为两种：一是自提，二是送货到指定地点。大客户往往是送货到指定地点居多，服务质量主要体现在装卸方式上，往往客户在报价中已包含了装卸费用，然后由工厂方与客户仓库人员共同装卸。工厂的运输模式极可能是外包的，由于发货量较多，有淡旺季的区别，工厂往往并没有一支完整的送货车队，而是将大部分送货任务外包给外面的货车司机，这些货车司机的服务极难到位，他们往往并不热心帮助客户和仓管人员进行货物装卸，从而发生冲突，直接影响到用户体验，工厂如果派人跟车，则又是一笔额外的开支。

如何解决这些问题呢？

我们首先要弄清楚传统工业企业里的用户体验到底是什么，在互联网公司，京东的刘强东有一个“一托三”理论。他认为，一支优秀的团队，加上优秀的用户体验、低成本、高效率的运营，就能成就一个成功的商业模式。互联网公司的用户体验集中体现在最后一公里上，即送货方式上。阿里在这方面有短板，于是提出了菜鸟物流的解决文案。

传统工业企业的用户体验，包括三个方面。

1．价格

工业品的价格与消费品不一样，消费品的价格是明码标价的，而工业品的价格对每一个客户基本上不会相同，是需要谈判的。如果一个客户走到了下单生产的环节了，证明价格问题已经解决了。

2．品质

品质问题是最关键的，因为品质过关了，则售后服务会大大减少。如果一家传统工业企业内部没有系统地整理过一份品质问题列表，并提出相应的快速处理机制，是很糟糕的，必须组织相关人员快速整理出来，进行分类，定等级，定处理问题的方法、处理周期及相应的处理措施，做到出现品质问题有应急解决制度来保证不会带来后遗症。尤其是处理问题的态度与速度，最佳办法就是公司有相应的售后问题处理系统，客户可以方便地查询自己的问题已经处理到哪个流程了，可以看到工厂在解决问题方面所付出的积极努力，这是很关键的，有时问题的处理往往是公关问题，马虎不得。

3．服务

感知大于事实，服务做不好，客户会觉得你根本不重视他们，然后异常愤怒，最后将事情弄得十分糟糕。我在对业务跟单人员培训“业务跟单三大铁律九项注意”时，特别强调的就是第一条。

（1）不要与客户争长短、对错、黑白……要从服务的角度出发，为客户服务。

（2）不要给客户带去麻烦，尽可能解决麻烦，经过努力，若无客户配合仍无法解决的，可直接告知客户自己的努力。

（3）无论与客户用何种方式沟通，都要使用商务礼仪、要使用尊称，如：您、×总等。

第（1）条看似简单，我却发现几乎没有人能够完全地做到，因为大家总是习惯性地想找借口，一方面是想逃避公司对他的追责，另一方面多半是个性使然。这几乎是所有企业内部员工的通病，能主动承认错误的人少之又少。我于是推出了一项制度，使得大家都愿意承认错误，其实这项制度很简单：

"凡是主动承认错误，并且积极将错误带来的不良影响解决了的，可以不追究其责任，如果公司一定要追究责任，由我来承担，并且不影响该员工以后的奖金与晋升；凡是不主动承认错误的，事后被查出来，马上根据公司制度进行处罚，并责令消除后遗症；如果抵赖，马上开除。"

第（2）条也十分重要，当出现问题时，能我们自己处理的，千万别麻烦客户，即使是需要客户配合的事情，也最好先努力看看自己单方面是否能够做到。有时客户会提出个性化的需求设计，如果我们有自己的设计师，最好由我们的设计师快速搞定，而不是要求客户做好设计后再发过来。对于大客户，设计可以是免费的；如果是大批量的设计，可以收取一定的设计费用。

第（3）条也比较重要，90 后往往个性化极强，自尊心也旺盛，在与客户沟通时，总是大大咧咧的，有时就会忽视基本的商务礼仪，给客户带来不快，这也是需要注意的。

出现问题，主动承认错误，把问题接过来，并迅速有效地解决问题，是最好的处理办法。与客户争论，你赢了争论的时候也是输得最惨的时候。

第 6 章

如何改造及优化传统工业企业电商的整个业务流程

在业务流程完全走通、走流畅之前，不要进行营销推广效果的放大，以免带来不必要的麻烦。组织架构改造不到位，业务流程走通是一句空话。招聘人员不到位，往往也会影响到业务闭环的正常运作。

6.1 梳理好旧的业务流程

如果没有在传统工业企业工作过，对其内部业务流程的复杂程度，很难有直观的认识。下面我们来看一张图，不必明白具体细节内容，因为没有意义，只求直观地感受一下传统工业企业内部的流程，如下图所示（大约有 60 个环节，只宏观了解即可）。

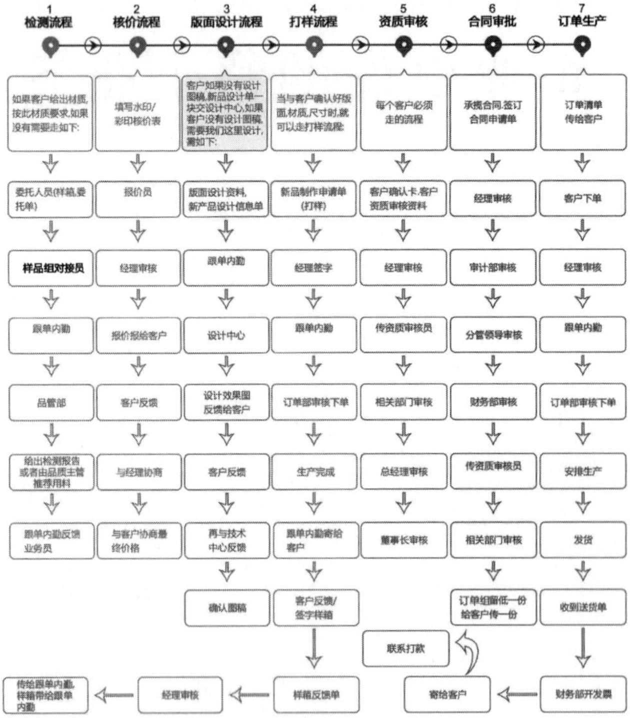

传统工业企业业务流程图

这是传统工业企业体系化管理的结果，业务员与跟单内勤会被这种流程活活拖晕，但是传统高管往往会认为这套流程已经运营很多年了，哪有那么容易更改？

怎么办？

我提出来的解决办法是：逐步走一遍完整的流程，与流程环节中所有的关键岗位都沟通一下，找到问题所在，提出自己的优化文案。

优化的环节包括以下几点。

1．签字环节精简

比如合同的签审原来签字需要 18 个环节，最后精简到电商负责人、审计、生产负责人与财务，只需要 4 个人签字即可。如果是特殊的订单，比如大客户订单，第一批价格低于公司规定的价格，需要董事长签字同意才能通过。

2．节点精简

原来部门主管以上都参与的节点能砍掉就砍掉，一律不得直接干预流程的推进，基本上又砍掉了五分之二的节点。只有重大客户的流程才让董事长参与进来，其他客户直接由工厂负责人与电商负责人共同确定即可。

3．审核文件样本精简

根据前面的精简文案，对相应的审核文件样本进行精简，把不必要的签名栏与节点去掉，会使整个文件清爽不少。

最后精简出来的宏观流程就是三个环节，如下图所示。

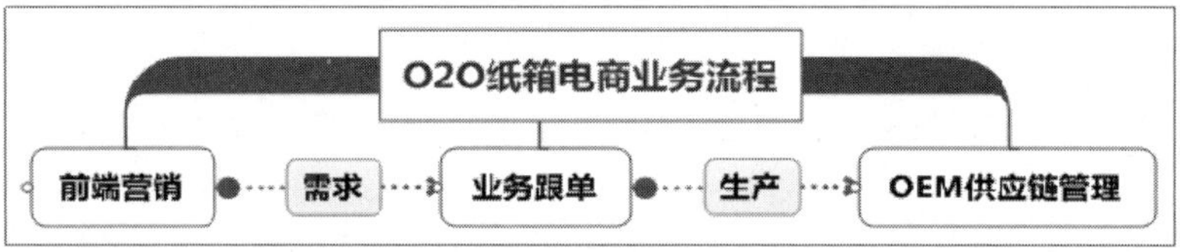

宏观流程图

精简之后带来的好处有以下几点。

1. 人员减少

有些节点去掉后，发现该节点安排的人员其实也不是必需的。

2. 流程推进加快，效率提高

没有复杂的签字手续，流程的推进比原来提高 3～4 倍，打样周期与延误率大大降低，如下图所示。

效率提高表

打样次数	打样周期	打样失误次数	打样失误率	打样交期延误次数
1	4天	0	0%	1
1	5天	0	0%	1
1	5天	0	0%	0
1	6天	0	0%	1
1	7天	0	0%	1
4	3天、3天 5天、6天	1	25%	2
9		1	11%	6

原来的打样周期是现在的一倍以上，原来的失误率几乎是 100%，原来的打样延误次数是每次都延误。经过改进优化，参数都有了改善，当然，后续优化的空间仍然存在。

3. 工作积极性大大提高

在流程改造优化之后，电子商务业务员在与工厂对接沟通过程中，由于面对的问题太多，流程太复杂，导致前期招聘的人辞职的比较多，并且辞职原因几乎都是因为与公司的沟通问题导致的，流程优化完成后，招进来的人辞职率大幅下降。

团队的稳定性是业务开展的基础。马云讲过，员工干的不爽要辞职，无非两个原因：一是钱没给够；二是心受委屈了。而心受委屈了，原因是多方面的，其中业务流程的影响也是巨大的。并且传统工业企业往往在城乡交接处，招聘的当地农民比较多，与他们沟通，心理承受能力要更加强才行，因为他们有可能也是通过关系进来的。优化流程后，基本上就不需要跟这类人打交道了，而由车间的领导直接完成对接的工作，进度就大大加快了。

6.2　确定传统工业企业电商的运营细节

通过对传统工业企业旧流程的梳理，使董事长与公司高层看到其带来的效率，就为确定传统工业企业电商的运营流程奠定了基础。否则，即使你推出了运营流程，也无法贯彻执行，在落地实施过程中会碰到无法推进的麻烦。因为，旧流程仍在，新流程就无法生存。

商业模式决定业务流程，业务流程决定组织架构，组织架构影响招聘计划。团队组建成功后，才能谈如何运营的问题。这一节主要讲清楚运营细节的来龙去脉，详细内容在前面章节中有相关的描述，对照查阅即可。

不同品类的工业品的核心营销手法往往并不相同，那么就直接影响到运营的细节。对此，我的做法如下。

1. 不同的商业模式的运营细节

（1）不同的商业模式运营环节是不一样的，如下图所示。

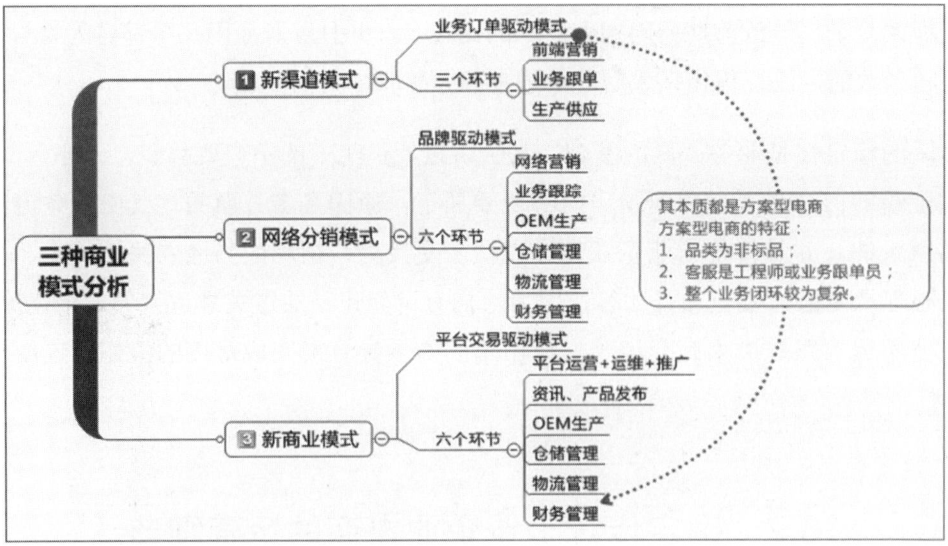

不同的商业模式运营环节不同

（2）不同的商业模式核心营销手法也有区别，如下图所示。

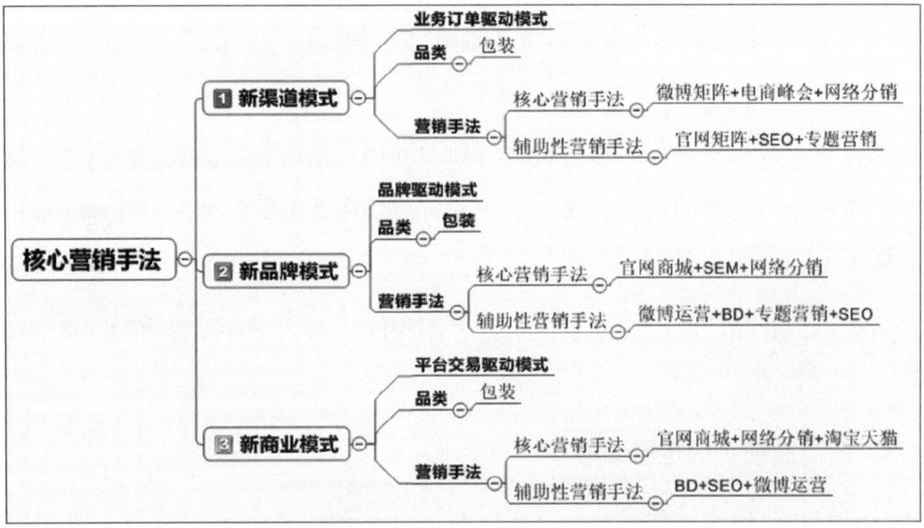

不同的商业模式核心手法不同

运营环节与核心营销手法，会直接影响到组织架构的框架，影响到人员的招聘计划与运营细节的开展。我们假定在渠道商业模式下，核心营销手法是：微博矩阵+电商峰会+网络分销；辅助性营销手法是：官网矩阵+SEO+专题营销。

2. 以新渠道模式为例详细讲解推演

（1）新渠道模式下，业务流程只需要三个环节，如下图所示。

业务流程

（2）新渠道模式下，所用到的营销手法如下图所示。

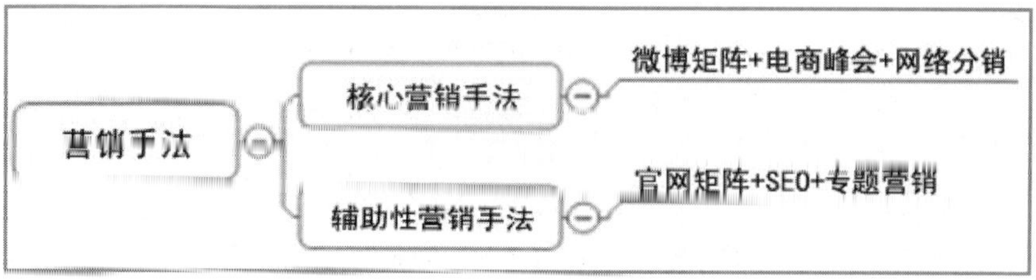

营销手法

（3）第一个环节是前端营销；第二个环节是业务跟单；第三个环节是生产供应，根据这三个环节，就很容易制定出组织架构特征与团队成员框架，如下两图所示。

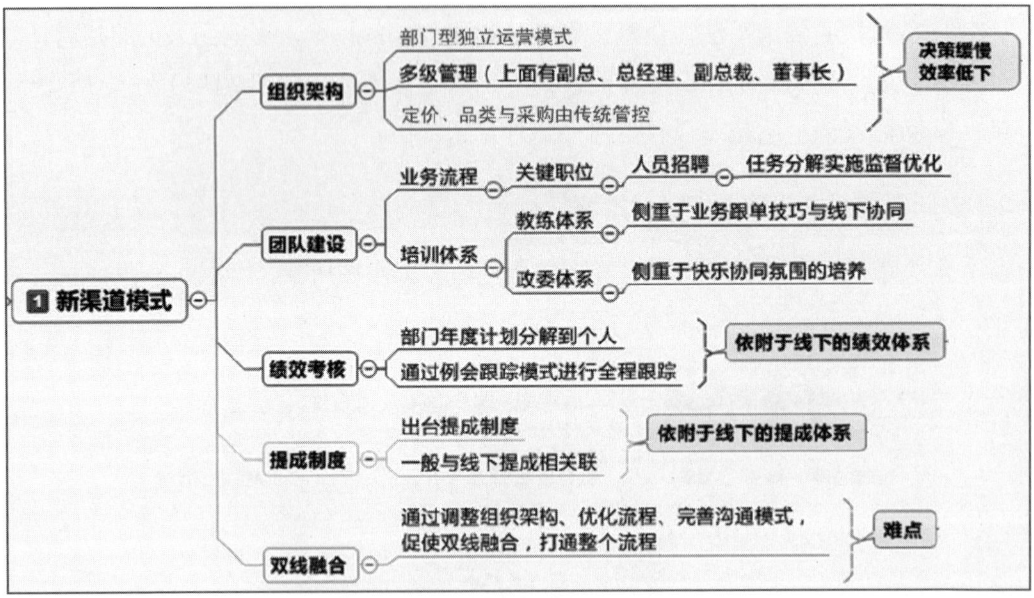

新渠道模式下的组织架构

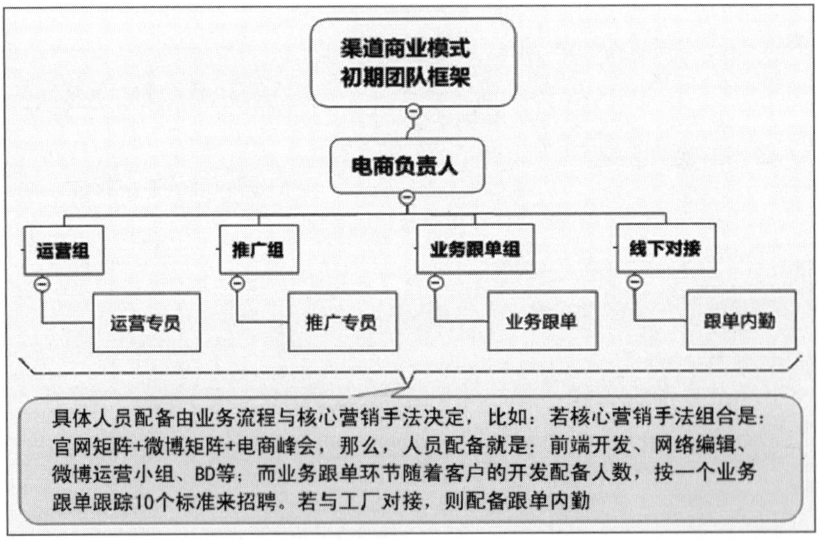

新渠道模式下的团队成员框架

（4）递交人员招聘计划。

（5）通过教练体系与政委体系进行培训。

详细内容请查阅“2.4　团队的两种培训制度：教练体系与政委体系”。

（6）确定第一个团队成员的工作职责与工作考核。

这里不仅仅是指对网络平台的运营维护，而是更广泛的运营与管理。一是岗位职责表，在招聘前就要确定下来；二是日常工作内容，人员招聘进来后，在培训时分配下去；三是确定考核指标，在工作实战中落地执行。

（7）早会、周会与月季例会的开展。

细节请查阅“5.3　沟通模式的优化与改进”。

（8）年终工作总结与下年工作目标。

201×年工作总结

不知不觉201×年已经过去，自我201×年6月13日来公司已经有半年多了，在这半年中，现将工作总结如下。

一、工作成绩清单

1．先介绍本职工作

我的工作是做网站编辑，同时也兼做网络推广工作。

本职工作内容

2. 网站编辑工作的表现

（1）目前在做的有 60 个关键词。

（2）根据这 60 个关键词搜索文章或自己写文章。

（3）将这些文章发布到官网，每天 40 篇左右（从入职到 201×年年底共 5380 篇）。

（4）第三方平台目前选择百度知道、百度贴吧、百度百科。

（5）选择的统计平台是 http://www.51.la/。

（6）根据统计结果，还需好好优化，明年需好好加油。

3. 网络推广工作的表现

（1）每天根据纸箱的设计、生产、印刷等准备一个纸箱问题，互动配合做微博营销，并同时制作一张图片，目前已准备 100 篇左右。

（2）每天用 3～5 个号配合转发我们的微博。

（3）第三方平台的推广。

前期做了两个月的测试，每天在一个新平台发布一篇我们软文性质的文章，促进了官网该软文的快速收录，但带来的流量效果不佳。明年准备固定做三个第三方平台，如百度知道、百度贴吧、百度百科。

4. 核价工作的表现

（1）负责我们部门客户的核价与工厂包装公司的核价部门的对接。

（2）负责我们部门超过公司 500 公里之外的客户的运费咨询与给客户的报价。

（3）给客户做报价单。

核价工作总结：

从核价的工作中学会了如何计算一个水印纸箱的价格，同时也知道了如何咨询物流公司的运费问题，从而转化到我们的纸箱成本上。但是由于公司对核价工作管理很严格，保密性很强，所以我们也不知道工厂的纸张采购价格，于是也不能精确地计算每个箱子的价格，具体价格是多少还是需要工厂来报价。但是我的参与，提高了核价的速度并减少了不必要的核价次数。原来核价需要两天，现在只需要一两个小时。

5. 参加电商峰会

（1）这半年中参加过两次线下电商峰会（梅花网开放日活动、派代年会）。

（2）从这两次活动中接触到了 80 多位潜在客户，同时有了这 80 多位潜在客户的名片信息。

（3）通过参加峰会也快速地了解了这个行业的发展情况，以及对照整个行业的发展来调整我们的工作。

6. 参加过两次客户线下拜访

（1）线下拜访宁波的客户。

（2）线下拜访上海的服装类客户。

效果：通过线下接触，增加了客户对我们的信任及与我们合作的信心。

第二次拜访的客户，取得了201×年3月参加其公司公开瓦楞纸箱招标的资格。

二、工作亮点

自从加入公司之后，官网的信息收录有了大大的提高，第三方辅助推广也在慢慢走向成熟，客户服务方面也有了很大的提高。

同时也学会了如何提升或保持网站上某个关键词的排名，初步认识到写软文对推广的作用，以及如何写好一篇好的软文。慢慢体会到参加电商峰会的作用和线下拜访客户的效果，渐渐领悟到同事与同事之间配合需要默契，深刻了解到核价的严格性和保密性。

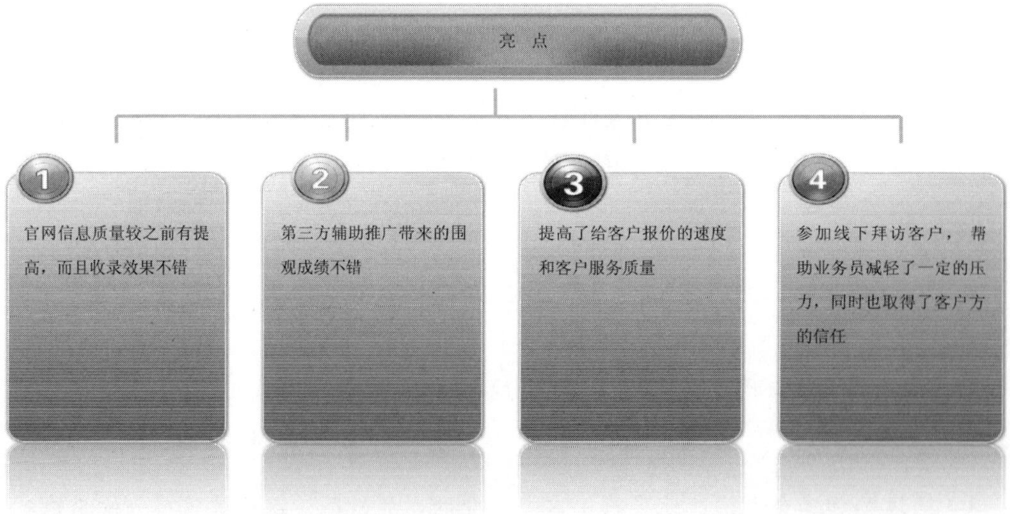

工作亮点

三、要改进的地方

目前利用关键词优化带来了一些流量，但是不是很多，所以明年的工作重点放在这方面。另外，写软文的能力还有待提高。核价方面需做到更加熟练，比如拿到一个纸箱，立马能估算出其价格。

四、201×年计划

希望 201×年自己能再接再厉，继续保持好的工作，改善做得不好的工作。

（1）争取在 SEO 优化方面有大的突破，能够给官网带来更多的流量，以及提高流量的转化率。

（2）希望自己能在策划作图及专题方面有更大的提升。

（3）核价能做到更加的快速，适应电商企业的节奏，从而提高客户的体验。

（4）希望能更好地配合团队。

6.3　使组织架构与业务流程匹配

如果严格地按照上一节的流程来确定传统工业企业的运营细节，组织架构与业务流程的匹配是没有主要问题的，但在实际工作中，往往会犯这种错误，组织架构与业务流程是脱节的，主要表现在如下几个方面。

1. 传统工业企业高层电商观念与组织架构是脱节的

举一个因为观念（包括对电商定位的观念与营销手法的看法等）的不同而导致不同的组织架构与管理的实例吧，这是我的工作邮件内容，其中的敏感信息隐藏了。

PC 电商与移动电商的 KPI 考核是不一样的，PC 电商考核流量与销量，移动电商考核不了流量，如果考核流量会导致移动电商最后运营成 PC 电商（目前公司就是天猫），成为天猫的附属。这个方向肯定有问题。并且移动电商在不同阶段考核的指标都会有出入，不同的营销手法考核的办法都会有变化，尽管最终考核的都是销量。

KPI 是双刃剑，适合的指标才能带来正确的运营，并带来销量。

比如：微博矩阵，考核的指标是阅读量，而不是 PC 意义上的流量（UV、PV 之类）。

又比如：社群分销，可能流量为零，也会源源不断带来粉丝，考核的是粉丝数与代理数量及销量。

再比如：异业联盟，其实就是 BD 拓展，是需要不断走出去、与业内相关资源面对面沟通的，流量就更谈不上了，考核的是联盟商家的数量与销量。

PC 电商是流量经济，有流量，就有销量，但并不忠诚，并且流量越来越贵，引流越来越困难，竞争越来越激烈。

移动电商是社交经济，讲关系，有关系就有销量，并且忠诚，移动电商天然是去中心化、碎片化的。所以，玩关系、玩社群、玩联盟，才是最正确的玩法，一旦有自己的社群，竞争对手很难进入。

天猫玩法与微商玩法，在前期运营方面交集极少，既难以通过微博直接向天猫引流做销量（即使是后期也是建议向官方商城引流），也难以通过天猫向社群引流，因为天猫目前也没几个客户，何况是做活动带来的客户（后期是可以将天猫的客户引出来作为粉丝的）。

从趋势方向来说，移动电商才是未来，玩法完全变了。

微博上不少的大 V 都发现，玩淘宝的，玩不了社交，杭州的淘宝甚至反感玩微商，这是值得注意的。

因为，观念不统一就会冲突，就会直接影响工作积极性，更谈不上工作的创造性。

我工作这么多年，唯一的底线就是职业道德，工作的系统性、主动性、能动性与创造性，不会有问题的。

管理得看岗位与人，若一个人能独当一面，就不要过多干涉，一个不懂移动电商的人来管理玩移动电商的人，除了差不多培训他之外，多花时间之外，还有什么大的用处？

我们要看到移动电商的趋势，认识到它的长处，才可能玩好，不能把 PC 电商的玩法强加到微商上，而是要取长补短、互相融合、各取所长。

最佳的架构是：PC 事业群、微商事业群与企划部（广义的组织架构，包括美工、摄影、客服、发货售后）相互配合，由 BOSS 统一管理，向 BOSS 负责。否则一定会有问题的。

组织架构是商业模式能够成功推进的基础，否则后期调整会更困难，负面影响更大。请慎重考虑。

这个实例主要说明一点：如果你不懂某种新型的营销手法，那么对其采用老的营销手法的考核与组织管理就可能是错的，会带来工作上的关系不清，甚至导致畸形的组织架构框架。

下面再举一个传统工业企业内部完全因为观念不同而导致电商前期推行困难的实例，其中敏感的信息也隐藏了。

“要有人向上面给你说好话”、“不要向上面反映问题，以免树敌”、“记下来回去好好领悟”。这三句话不是从普通员工嘴里说出来的，而是传统企业的经营班子核心成员说出来的。它具有典型的作用与影响，从上而下的人员就会或多或少地按照这三条规则行事，并且根据它也能够解释企业里面发生的许多问题。

由这三条规则，就可以直接推断出：传统企业的经营班子的思维观念已老化，从而导致在落地运营上问题百出，在互联网思维的冲击下，更难以应付。

因此也可以解释，为什么传统企业转型电商，必须采取独立子公司的名义来运营，才能够成功。只有独立的组织架构，才可能屏蔽掉这些陋规恶习，才可能制定出符合互联网思维的商业模式、高效的业务流程与沟通模式、运营节奏。

我的这封邮件对传统工业企业在确定采取独立子公司的名义来运营电商方面起到很大的推动作用，尽管那时我已经辞职了，但是我还是很高兴它能够带来这样的好结果，我相信这种观念的转变才真正使传统工业企业转型电商进入一个崭新的阶段。因为，此时他们遇到的问题，不再是来自于传统个别高管的无知干预，而是转型前进中遇到的全新问题。解决这种问题，就会步步走向成功。尽管我对“生于颠覆，死于优化”持谨慎态度。

2．招聘工作过多地受到传统体制的影响

传统企业在招聘时往往会发生任人唯亲的现象，尽管这是董事长都反对的事情，但在实际操作过程中，还是会出现这种情况。它带来的负面影响有时十分大，大到滑稽的程度，下面我用一个实例来说明这一点，其中敏感的问题隐藏了。

这封邮件不是针对A的，而是针对初创公司团队管理这件事的，要说清楚这件事，就需要分析A这类员工。其实A为人还是挺不错的，人品绝无问题。

初创公司团队最要紧的事情就是：执行力。在大公司，限于流程，执行的节奏很难很快，这是传统集团公司转型电商失败的重要原因。但在初创公司，区区几号人，若执行力上出现问题，就是团队建设的重大失误。移动电商的方向早已确定：在搭建好微商城平台的基础之上，通过微博矩阵+社群分销+异业联盟的形式，来实现移动电商的销售目标。目前移动电商的团队有3人，A的价值观没有问题，但是能力是有问题的，算职场小白兔（阿

里将员工分为明星、猎狗、小白兔与野狗）。在工作中，最要紧的就是：按照要求来做。但是 A 并不是这样的，他喜欢抓小辫子，比如：上次的面试，他在不了解情况的前提下，当众指责我面试有问题；这一次拼图，也是这样，明明是他按照 YY 的方法拼错了，导致他的工作报废，但他不怪 YY，偏要怪我。如果他一直按照我的方法去做，那么就不会有这类错误，因为按照我的方法即使中间过程错了，也不会导致全部工作推倒从头再做的（YY 的方法就要从头推倒来做，因为他生成的中间文件不方便修改，我的可以修改）。A 看到要从头来做，不但不反省自己的错误，还偏要把错误算在别人头上，并且向上级汇报。这种职场小白，严格来讲，是工作态度有问题的，我有纠正他的必要，但是他听过吗？他为什么不听？恃宠而骄可是办公室政治的开始，如果不纠正过来，那么他很难提高自己的职场素养吧？要把工作做好，恐怕也难。我的做法是：对待职场小白，按要求来做，不追求变化，等其能力提升了，自然这类问题就没有了。当然，公司把设计类的事归到设计组，无疑更好，我很高兴看到这个变化。

初创公司团队第二要紧的事情就是：授权放手去做，资源配置到位，促使执行过程中畅通无阻。我每推动一个项目，自然是凭经验慎重考虑过的。比如：微商城新产品上架。流程是：设计、切图、拼版、切片、发布。这样细分的目的，就是让做事的技能最小化，照顾到 A 自身的能力，即使没有经验，也可以做得很快。比如，A 两天就切了近 200 个图片，基本上 10 秒钟就可以切 1 个产品。但是 A 又有意见了，觉得 YY 的方法不需要两个人来弄，切图、拼版、切片一个人就可以完成，所以更好（未必更快，YY 也说 1 天最多可以完成 80 个）。在未征得我同意的情况下，A 居然擅自把拼的 100 多个图片删除了，按 YY 的方法从零开始做，结果在做的过程中又出错。我要求他改正，他就向 BOSS 反映情况，说我的方法错误导致他返工。这恐怕不是能力问题了吧？这是工作态度有问题了。试问，如果不纠正这种员工的工作态度，他有什么执行力？不听指挥，盲目反映问题，他心中有直接上司吗？

初创公司团队第三要紧的事情就是：资源的有效组合与高效使用。前面两点是说：要想执行力好，就得适当授权放权让人去做。但是单兵作战也是不可能做好的，这就涉及资源（人力、物力）的有效整合，在这方面公司是考虑得比较多的，比如YY的支持、ZZ的支持；资源的整合，一是团队内部的，二是团队之间的。目前天猫团队相对比较完整，而移动电商的全职人员目前基本上就是我一个人，人员的招聘工作一定要放在重中之重的位置。不然，浪费的真的是公司的时间，我也于心不安。FC项目对我来讲是个全新的项目，我也想通过它来证明自己的能力，使公司真正成为FC电商第一品牌，使自己能够成为国内玩移动电商的佼佼者。

这三个方面，其实就是BOSS讲的公司与公司之间的PK是高层的PK、团队的PK与团队之间配合度的PK。哪一方面出现问题，都会导致更为严重的问题。初创团队有时真正需要的不是民主，而是相对的独裁。有时，众说纷纭真的就是浪费时间，因为小白的眼光有时真的很局限，不仅于事无补，反而影响事情的推进。经验太少，意见太多，导致的结果就是执行力降低。

这个案例说明：如果在招聘时任人唯亲，会给团队带来极大的负面影响，使得团队对公司产生错觉，后续纠正之后，就好很多了。

我们再来看一个传统工业企业内部的实例，只是这次不是董事长的亲戚，而是高管的亲戚，但也带来极大的坏影响。其中的敏感信息被隐藏了。

ZZ总曾经介绍过两个人来公司工作，第一个是LL，第二个是YXF。介绍第一个人进来时，当时的行政部经理LLH直接跑到我面前说：你不要管这个人，只接收就可以了。其实我根本没管，因为我当时并没有权力，是YF总反对她进来，同时LCY也介绍一个人进来并找到了我，但我发现LCY介绍的人不能胜任这份工作，于是婉拒了。最后LL也没进公司，因为当时招了一个更合适的人，而且S总也很赞同其进入公司。这次算正常招聘。

YXF是这个月（3月）推荐进来的（是五个面试者中最后进来的），当时已有一个湖南工业大学包装工程专业的女孩子 WJ，另外有两个包装专业的，也较为合适。还有一个叫 LT 的，是工厂的品管员，但貌似无背景。LCY 介绍了 XY，一共五个人来应聘这个职位。WJ 是最先面试的，我跟 N 总监说过了，他也同意了，XY 是第二个。后来，N 总监找到我，说董事长介绍一个人进来（这是他原话，他没说是 ZZ 总介绍，我后来见 YXF 时，她说是 ZZ 总介绍的，简历发给了董事长），要我直接定她。我说还是按公司流程来吧。后面发生的事情开始变得很戏剧了。

N 总监直接定了 XY，我连她人都没见过，他说 XY 很合适，并且直接报到了，我说还没面试就报到了？通知面试，XY 居然不来，还直接换到其他部门上班去了。

当着大家的面 N 跟我说：“招聘这种小事，你负责就好了”。

过了几天，N 说：董事长推荐了一个人进来，就是 YXF。N 又来弄招聘这件“小事”了。

招聘 YXF 的队伍很豪华：行政部派出两个人事专员——C 经理本人和 N 总监，还叫上我，来应对 YXF 这件事，这个阵势基本上是面试经理级别的。人事专员定出了两个职位供 YXF 选择：一个是网络项目部的，一个是电子商务部的。

我建议择优录取，C 经理却马上中止招聘网站对这个职位的招聘，同时不再面试其他人。

最后，YXF 选择了电子商务部助理的职位。

我要说的是：领导也许就是一个普通的推荐，但是下面却过分解读了，这就是 YF 规则在起作用了，好有人向上面说话。任人唯贤不避亲，是不错，但按制度办事对企业更为紧要，否则，这种事负面影响一定会有的。

我记得非常清楚的一件事就是，被人介绍进来的人对我说：如果你反对，可能最后走的人是你。这就是传统工业企业里面不和谐的一面，这些现象对传统工业企业转型电商的

负面影响之大，怎么说都不过分，不清除这些障碍，转型电商就很难取得突破。解决的最佳办法就是：在条件成熟时，推行独立运营的机制，人员的招聘工作完全按照公司的制度进行，由电商操盘人全权把控，杜绝任人唯亲的现象。

只有这样，才能够真正使组织架构与业务流程完全匹配，才能够使后续工作有序展开。

6.4 关键环节与关键职位

关键环节与关键职位的关系不弄清楚，很难说你真正明白了传统工业企业到底应该采取什么样的商业模式、业务流程与营销手法。

下面我们从商业模式、业务流程与营销手法三个方面来说明这个问题。

1. 商业模式的关键环节与关键职位

中国第一电商自媒体，微博意见领袖龚文祥先生认为“电商是一把手工程”，应提高到战略高度来应对，商业模式在条件成熟时最好采取独立运营的模式，这种模式下最关键的职位就是电商操盘手，电商操盘手的选择途径有两种：

（1）让传统高管做电商操盘手。

（2）从外面招聘电商高手做电商操盘手。

如果传统高管是精通电商的，则其是最适合的人选，否则外聘更加合适。一般来讲，外聘居多，但也有内聘的，比如华为余承东就是华为的老人，因为华为的许多经营理念与互联网思维极为类似。

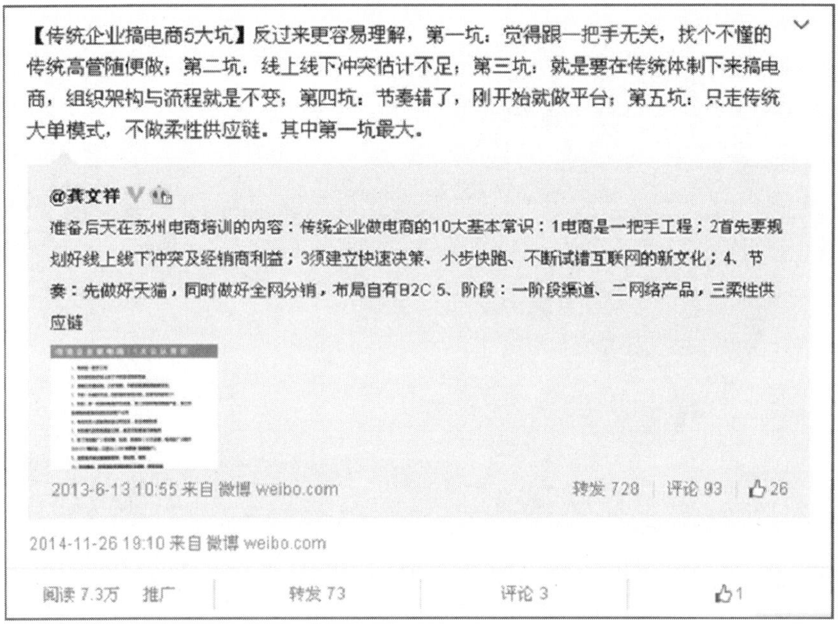
【传统企业搞电商5大坑】反过来更容易理解，第一坑：觉得跟一把手无关，找个不懂的传统高管随便做；第二坑：线上线下冲突估计不足；第三坑：就是要在传统体制下来搞电商，组织架构与流程就是不变；第四坑：节奏错了，刚开始就做平台；第五坑：只走传统大单模式，不做柔性供应链。其中第一坑最大。

@龚文祥

准备后天在苏州电商培训的内容：传统企业做电商的10大基本常识：1电商是一把手工程；2首先要规划好线上线下冲突及经销商利益；3须建立快速决策、小步快跑、不断试错互联网的新文化；4、节奏：先做好天猫，同时做好全网分销，布局自有B2C 5、阶段：一阶段渠道、二网络产品，三柔性供应链

2013-6-13 10:55 来自 微博 weibo.com　转发 728 | 评论 93 | 26

2014-11-26 19:10 来自 微博 weibo.com

阅读 7.3万　推广 | 转发 73 | 评论 3 | 1

传统企业做电商五大坑

2. 业务流程与关键职位的关系

以传统工业企业新渠道商业模式来说，除了操盘手之外，最关键的职位就是：业务跟单，如下图所示。

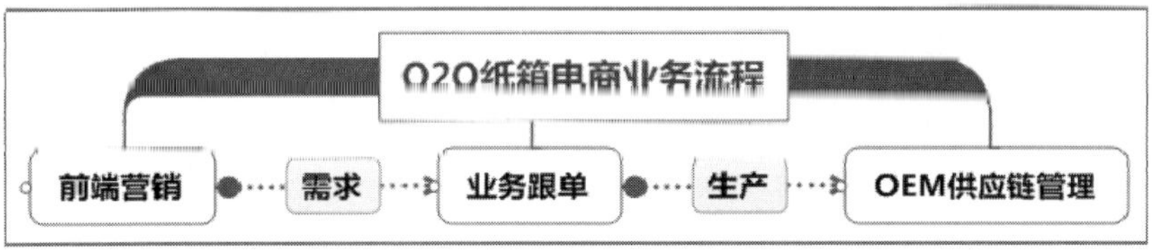

业务跟单在流程中的作用

业务跟单在整个流程中起到承上启下的作用，如果业务跟单出现问题，则整个流程完全中断，会导致订单完全失败，给传统企业造成极大的损失，如下图所示。

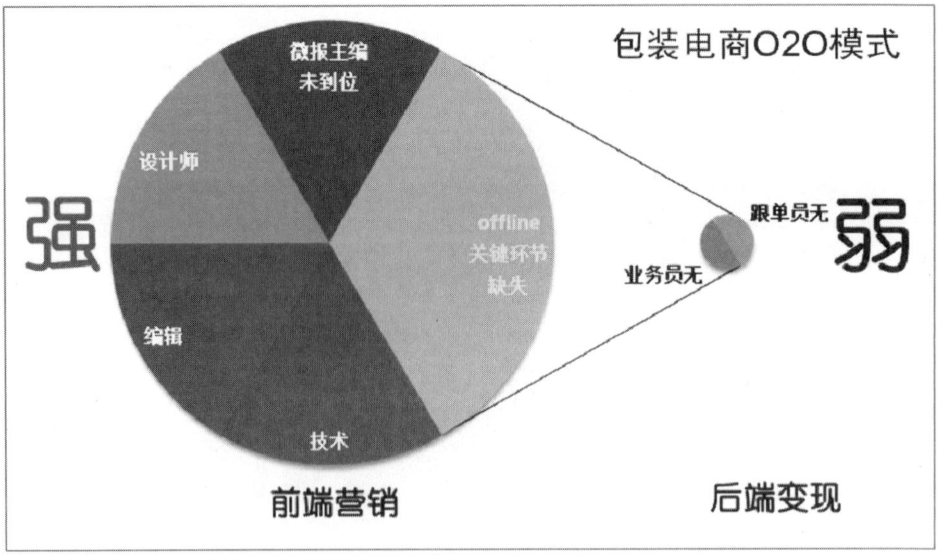

业务跟单太弱

这是我进入传统工业企业负责电商最开始时遇到的问题，解决的办法就是：招聘业务跟单员。本来是需要同时招聘业务员与跟单员的，但是传统工业企业在最开始时，是不会允许大量招聘员工的。所以，前期只好将两个职位合并，业务跟单员既要跟踪客户又要跟单。

教练体系的培训主要是针对业务跟单员的，传统工业企业电商部门的业务跟单员不能从传统业务员中招聘。因为传统业务员不喜欢待在办公室，也根本不懂网络，招聘跟工业相关的专业的人最为合适，然后对他们进行突击网络培训与业务培训。因为业务跟单员不需要开发业务，开发业务的任务主要由前端营销负责。这就解决了传统业务员必须培训两年才能上岗的难题，电商部门的业务跟单员只需要培训 1 个月就可以上岗，并且可以成功开发出客户。

3. 营销手法与关键职位的关系

以传统工业企业新渠道商业模式为例，核心营销手法是：微博矩阵+电商峰会+网络分销，辅助性营销手法是：官网矩阵+SEO+专题营销。关键职位是微博运营专员、网络分销专员、官网运营专员。电商操盘手在其中应起主导作用，往往分工会是这样的：

（1）微博运营其实是由操盘人自己来把控的，尤其是操盘手本人最好就是微博大 V，而由网络编辑、前端开发、美工及技术配合来做微博矩阵，业务跟单员如果业务不忙，则也要配合工作。

（2）电商峰会往往是操盘手带着网络编辑（最好是气质美女，这样形象好）去参加的。

（3）网络分销往往由业务跟单兼任，所以，前期业务跟单要做业务、要跟踪订单，还要负责网络分销，当然网络分销是在操盘手的带领下来做的。

（4）官网运营往往是在操盘手的指导下，由前端开发、美工、技术与网编编辑一起来做的。前期可能前端开发+美工+技术是一个人负责的，如果操盘手懂技术，则也得参与进去。这个小团队还要负责专题营销的推广。官网矩阵本身就是与 SEO 紧密相连的。

所以，在传统工业企业里面做电商的时候，前期是十分辛苦的。如果你不是一个多面手，许多事情根本无法开展，更不要说有效果了。如果没有效果，那么个别传统高管就会跳出来，直接反对。这就是传统企业里面电商项目失败的关键原因。

第 7 章

如何构建传统工业企业电商的供应链

供应链是传统工业企业强过纯电商公司的核心竞争力之一，但是传统的供应链不经过改造优化，无法直接为电商使用；不同的商业模式对供应链的要求并不一样；供应链与线上的融合是关键所在；没有组织保障，供应链优化也是一句空话。

7.1　商业模式对供应链的影响

传统工业企业的电商商业模式不同，工厂在其中的作用就是不一样的。我们分三种商业模式来分析一下，如下图所示。

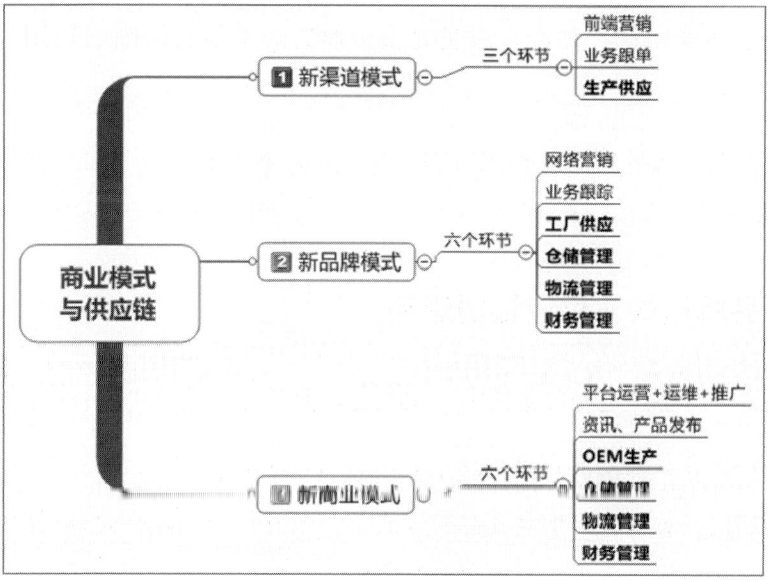

不同的商业模式中工厂的作用不同

传统工业企业转型电商其实是个递进的过程，由渠道模式进化到品牌模式再进化到新商业模式，这种做法最为稳妥。唯一需要注意的是：这种进化方式在刚开始就要确定下来，这样在推进过程中才会受到最小的阻碍，得到最大的支持。

7.1.1 渠道模式对供应链的影响

在渠道模式下，传统工业企业的工厂是订单的唯一生产者，在刚进入传统工业企业负责电商时，我曾经提过一种方案：要求订单生产可以 OEM，但遭到大部分人的反对，包括几乎所有的副总裁。因为刚开始时，客户少，订单也少，我们自己内部运营都没有走通顺，贸然走 OEM 的道路，更加不好把控；并且团队也还在磨合中，无法预料可能发生的意外，尤其是业务跟单员走私单的事，无法杜绝。所以，渠道模式是传统工业企业刚开始最适用的做法，这样做有三个好处。

（1）帮助传统工业企业打通电商的业务流程，走通顺所有的关键环节。

（2）锻炼了电商团队，使所有成员对整个模式的落地有清晰的认识与实际操作的经验。

（3）有利于倒逼传统工厂管理的升级与供应链流程的优化，为商业模式的进化奠定基础。

7.1.2 品牌模式对供应链的影响

在品牌模式下，工厂也是订单的唯一生产者，但是与渠道模式也有不同。

（1）在渠道模式下，电商只是传统工业企业的一个子部门，起主导作用的还是工厂，电商部门只有相对的独立权；但是在品牌模式下，电商是一个完整的事业部，有了更多的独立权，比如：定价权、人事权与部分的财务权。

（2）在渠道模式下，电商的考核与传统企业是放在一起的，许多指标是不必要的，而该有的许多指标却没有；但是在品牌模式下，电商的考核有了许多电商的特征，减少了传统工业企业的一些指标，增加了电商的一些指标，如下表所示。

传统企业对电商的考核

序号	关键绩效领域 KRA	关键绩效指标 KPI	年度考核目标	权重（%）	评分办法	指标说明	数据来源
1	销售业绩	销售额	250 万元～300 万元	40	按实际开票数计，每增加或减少 5%，对应加减 1 分，本项最高权重 60%	截至 2013 年 12 月 31 日公司实际开出发票的金额	财务部
2		毛益贡献率	≥15.9%	15	每增加或减少 0.5%，对应加减 1 分	截至 2013 年 12 月 31 日，销售额减去变动成本后占销售额的比重，参考上峰包装毛益贡献率	财务部
3		资金回笼率	≥100%	15	资金回笼率每减少 1%，减 1 分	截至 2013 年 12 月 31 日已收回的货款占应收回货款的比重	财务部
4		客户服务	客户投诉次数	5	若由于服务原因导致客户投诉并造成公司损失的，每损失 1 万元扣 1 分，若造成社会负面影响的每次扣 10 分	做好客户的接待、沟通、协调和维护工作	总裁办
5		新客户开发数量	≥100 个	10	每增加或减少 1 个，对应加减 1 分，本项最高权重 20%	新客户的评定以进入核价打样阶段为界定，谈判进入核价打样阶段即视为新客户开发数，若直接跳过打样签订合同亦算新客户开发成功	电子商务部
6		新客户成功开发量	≥10	10	每增加或减少 1 个，对应加减 1 分，本项最高权重 20%	正式签订合同的客户数量	电子商务部和财务部

续表

序号	关键绩效领域 KRA	关键绩效指标 KPI	年度考核目标	权重（%）	评分办法	指标说明	数据来源
7	品牌宣传	关键词排名	关键词搜索排名超过亚包	5	关键词（世界包装中心、世包中心、世包集团、ECCPS 等）搜索排名超过亚包，得 5 分；关键词搜索排名每有一个未超过亚包，扣 1 分	通过世包、微博、SEO 等各种宣传推广途径确保世界包装中心相关关键词的搜索排名	关键词百度排名搜索
合计				100			

上表所示完全是传统企业的考核办法，即使将其作为互联网指标也看起来不伦不类。

电商公司的 KPI 指标考核设置（见下表）就具备了鲜明的电商特色，这种考核才有意义。

真正电商公司的考核指标

序号	部　门	KPI 考核岗位	KPI 考核关键指标	考核目标
1	运营部	运营专员	PV 量：独立访客量	流量承接水平
2			PV 量/UV 量：人均访问页面量	页面质量、店内信息完整度、卖点展现能力
3			成交人数	一段时间内的成交人数最大化
4			成交人数/UV：成交转化率	网络推广带来的 UV 的质量水平
5			成交金额 GMV	一段时间内的成交总额最大化
6			人均停留时长：访客总访问时间/UV	顾客黏度的提升
7			成交金额/成交人数：客单价	流量质量、活动策划水平
8	推广部	推广专员	UV：独立访客量	网络推广帮助网店获得的顾客数量
9			到达率：页面到达次数/广告展现次数	广告投放的曝光水平、投放渠道的准确性

续表

序号	部门	KPI 考核岗位	KPI 考核关键指标	考核目标
10	推广部	推广专员	跳失率：	增加 UV 质量
11			UV 平均获取成本：单位费用投入结构/单位 UV 量	推广费用的投入水平
12			订单转换 ROI：单位费用投入结构/订单量	推广人员对费用的使用有效性
13			新增 UV 量	新潜力顾客数量（新进店浏览人数）
14		活动专员	平均点击率：点击次数/UV 量	整体策划水平及活动关键点表现水平
15			活动订单比例：日均促销活动订单/日均总订单数量	促销活动对增加订单量的贡献度
16			活动成交额比例：日均活动订单成交额/日均订单成交额	策划人员对促销策略的核心贡献度
17			活动订单转化率：促销活动成交人数/访问活动页面 UV 量	活动效果体现
18			ROI：成交金额/活动投入成本	利润目标达成情况

这些指标，传统企业里的 KPI 考核人员一窍不通，根本就没有见过，也无法理解，所以他们出台的考核指标闹了许多大笑话。前面我曾经讲过，有些人的 KPI 打分居然有 130 多分的，这种现象即使是在传统行业，也是极不正常的。

（3）在渠道模式下，电商的提成奖金与传统企业是一起的，很难激发电商部门的积极性；但是在品牌模式下，由于考核的电商化，业绩提成与奖金也电商化，做到了快速现场发奖金，使整个团队更有冲劲。

7.1.3　商业模式对供应链的影响

在新商业模式下，工厂只是电商公司的一个供应商，工厂与电商公司是平等的关系，是上下游的关系，是一家独立的子公司，与工厂同属于集团公司的子公司，仍有更多的独立性，有选品权、定价权、人事权、财务权、仓储物流权、选择 OEM 供应商的权力，自主经营，自负盈亏，自我管理。这是传统工业企业转型电商的高级模式。它的高级阶段是：使整个集团完全电商化，并且使工厂的管理也互联网化，使整个集团成为一家互联网平台公司。

理清工厂与商业模式之间的关系十分重要，关系到传统工业企业对电商模式的支撑力度，不管是渠道模式、品牌模式还是新商业模式，工厂都需要全力支持电商的发展，如果一味拿线下客户当挡箭牌，忽视电商业务的发展，则极有可能使电商业务夭折。

7.2 双线融合才能建好供应链

大佬们都在说前 20 年是互联网时代，后 30 年是传统企业时代，传统企业转型电商将成为后 30 年的最大趋势，这种趋势的主流就是线上同线下融合。

互联网的融合可以用架桥来形容，如下图所示。

双线融合的比喻图（1）

传统企业或传统工业企业与互联网的融合也可以用桥梁的合龙来比喻，桥梁组成示意图如下图所示。

双线融合的比喻图（2）

桥梁一般由上部结构、下部结构和辅助结构组成。

（1）下部结构：桥墩、桥台与基础。这部分就相当于企业的产品研发与设计，关系到产品的品质，如果这一部分不结实，那么你的产品或服务在市场中越受欢迎，则风险越大。

（2）上部结构：桥跨结构。这部分相当于企业的运营、推广、市场、仓储与物流，直接与消费者接触，关系到产品的曝光度与用户体验，没有扎实的下部结构，这部分再好也没用。

（3）辅助结构：伸缩缝、灯光照明、桥面铺装、排水防水系统、栏杆（或防撞栏杆）等部分。这部分相当于企业的公关形象，宣传手段，离开了下部结构这个基础，桥梁就是水中花、镜中月、空中楼阁，迟早是要垮掉的。

互联网公司的优势在于：网络运营与营销推广。

传统企业的优势是：生产供应与物流管理。

合格的自营互联网公司与传统企业应该有一个共同的基础：产品研发与设计。而对于平台型互联网公司与传统服务行业来说，这个共同的基础就是：服务质量的提升。

但是现在有两种不良倾向，互联网公司倾向于忽略产品质量与服务品质，一味强调互联网思维，强调网络运营与营销推广，强调卖货；而传统企业则倾向于忽略网络运营与营销推广，将互联网单纯地看作一个卖货渠道，认为互联网公司是冲击传统的罪魁祸首，甚至喊出马云不死，中国经济不活的口号来。

这都是错误的，其实传统企业与互联网公司是互相借鉴、相互融合的关系，传统工业企业应该借鉴互联网的网络运营与营销手法；而互联网公司则要学习传统工业企业先进的生产供应链与仓储物流管理经验。谁最先融合成功，谁就是下一个巨头。

传统企业与互联网公司都在强调的其实就好比一座桥梁的上部结构和跨桥部分，但都忽略了桥梁的下部结构。没有坚固的桥梁下部结构，跨桥结构与桥面再漂亮，也是一座危桥，它会将你拉入深渊。

那么，互联网公司与传统企业的融合包括哪几个方面呢？同样用桥梁来打比方，其应该包括下面三个方面。

（1）下部结构的融合。一座桥不能有两种不同的下部结构，其下部结构应该是同样坚固，无法撼动的，这是互联网公司与传统企业赖以生存的基础，是产品的研发设计品质，是服务的质量与用户体验，离开了这些，所有的追求就是舍本求末。

（2）上部结构的融合，即传统工业企业要努力学习互联网公司的优势，不断地提高自己的网络运营、营销推广与最后一公里的用户体验；而互联网公司要努力学习传统工业企业的生产供应、仓储物流的先进管理经验，双方将优化结合起来，提高效率，降低成本，为客户提供越来越好的产品与服务。

（3）辅助结构的融合。传统企业要学习互联网公司快速公关的经验，不断提高企业在互联网世界的曝光度与美誉度，使自己的品牌成为现实与虚拟世界都很知名的品牌。而互联网公司要努力学习传统企业线下渠道布局、媒体宣传等方面的先进经验，在移动互联网时代，让线下也成为互联网公司重要流量的入口。

只要三部分有机地融合了，传统工业企业与互联网融合的这座桥才是一座让客户流连忘返的天使之桥，成为新老客户纷纷驻足的平台。

7.3　供应链的组织保障

对于电商公司来说，最薄弱的就是供应链，如果没有足够的组织保障，那传统工业企业的供应链是不能直接为电商服务的。

还是以传统工业企业内部电商操盘手给董事长的一封信（截取部分内容）来说明问题的原委吧。敏感内容已隐去，我们只看问题本身，目的是为了找到解决办法。

A（指公司名称）经营班子高层不愿意去融合互联网的内容，总认为它太小，看不起它，因此，不重视它，不愿意提高对互联网客户的处理等级。当然，也就更不愿意通过互联网的客户来倒逼线下生产供应链的优化，提高生产管理水平，以适应互联网的客户需求兴趣的变化。

因此，才导致后面一系列的问题：品质问题、交期问题与服务问题。马云曾经说过：传统企业对电商往往看不见、看不懂、看不起、来不及，这才是根源。

正因为这个原因，才导致公司虽然口头上对电商极为重视，但是从组织架构、战略思维、沟通模式及作业流程上根本没有任何有利于电商发展的根本性改变。

（1）**组织架构**。没有采取传统企业转型电商的最佳组织架构，即二级架构模式来优化改进原来的传统组织架构，由董事长或董事长最信任的人来领导电商的发展，因为，只有这种架构才可能最妥当地调动公司资源，使电商走向良性轨道。

（2）**战略思维**。整个高层都没有互联网战略思维。互联网思维的核心就是：产品品质、服务与性价比。

（3）**沟通模式**。整个公司的沟通模式还是以汇报命令式为主，例会互动式为辅；没有以例会互动式为主，汇报命令式为辅。因此，导致许多问题发生了，却一直不明真相，得不到有效解决。

（4）**作业流程**。整个公司还是用原来传统线下的流程在管控电商的运作，导致极为简单的事情处理效率也极为低下，比如上次微信公众号申请盖章只需要两分钟就能解决的事情，流程竟然走了 15 天。

如果只是口头上重视电商，不与时俱进，逐步吸取电商优秀的基因，那么，无论谁来做，都会失败的。

这封邮件也是传统工业企业确定以独立子公司运营来转型电商之前，与董事长的沟通，它也起了不小的作用。在传统工业企业，传统高层并非对互联网思维或观念一窍不通，他们是对如何将互联网观念落地执行知之甚少，操盘手需要不断地、反复地不厌其烦地与高层，尤其是与董事长进行密切沟通，否则你的想法永远只是想法，无法落地，因为什么？没有组织支持。

组织架构上不支持的表现如下。

（1）在招聘的时候或许你是以电商项目的负责人被招聘进来的，也给了你相应的待遇，但是工作后你会发现：你只是传统部门中的一个电商小兵，可能什么职位都没有，凭什么改变？只能凭业绩，我是凭业绩让公司专门成立了电商部门，再到电商事业群，最后建议成立独立公司来运营的。

（2）你在刚开始招人的时候，会遇到许多的审批环节，你想招两三个人，最终只让你招一个人，一个人必须要做两三个人要做的事。怎么办？初创的团队永远不会满员招聘的，这是惯例！你必须一人兼多职，必须是个多面手，运营、推广、美工、软文、团队、业务谈判，甚至客户售后发货都要过一遍，甚至精通，凭借这个让上司信服，最终还得拿业绩说话。

（3）你想刚进入公司，传统工业企业立即就按照你的独立运营商业模式来操作，那只有一种可能，就是你的前任把渠道模式或品牌模式已经走通了，或者走通了大部分。否则，你得接受一个事实：刚开始你只能按渠道模式在传统体制的框架内运营，这是最能考验你的。如果你碰到了一个 BOSS（极可能是富二代，刚留学回来），本身电商水平极高，或者对电商思维十分了解，并且愿意砸钱做电商项目，那么恭喜你，你的运气来了。有些电商人更直接，他们在面试时就打探清楚：如果公司以渠道模式运营，马上走人；如果公司以新商业模式运营，就留下来。可惜这样的传统工业企业很难遇到，更多的传统工业企业是持谨慎运营的态度，如果你想在传统工业企业里面抓住先机，有时退一步，机会更大。

（4）你在实际运营过程中，优化流程并增设岗位时，会意外地发现，增设的岗位需要你自己解决，只有你解决得差不多了，并且有效，招聘计划才会下来。当然是以牺牲其他岗位的工作为代价，只有让高层了解这一点，他才会明白，原来真的需要这个岗位，否则没办法继续下去。

（5）财务组织保障。在前期根本不可能在财务安排一个人专门为电商服务，更不能奢求电商项目有自己的财务部门。于是，你会惊奇地发现，需要快速做决策去执行一项电商活动时，这项活动的举办方给出的报名时间只有几小时，而财务审核需要几天，甚至一周，此时，悲剧就上演了，你错过了时间。

这些都是弊端！传统高管忽略了最重要的一点：时间成本与运营成本。上面的大部分做法只不过是在为传统高层的无知埋单。终极解决办法是：电商操盘手一定要尽全力说服董事长，让他明白：

（1）转型电商不是传统工业企业一个可有可无的决策，而是代表着未来的发展趋势。

（2）转型电商是一把手工程，不是随便组织一个小组就能够完成的任务，需要集团公司资源来配合。

（3）转型电商不能停留在口头上，要有组织上的保障，否则无法落地。

（4）建议董事长带队去参观国内一流的互联网公司，或邀请电商圈知名意见领袖来公司讲课。

（5）带领前期的团队努力推进电商业务，让董事长看到成绩与问题。

（6）系统地整理与总结问题，不断地向上沟通与反馈。

一个操盘手必须要有优秀的向上沟通能力，不要期待董事长与传统高层会主动推进电商转型，因为这几乎不可能，只有不断反馈运营中出现的问题（无论你如何努力都无法完成的问题），并拜访知名互联网公司，才能不断刺激董事长的神经，使他最终做出战略支持决策，如下图所示。

下面这张逻辑图最终使我成功说服董事长招聘业务员与跟单内勤。

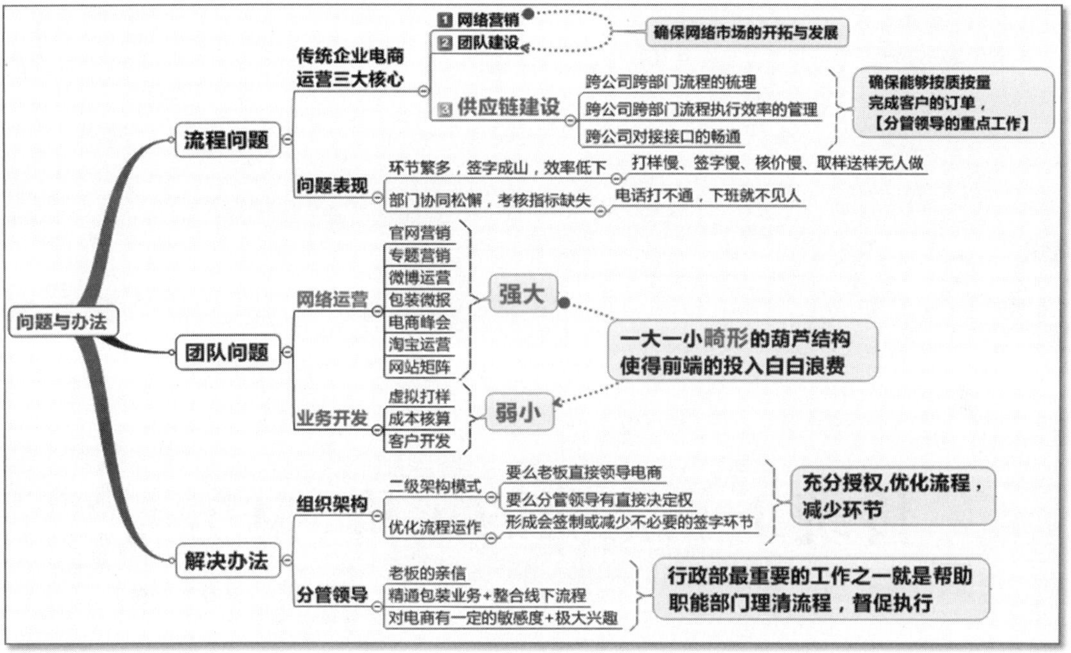

问题与办法

托尼富拜访阿里巴巴

让传统工业企业的董事长拜访阿里巴巴这样的互联网公司巨头，现场感受一下它的魅力与影响，对传统企业高管观念的转型有很大的帮助。

第 8 章

传统工业企业的定价、财务与业务谈判

传统工业企业定价与其他消费品传统企业不一样，既要有定价的灵活性，又要保持定价的机密性，需要谨慎地制定相应的定价流程，其中财务产生的影响需要好好处理，否则会直接影响工作的开展。最佳处理办法是：定价员与业务员分开；电商团队有自己专属的财务人员。

8.1　传统工业企业电商品类定价策略

传统消费品企业定价往往是明码标价，按价销售即可，一般线上的价格要低于线下。但传统工业企业的电商定价与消费品很不同，因为一个是零售，一个是批量。影响传统工业品价格的因素很多，以包装工业品来说，它的成本构成包括以下八个方面。

（1）材料成本。

（2）制造成本。

（3）管理成本。

（4）销售成本。

（5）财务成本。

（6）税收成本。

（7）质量成本。

（8）失败成本。

其中，材料成本占成本的 80%，如下图所示。因此，规模越大，管理越先进，成本就越低，在市场上就越有竞争力。

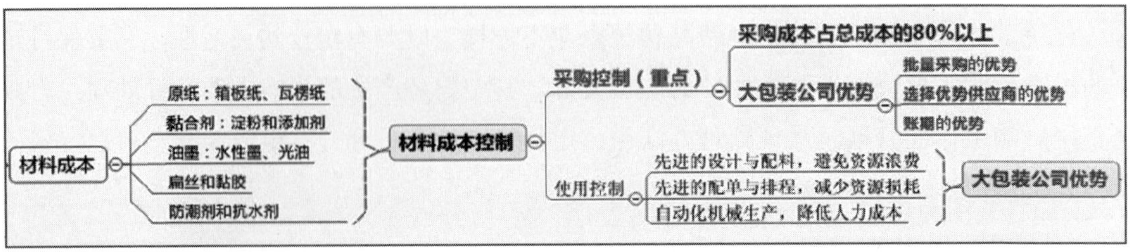

材料成本图

这一节讲的定价策略主要是指在上述成本之上的市场定价策略，不讨论成本结构的定价。因为，这往往是公司的机密，并且不同公司的算法也不相同，而市场上出现的成本计算公式只有借鉴作用，在实际落地时会大相径庭，有很多变化。比如：包装工业品在市场上的通用计算公式如下图所示。

纸板类型	克重	进价(元/吨)	瓦楞层数	系数	计算式（元/平方米）
面纸牛皮卡	300	5200	1	1	（300/1000）×（5200/1000）×1×1=1.56
高强瓦纸	180	2250	2	(1.56+1.39)	(180/1000)×（2250/1000)×2×2.95=2.39
芯纸	180	1700	1	1	（180/1000)×(1700/1000)×1×1=0.306
里纸茶板纸	280	2500	1	1	（280/1000）×（2500/1000）×1×1=0.70
总和(元/平方米)					1.56+2.39+0.306+0.70=4.96
出厂价(元/平方米)					=4.96/0.65=7.63 元/m²
面积					
个数：1.6÷（0.24+0.31+0.06）＝2 ,宽度：1.6÷2＝0.8					机器设备卷纸幅宽为 1.6m.
长度：（0.5+0.31+0.06）×2+0.04＝1.78m²					
面积：1.78×0.8=1.42 m²					
出厂价格					
7.63×1.42＝10.83元					
优化(因为客户要求的纸箱宽度小于 1.3m)					
纸箱厂根据客户的实际需求量，如果需求量大，则可专门采用 1.3m 纸在 1.6m 的机器上制作，则纸箱价格又将降低许多，仍以上面算例计算如下： （0.31+0.24+0.06）×2＝1.22 则纸箱厂可以用幅宽为 1.3m 的原料做纸箱。 纸箱瓦楞纸板的计价宽为 1.3÷2＝0.65 纸箱瓦楞纸板的计价长为（0.5+0.31+0.06）×2+0.04＝1.78 纸箱的面积 S=1.78×0.65=1.157 则该纸箱的价格为 1.157×7.63=8.83元					

成本计算公式

而实际在传统工业企业内部使用的报价计算公式如下图所示，出于职业道德的需要，图形被处理过了，敬请理解。

产品描述	客户名称		[illegible]					日期	[illegible]	
	产品名称		飞机盒					销售员	[illegible]	
	规格(mm)				箱型		楞型	批次数量	预估年需求量	
	制造		557*591		模切		B	15万	150万	
	纸板厚度(mm)		粘合强度		耐破强度(KPa)		边压强度(N/m)	抗压强度(N)	纸箱重量(g)	
			400N/m·楞						[illegible]	
	长度	宽度	高度	参数	总长	总宽	长度加边	宽度加边	单双	纸箱面积
	557	591	0		597	591	50	30	1	0.3648
	合同配料		Xa140/Wa120/Xa120					原纸平方价	1.1583	
	核价用料		Xa140/Wa120/Xa120					原纸平方价	1.1583	
	变更用料							原纸平方价		
	印刷要求		1 色					结合方式		
	面积计算方式									
	特殊说明		杭州滨江[illegible]							
	工艺流程		[illegible]入库							
相关费用	销售单平方价		销售面积		含税单价		不含税单价	平方加工值	原纸占比	
	2.2860		[redacted]		[redacted]		[redacted]	[redacted]	[redacted]	
	运输费用		直接人工费用		油墨费用		预估印版费用	印版费（元）	模具费（元）	
	0.0380		0.1500		0.0200		[redacted]	300.00	320.00	
	以上费用合计		[illegible]折扣		纸板定量		[illegible]单价	附加变动费用	固定费用	
	[redacted]		100.00%				1200.00	[redacted]	[redacted]	
开片计算	尺寸A	尺寸B	尺寸C	尺寸D	尺寸E	修边	加毛边	开片净长	开片长度	
	557						20	[redacted]	[redacted]	
	尺寸A	尺寸B	尺寸C	尺寸D	尺寸E	修边	加毛边	开片净宽	开片宽度	
	591						20	[redacted]	[redacted]	
纸板要求	开片长	开片宽	开数	模数	有效门幅		纸板面积	纸箱面积	原纸平方价	
	577	611	3	1	[redacted]		[redacted]	0.3523	1.1585	
瓦楞机测算	项目				[illegible]		[illegible]		单品[illegible]价	
	门幅						1900			
	[illegible]利用率				#DIV/0!		96.47%	#DIV/0!		
	瓦楞机利用率				[illegible]		[illegible]	[illegible]		
预估价格计算	原纸成本				[redacted]		[redacted]	[redacted]	[redacted]	
	保本价				#DIV/0!		[illegible]	#DIV/0!	0.6803	
	最低价				#DIV/0!		1.6878	#DIV/0!	0.7726	
	[illegible]				[illegible]		[illegible]	[illegible]	[illegible]	

报价计算公式

做这个对比的目的就是为了说明，传统工业企业定价策略有如下特征：

（1）不同的企业定价细节有许多不同，并没有统一被普遍采取的定价方式，至少集团企业是这样的。

（2）同一客户不同批次，甚至不同数量的定价也会有小小的差别。

（3）定价一定要灵活，否则可能事后才会发现亏本销售。

（4）不要降低品质，一味销售低价劣质的产品。

（5）定价一定要在公司制定的定价流程下执行，否则极可能出现大的偏差。

（6）价格制定的过程要严防价格泄密。

（7）标准工业品的定价与定制工业品的定价要分开对待。

（8）在签订合同时，有关价格的条款要灵活，不能写死，因为材料成本占据了成本的80%以上，材料成本的波动直接影响到价格的变化。

（9）当大客户的定价超出公司的定价体系后，一定要向董事长汇报，征求董事长的意见。

电子商务部核价流程制度

为加强控制电子商务部的核价管理，确保核价工作有序、合理、正常的开展，结合公司经营管理的要求，特制定电子商务部核价流程制度。

（1）由业务跟单员向核价员提交核价申请，并提供所有核价参数。

（2）核价员向核价部门提出核价申请。

（3）今后核价部门只向核价员发出核价表，不得将核价表直接发给业务员。

（4）核价员拿到核价表后与经理沟通，确定最终销售价。

（5）核价员计算出最终的销售利润率。

核价员制作出精美的客户报价表，然后发给相应的业务跟单员。

传统企业或传统工业企业在转型电商时，有一个极大的担忧：如果不解决线上与线下价格的冲突，传统工业企业，尤其是传统消费品企业根本不愿意考虑转型做电商。对于传统工业企业来说，这种冲突很容易解决。因为，传统工业企业往往是批量销售，价格一般无法标准化，只能坐下来进行谈判，最终敲定一个合作价格，并签订正式合同，严格地按照合同执行即可，除非原材料价格出现重大变化，届时双方还需继续进行谈判处理。

目前，已有成功的解决传统消费品企业线上与线下价格冲突的方法，线上与线下渠道冲突的八大解决思路如下。

（1）线上是线下渠道消费库存的渠道，即渠道模式。

（2）线上是区别于线下商品的渠道，以不同品牌进行区别。

（3）线上可以弥补线下渠道的不足，即地区补缺策略，只针对线下产品尚未销售的地区。

（4）线上带动线下跑，以中低价品牌为主，反正线下也没多少销售，干脆直接以线上销售为主。

（5）线上以提升品牌为主，即主流品牌不影响线下，线上只负责品牌宣传，不直接销售产品，针对线下有大销量的大品牌。

（6）线上与线下同价，这种方法一般在传统零售行业采用较多，比如苏宁就是这种做法。

（7）线下增值线上，即线下商品增值后在线上销售。

（8）线上网店与线下店互动协作，即双线融合，苏宁采取了这种做法。

主流的做法有三种：一是小品牌，直接做线上；二是大品牌，线上专门用另一个品牌来区隔；三是不大不小品牌，采用同一品牌，不同系列。第三种做法最多。

8.2 如何保证价格的机密性

传统消费品企业市场价格是公开的，价格的机密性相对来说不是那么强烈，而采销平台的采购价机密性就非常高了，传统工业企业的价格绝大部分是不公开的，尤其是成本价更是重点保护对象，一旦发生价格泄密，则是极为严重的商业事件，甚至可以视为商业间谍案来处理，与新品的研发机密同等重要。

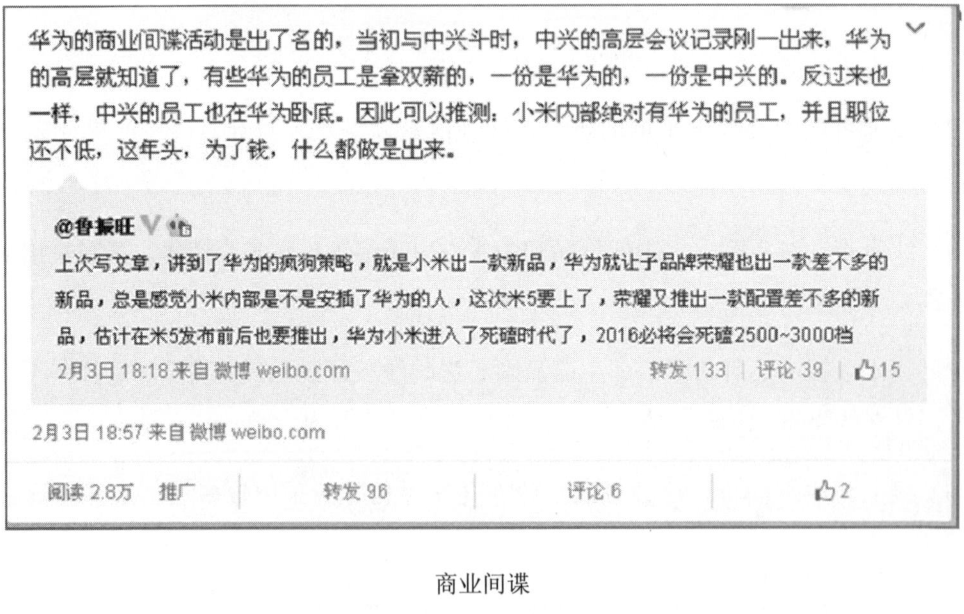
华为的商业间谍活动是出了名的，当初与中兴斗时，中兴的高层会议记录刚一出来，华为的高层就知道了，有些华为的员工是拿双薪的，一份是华为的，一份是中兴的。反过来也一样，中兴的员工也在华为卧底。因此可以推测：小米内部绝对有华为的员工，并且职位还不低，这年头，为了钱，什么都做是出来。

@鲁振旺

上次写文章，讲到了华为的疯狗策略，就是小米出一款新品，华为就让子品牌荣耀也出一款差不多的新品，总是感觉小米内部是不是安插了华为的人，这次米5要上了，荣耀又推出一款配置差不多的新品，估计在米5发布前后也要推出，华为小米进入了死磕时代了，2016必将会死磕2500~3000档

2月3日 18:18 来自 微博 weibo.com　转发 133 | 评论 39 | 15

2月3日 18:57 来自 微博 weibo.com

阅读 2.8万　推广 | 转发 96 | 评论 6 | 2

商业间谍

下面是我亲身经历的一件事情。

我与商业间谍擦身而过

大概在 2002 年时，当时我在中山，一天老板突然找到我，问我：“你能不能破解电脑的密码？”我说：“可以的，谁的电脑打不开了？”我当时以为老板忘记了自己的电脑密码。

老板说：“这件事，你知我知就可以了，千万别对任何人说。我想知道 A 的电脑里面的邮件内容，我怀疑他做了对公司不利的事情。”

我说：“那最好晚上来公司，并且封锁整个公司大楼，不让任何人进来。”

老板说：“可以。”

当晚，老板叫保安将加班的员工全部请走了。

我跟老板两个人进了公司大楼，现在想起来还感觉好刺激。

我们进了那个部门的办公室，整栋楼的灯全都熄灭了，我们用手电筒照明，我打开了那个人的电脑，电脑设了开机 BIOS 密码与 WIN 密码。

我用放电的方式破了 BIOS 密码，通过工具盘破了 WIN 密码。

老板说：“直接找他的邮箱。”

我说：“好。我打开了邮箱，发现邮箱也加了密码。他用的是张小龙当时开发的 Foxmail 邮箱系统。”

我说：“这个只能暴力破解了，估计得几天时间。”

老板说：“这几天你不用做其他事，专门破解密码就可以了。”

我开发了一个小工具，收集了该员工的所有信息，将信息输入破解字典，进行排列组合，然后开始暴力破解。

每天老板都要打电话问我进度，我还记得当时接电话时那股兴奋劲，我对老板保证：三天之内破解出来。

其实还没到三天，我就破解了。

打开一看，全是英文邮件。

老板说："没事，我另外找人来翻译。"

于是，我将邮件（有几千封之多）复制了出来，交给了老板。老板让一个辞职的员工来翻译。

他大概翻译了一个多星期，终于找到了证据。

后来那个员工貌似离开了公司，具体情况我不知道，只知道受到了一定的惩罚，并且不得再进入广东省。

我辞职的时候，老板居然也派人跟踪我，并且使用的是非常先进的只有公安部门才有的设备，只是我根本没有拿公司任何东西。

后来在江浙一家香港公司做事时，我发现香港人对公司资料的控制之严，是我前所未见的。

电脑主机USB接口封闭了，主机用大锁锁在地板上，没有光驱，没有软盘接口，所有资料一个月至少备份两次，刻录成光盘，送资料室保管。

总经理说："这样，即使办公室着火，资料也不会损失多少。"

而民营公司基本保密性比较弱，尤其是在互联网时代，资料的泄密就更加容易了。

人只有保持做人的原则，做事的底线，才不至于犯这种错误。

我在A工作时，也接触到一件与商业机密相关的事。

当时是我的一个福建下属员工，我总感觉他不正常，因为当我向客户报价格时，我的竞争对手居然知道我报的底价。于是我怀疑有内鬼。

因为客户是由他跟进的，于是我与行政部沟通了一下，晚上拆了他的电脑，可能由于他不懂电脑，或者没想到我会这么做，我只破解了开机密码，竟然发现他 QQ 密码都没取消，于是我看到了他所有的信息。并且了解到他居然挖公司的人到竞争对手公司去面试，还发现他有评论公司员工的嗜好。当然，也有对我的评价。尤其好笑的是：他对老板的亲戚也有不少评价（有些评价貌似有点儿道理，家族企业的确毛病不少），评价的观点基本上对，只是用语口气太过自我了。

年轻人都有这种毛病，第二天他来上班时，被公司直接调到另一个空荡的办公室，不准使用电脑，不准离开，配合调查。

最后告诫大家：在外打工，违背职业道德的事千万别做！钱是挣不完的。

那么，传统工业企业内部如何保密？只能通过制度，不要天真地以为，可以通过自觉来防止商业机密不被泄密。

（1）**价格泄密**，通过制定严格的核价流程，让产品的成本价只有极少数人知道，一旦泄密，容易查找责任人。

（2）与价格、合同及研发相关部门的员工招聘时，在合同中写明相关条款，明确责任与处罚，直到法律责任。

（3）能接触成本价的人不做业务，做业务的人不接触成本价，只接触市场价。

（4）**合同泄密**，同一客户只由一个业务员来负责，其他业务员不得插手，若插手协助，不得接触客户的机密信息，如：客户名称、联系方式、合同细节与报价等，只协助业务跟单环节即可。

（5）**技术、设计泄密**，技术与设计人员原则上不得直接与客户沟通，必须通过业务员传达相关的技术或设计需求的细节，如果技术与设计要直接面对客户，则必须在业务员陪同的情况下，并且不得与客户互相传递名片或其他联系方式。如果一个技术或设计总是想与客户接触，则极有接私活的嫌疑。

这些规定必须以制度的形式固定下来，在全公司推行。

8.3 财务流程对定价、业务的影响

财务流程对定价的影响，足以决定一个客户开发的成败。所以，必须高度重视，我在微博上也发表了不少关于财务流程对电商影响的内容，其中最重要的就是对报价的影响，其次是对业务流程的影响。最终都直接影响到电商业务的开发，如下图所示。

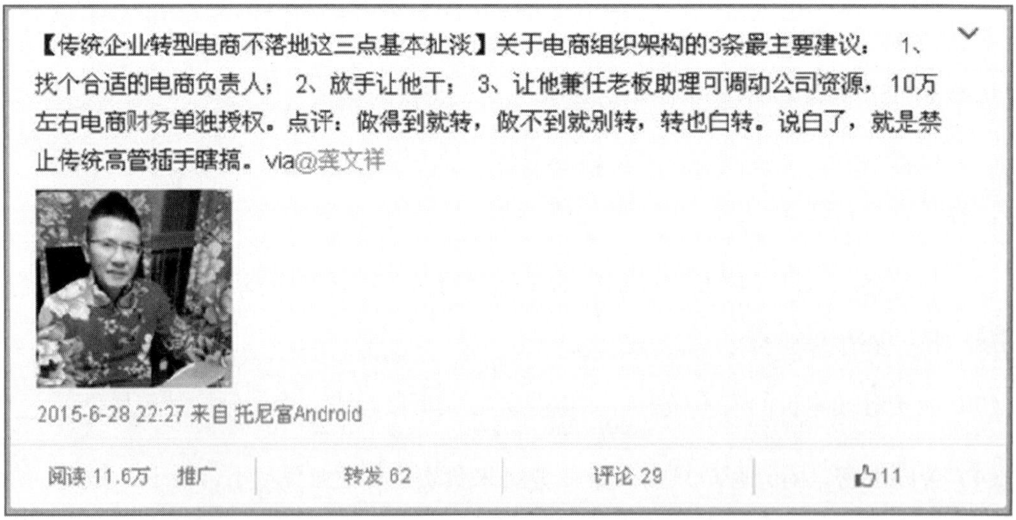

预算授权的重要性

三年后，还是这样。传统企业玩电商，一是生产供应融合难，后面还有一个更难的，就是财务流程融合。推行独立公司独立运营独立财务，并且招聘在电商公司管过财务的是最快捷的路；其次是让传统财务慢慢适应，跟着电商一起试错，快速改进，在货款收缴、广告预算、售后服务、佣金支付、销售提成等方面改进。

@李成东V

【传统企业做电商，为何屡战屡败？】刚又了解到华南一家今年上线，拥有强势货源基础，极为高调的传统企业电商，由于传统财务管理电商业务，传统老板管理B2C业务，一开始就考虑盈利，还不肯授权，导致业务正在艰难的运营中。这算是爆料吗？

2011-10-21 10:28 来自 微博 weibo.com　　转发 23 | 评论 20

2014-5-18 09:28 来自 微博 weibo.com

财务相对独立的重要性

//@龚文祥: 这篇文章反映了成功的企业做电商失败的通病，值得传统企业老板吸取教训。我个人觉得成功的大型传统企业的电商架构，应该是完全独立出来，有完全不同于传统企业的旧文化、容许有自己的新互联网文化。除了财务监督，要全部放权。可惜大部分大型传统企业老板，即使电商做不起来，也不会放权。

@[illegible]

龚义涛谈万达：互联网企业首先考虑的是满足用户，一开始很少考虑财务层面。而在万达，所有的事情都需要领导批准才能做。开了好几次会议后，才有人好意提醒我："领导不问，你不要发言。"互联网企业出身的人没有这个习惯，我们的思维是发散型——想到哪里就说到哪里。网页链接

2014-4-14 09:25 来自 微博 weibo.com　　阅读 5.9万 | 转发 51 | 评论 15 | 3

账务放权的重要性

财务对整个电商项目的影响都是巨大的，那么，财务对定价有什么影响呢？

（1）在核价流程中，最核心的一环就是财务，如果财务通不过，必须重审，最后哪怕导致客户开发失败，财务一般也不会妥协，表现得极为古板的原因：一是害怕为利润的降低负责；二是对核价体系的僵化理解与执行。

（2）在合同审批的过程中，财务对其中的市场报价也有审核权，带来的影响同上。

（3）在大客户的招标中，财务极可能也会参与现场报价，那么，一般都会犯这种错误：只单方面从公司的财务制度出发，几乎不考虑市场因素与客户开发，往往导致客户招标的失败。

那么，财务应该如何与客户核价进行有效配合，以提高客户的开发成功率呢？还得靠制度，改造优化旧的财务制度，使之与电商业务相匹配。

（1）电商业务有相对独立的定价权，在授权范围内，财务不得干涉；若有争论，以制度为准。

（2）财务不得以审核价格与合同的名义，拖延核价与合同的流程，如果因为财务单方面的拖延导致客户开发失败，财务要负一定的责任，以书面报告形式向上反馈。

（3）财务最好不直接参与重大招标活动现场报价。

当然，最佳处理办法就是招聘一个在电商行业做过财务的人员，专门负责对接电商业务的财务工作，这样会减少许多沟通的麻烦。

但在传统工业企业里，要做到这一点，只能采取完全独立运营的模式，成立专门的子公司来操作。否则，只能采取类似于下图的方式，在一定范围内对电商子公司进行充分授权，超出范围财务才能够进行干预。

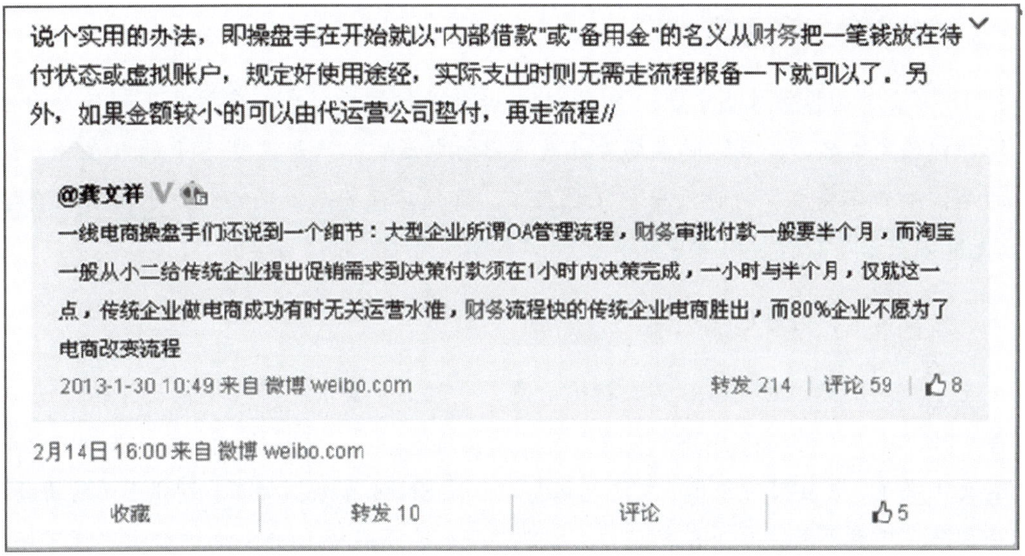

备用金模式

下面以一个案例为蓝本进行分析，说明定价策略不能单纯地从工厂财务管理一个方面来处理，还得综合考虑市场等其他情况，其中敏感的信息已隐藏，只分析问题本身与提出解决的办法。

一、应标策略呆板、不知临场变通

SNYG 商务标的特征是：现场可重新报价，价格最低的前三名入围。

这个特点就给现场应标留下广阔的空间，但是我们在看到 SNYG 输入 18 家应标企业封装的报价后，A 当即做出判断：我们不要中标了，价格太低了。这个策略导致后续一系列的被动。

其实，我们分析：如果策略得当，是可以中 NJ 与 SH（NJ 与 SH 为地名）标的，并且代价不会很大。可以通过适当地调整用料、提高效率与降低成本的方法来保本生产。

二、不经请示，擅自做主

当 18 家企业的报价被 SN 方输入 Excel，并公开投影后，我们应该马上到场外沟通，为现场应标确定策略，并且这时在场外还是可以打电话的，只是需要 SN 的人在场，但是遗憾的是，A 说不需要，我也没争取就放弃了。即使后面想改变策略时，也没有机会了，因为，SN 方只给 1 分钟时间考虑。

三、仓促请示，为时已晚

A 定了“不中标”的策略后，我就很着急，等到 SN 要求重新现场报价（给 1 分钟时间考虑）时，我再次要求与 BOSS 沟通，A 还是觉得没必要，于是 NJ 的重新报价，毫无希望地递交上去了，并且因为匆忙，A 还忘记签名，被 SN 方点名批评了；到报 SH 的价格时，我十分着急，坚决要求给 BOSS 发短信，A 默许了，于是我给 BOSS 把核心意思说了一下，BOSS 要求 A 联系他，但是 A 已经把 SH 的价格递交上去了，为时已晚。最后，在应 HZ 标时，A 与 BOSS 沟通，A 也介绍了一下，说肯定亏本的。最后就只中 HZ 的标了，但在中 HZ 的标的时候，价格其实定得又太低了。

这一切，都是前期策略失当造成的。希望能够对下次应标有借鉴作用。

正确的做法：应标前马上重新确定应标策略，应争取中大标，后期完全可以通过其他手法降低成本，确保利润。

僵化的机制、呆板的策略、顽固的坚持，无法应对互联网业务快速的变化，传统工业企业在适当的时机采用独立运营的方式，才能够快速推进。

如果一直让传统高管在电商业务谈判中起主导作用，受限于传统体制，以及对互联网公司缺乏了解，他们做出的决定很可能导致的结果就是客户流失，最终使电商项目走向失败。

第 9 章

如何推动传统工业企业电商品牌进度

传统工业企业转型电商，若采取新商业模式来运营，则如何建立集团公司在网络上的品牌影响力将是工作的重心。换言之，如何成功地建立起公司的双线品牌，是传统工业企业电商团队需要重点考虑的事情，也是转型电商成功的重要标志。

9.1 电商品牌的三个度

这里讲的品牌，与传统工业企业三种商业模式中的品牌模式是不同的。这里讲的品牌主要是针对传统工业企业转型电商成功，并且成为电商界的知名双线品牌，既是线下的知名品牌，又是线上的知名品牌，目前中国做到的真不多，华为算一个，海尔、苏宁算半个。

品牌三个度指的是：曝光度、美誉度与忠诚度。电商品牌的三个度与传统线下不一样。

我们讲到传统品牌的概念时，总是与VI、BI与MI，尤其是VI联系在一起。现代营销学之父科特勒在《市场营销学》中对品牌的定义：品牌是一种名称、术语、标记、符号或图案，或者它们的组合，用以识别企业提供给消费者的产品或服务，并让它与竞争者的产品或服务区别开来。

传统品牌要想提高知名度，最常见的手法就是到央视做广告，尤其是做标王，知名度马上就出来了。

通过传统媒体广告的狂轰滥炸，就带来了大量的招商，渠道商迅速铺开，如果传统企业提供的产品或服务的确比较优质，则消费者会形成一种良性的口碑，这就是美誉度；当然如果提供的服务与产品出现了重大问题，那么就会形成一种恶性的口碑。

大量的消费者不断地购买它的产品，形成了习惯，并以消费它的产品为荣时，比如苹果手机，忠诚度就出来了。忠诚度并非死心塌地只消费一家的商品，如果所有品牌商的产品都出现问题，消费者最终还是会离你而去。现代的企业不能奢求消费者只消费你一家产品，这种想法毫无实际作用，也无必要。

但在网络世界中，表现品牌的知名度、美誉度与忠诚度的形式是完全不一样的，如下图所示。

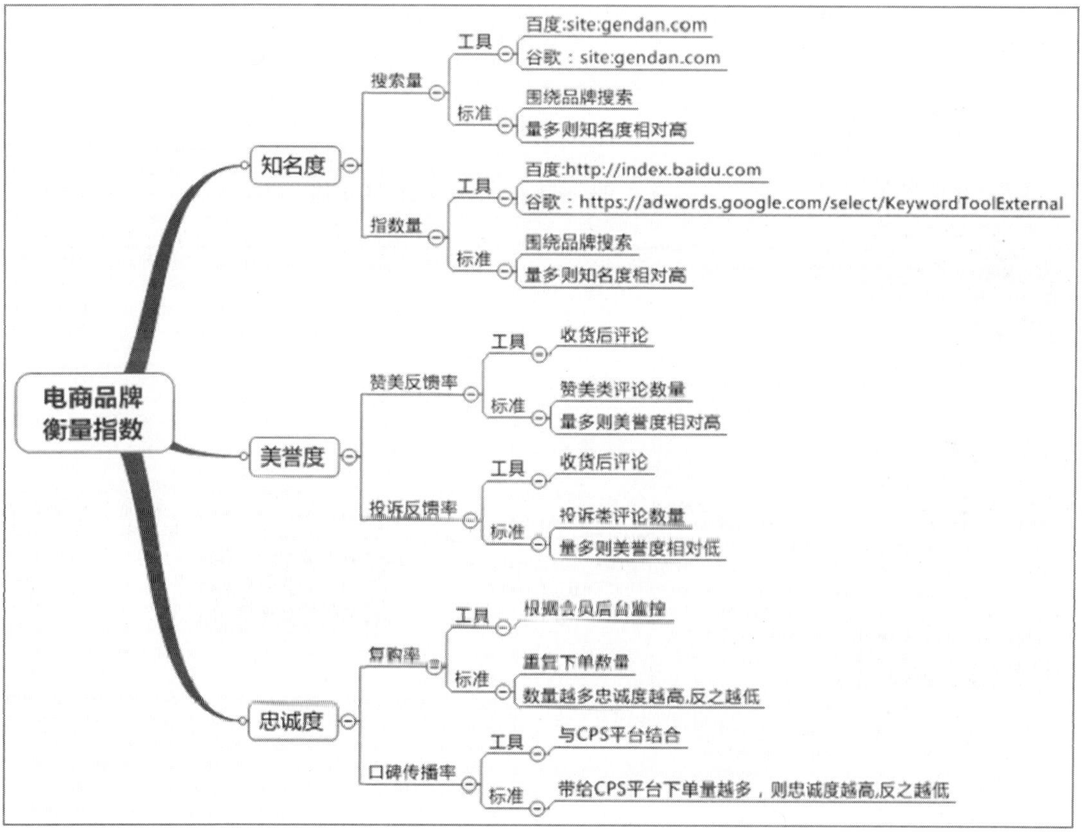

电商品牌的衡量指数

（1）搜索量与指数量越多，则知名度越大，如下图所示。

华为搜索量

搜索量超过 1 亿了，华为在传统工业领域进入了全球 500 强。

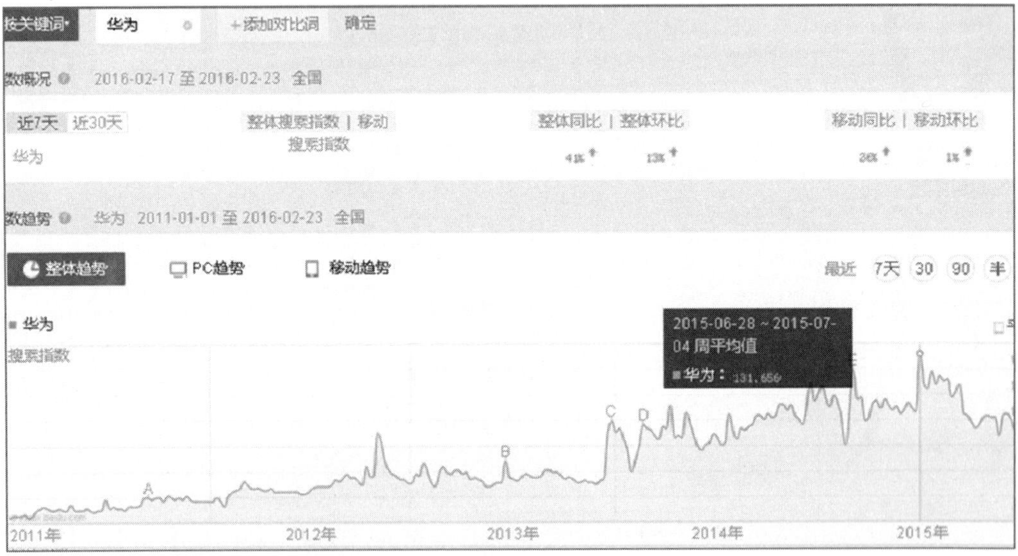

华为搜索指数

搜索指数在 1 万以上。

华为 mate 8 与 iPhone 7 的搜索指数对比，如下图所示。

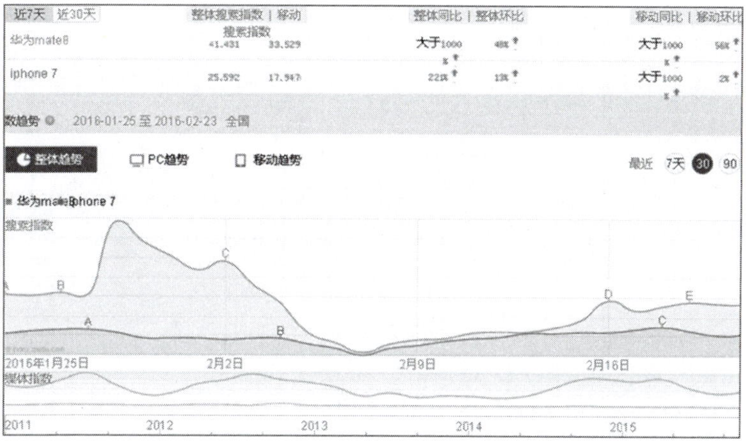

搜索指数对比图

华为 mate 8 的搜索指数居然高过 iPhone 7，证明在中国市场，华为手机的销量超过了苹果手机。而事实上，华为手机已取代小米成为中国第一，世界第三了。

传统工业企业要成为知名的网络品牌，一般是采用平台新商业模式，即官网商城是它的核心营销平台，所有其他营销活动都是为官网商城服务的，比如华为商城的网址是 http://www.huawei.com/，它的营销基础数据如下图所示。

Huawei - Building A Better Connected World				
世界排名	三月平均：1,890 ALEXA数据预估流量：IP≈ 378,000 PV≈ 1,587,600			
域名年龄	[illegible]			
域名持有	Amy gao 拥有 2 个站点，domain@huawei.com 与 34 个站点有关联			
网站速度	电信响应：21.042毫秒			
seo信息	PR 百度权重 移动权重 网站历史 来路曲线 首页位置 1 外链 1436			
	百度索引量：1,572,145 预计来路：89465 ~ 125995 IP 出站链接：个首页内链：个			
搜索引擎	百度	谷歌	360搜索	搜狗
收录数量	1,840,000	1,420,000	0	7,749,956
反向链接	2,220,000	-	0	-

华为商城的营销基础数据

（2）正面评价越多，美誉度越高，如下图所示。

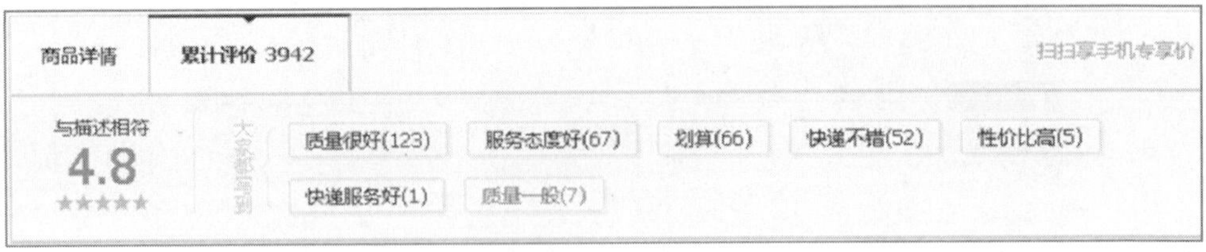

商品评论数据

（3）复购率越高，忠诚度越高，如下图所示。

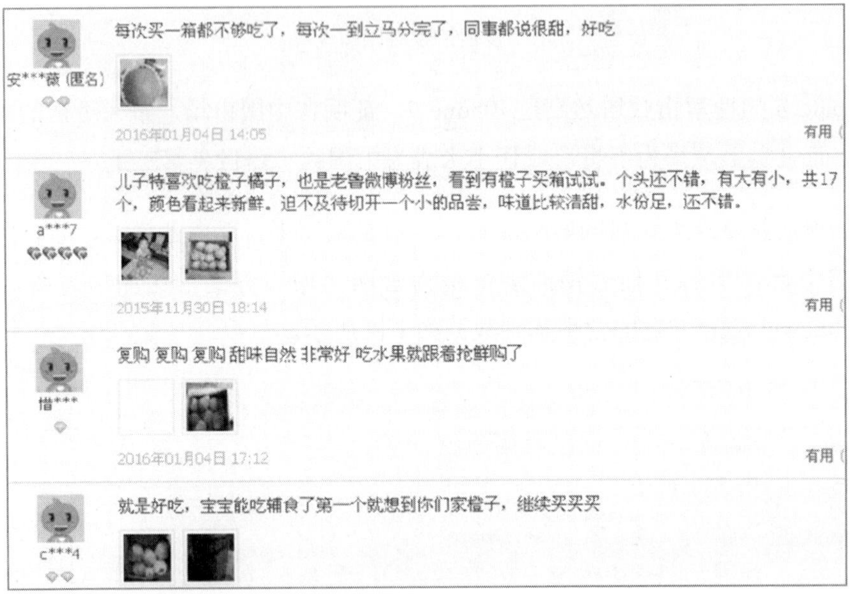

商品复购数据

可以看出，网络品牌的知名度、美誉度与忠诚度是可以完全量化的，这是原来传统线下很难做到，或者需要花很大精力才能够做到的事。数据化带来的好处就是可以明白自己的产品、服务与价格是否会被市场所接受，如果有问题，则可以快速及时处理。

传统工业企业要成为网络知名品牌，在网络营销基础数据上一定有如下表现：

（1）官网商城是知名的行业电商平台，日独立 IP 在 10 万以上，网站收录量在 100 万以上等，即它是一个知名度很高的网络平台。

（2）官网的销售占了整个网络平台的 60%以上，大家习惯性地在官网上购买，并获得极佳的用户体验。

（3）在官网商城的评论中基本上都是赞美的评语居多，并且出现问题反馈时，处理速度很快。

（4）大家通过百度指数、淘宝或阿里指数搜索品牌词时，搜索量都在 1 万以上，甚至更多。

（5）老顾客居多，重复消费率比较高，在购买同类产品时，基本优先选择了该品牌的产品。

（6）在第三方平台进行众筹或促销时，能够因为口碑极佳而带来极大的销量。

要想达到这种效果，建立起网络的品牌名声，必须走完网络品牌的三个度。

（1）通过网络营销与推广，不断地扩大产品的网络知名度，这需要公司快速建立起自己产品的网络营销矩阵，并快速放大。

（2）通过知名度不断地吸引潜在消费者消费自己的产品，迅速积累销量，并获得良好的赞誉，这需要公司建立绝佳的用户体验体系，使消费者形成对产品的口碑传播。

（3）产品的优良品质与极好的用户体验，使消费者不断推荐或消费公司新迭代推出的产品，这需要公司不断地优化迭代产品，不断地推出符合消费者甚至超出消费者心理期望的好产品，从而使消费者对公司的产品产生依赖性，并以此为荣。

品牌建设工作才算初步完成，公司的产品成为了知名品牌，获得了比同行更多的溢价，赢得了更高的市场声誉。美国的苹果，中国的华为，就是这样的品牌公司。

这需要综合运用本书前面介绍的各种知识，并在此基础上根据企业的实际情况做出适当调整，快速试错、快速突破、快速放大。

9.2 品牌建设与运营节奏

罗马不是一天建成的，品牌建设是一场马拉松赛跑。在传统领域，创造一个品牌出来，需要 10 年以上的时间。但是，互联网将这个进度缩短了，比如小米，2010 年 4 月成立，只花了不到 5 年的时间，成为中国一线手机品牌。而传统领域的华为成立于 1987 年，花了 10 多年时间才成为一线品牌。

在传统工业领域，比如格力、TCL、长虹、创维、海尔、华为及其他汽车、建筑、木材加工等行业，知名的线下品牌不少，但知名的网络品牌极少。因此，传统工业企业转型电商的空间十分巨大。

传统工业企业要想成为网络线下的双线品牌，除了前面我们介绍的知识点以外，应该关注的最重要的是：

（1）商业模式。

（2）运营节奏。

（3）营销矩阵。

商业模式一般选择的是平台型新商业模式，营销矩阵是综合类营销手法，在前面我们已经十分详细地讲解过了，这一节重点讲解品牌建设与运营节奏的关系，如下图所示。

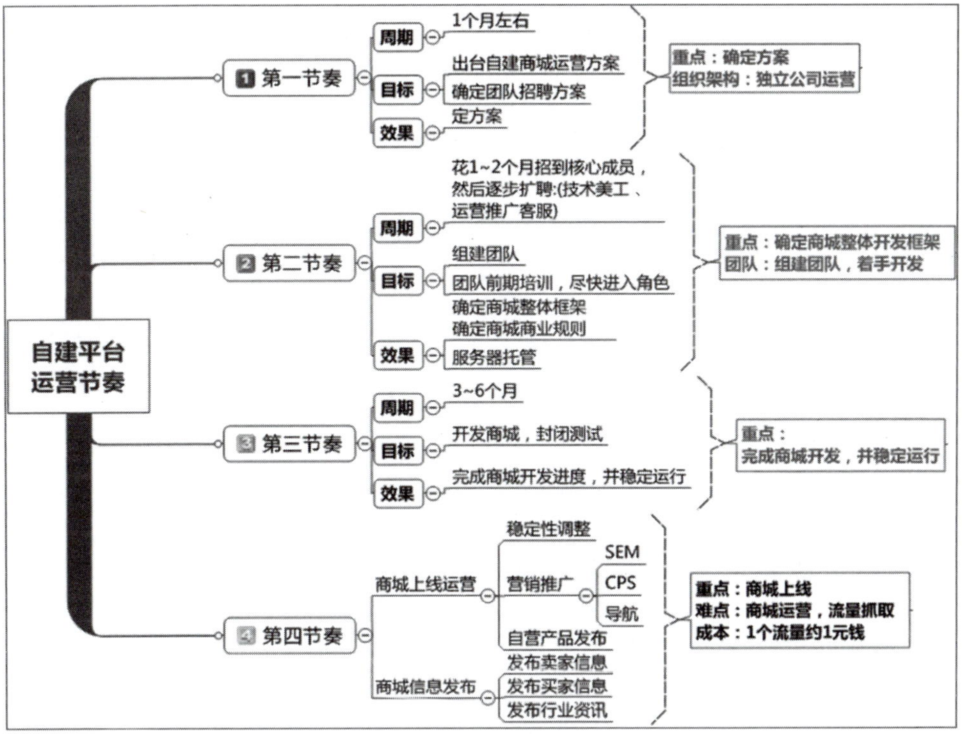

品牌建设与运营节奏图

将平台作为营销矩阵中最核心的营销手法，它的运营节奏分为四个步骤：

（1）确定方案，成立子公司，招聘团队，完全独立运营，周期为 1 个月左右，招聘工作随着工作的进度逐步展开。

（2）培训团队，完成搭建商城平台前期的所有工作，包括商城的框架、模块、服务器托管或租赁等，周期在 3～6 个月，核心人员招聘可能时间更长。

（3）开发商城，封闭测试，平台上线运营，周期为 3～6 个月。

（4）确定平台运营方案，隆重推出平台上线新闻，充实商城信息，打造该品类的行业云平台。

一个商业模式确定之后，运营节奏就出来了，接下来最重要的事情就是组织保障和人员招聘。没有团队，什么都是空谈，需要考虑招什么人，还需要考虑营销矩阵的核心内容。对于新商业模式来讲，平台是营销矩阵中最重要的一部分，但只有平台是不够的。平台新商业模式的营销矩阵如下图所示。

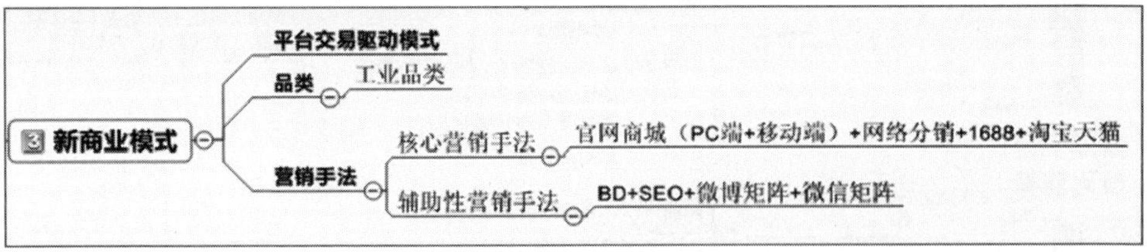

商业模式与营销手法

与平台商业模式，四步运营节奏及营销矩阵配套的团队架构如下图所示。

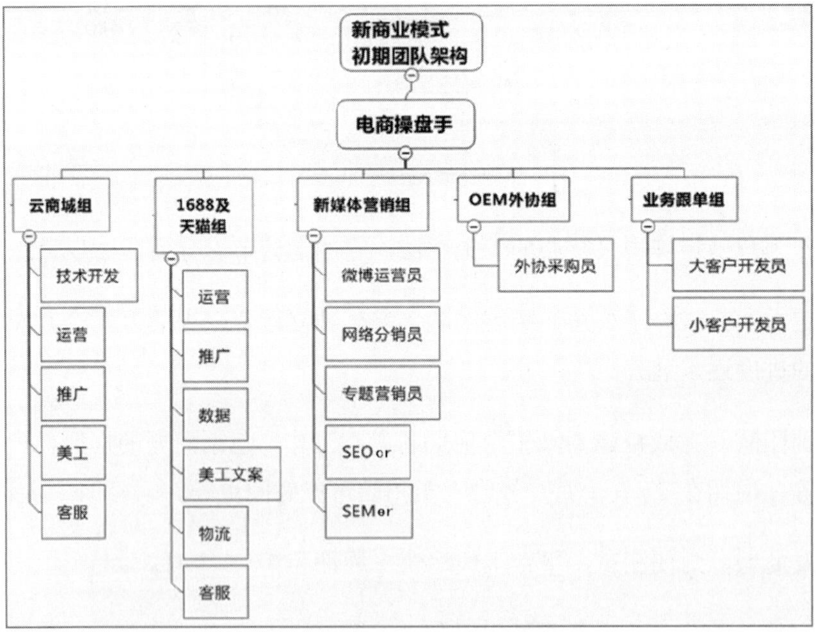

商业模式与团队框架

团队招聘往往是一项持续不断的工作，团队成员招聘进来以后，最重要的工作有三项。

（1）培训团队。可以参照“2.4　团队的两种培训制度：教练体系与政委体系”的方法进行培训。

（2）实战训练。完成培训的团队直接进入到项目中进行演练，合格的留下，不合格的另招，不断完善与充实整个团队，使之成为可以打硬仗的虎狼之师。

（3）配合运营节奏推出团队每一个成员的考核指标，逐步贯彻推行，前期不要考核得太过严格，要建立快乐、信任、分享、协同的团队文化，让大家自动自发地管理自己，努力工作。更为重要的是激励处罚机制要灵活、实时、现场、快速，以快速调动起大家的工作积极性，这一点与传统工业企业原来的体系不同。

一句话：要在团队里建立起互联网公司的文化基因，才可能快速推进项目的开展。前期团队的运营推广对知名度的提高极为重要，尤其是新媒体运营，对新品牌一炮打响效果极佳。

9.3　传统工业企业中一个互联网品牌运营的实例方案演示

为了做这个文案，我们除了使用了第 1 章第 1 节中介绍的分析方法与分析工具外，还用特殊的方式“拜访”了我们的竞争对手，一个纯粹通过互联网成长起来的传统包装工业企业（此处略去企业名称）。

为什么说是用特殊的方式去拜访呢？因为用正常的办法无法做到。我们首先直接打电话去对方公司，说明想拜访的意图，但是被以不方便为由拒绝了；于是我们又想让阿里巴巴中一个曾经采访过该企业的美女介绍我们过去拜访，也被拒绝；不得已，我让一个下属用应聘的方式进行了拜访。

我们查了下竞争对手公司，发现他们正在招聘打包工，于是就直接打电话过去，说要应聘打包工，他们同意了。

到了竞争对手公司后，我们跟仓库里的主管与其他人聊了许多，掌握了不少情况，并且以去办公室面试为由，搭货梯轻松进入了他们的仓库，发现楼上仓库几乎没人，于是拍了些照片，进入办公室等待面试时，又问了不少情况，也拍了一些照片。

"拜访"竞争对手的情形

最后整理了一份表格，列出了我司与竞争对手对比的情况，如下表所示（敏感数据隐藏了）。

我司与竞争对手的对比情况

对比项目	我　　司	竞争对手（十大网商之一，品类：包装）
成立时间	20 年	5 年
员工人数	1000 多	130 多
销售规模	××亿元左右	×亿元多
利润率	6%左右	15%以上
利润	××00 万元左右	××00 万元

续表

对比项目	我　司	竞争对手（十大网商之一，品类：包装）
劣势分析	线下太重，转型困难	OEM 外协厂太多，管理困难，库存风险
优势分析	线下生产经验丰富，有品牌积累	线上营销优势明显，效果放大快捷
机会	升级转型，进入电商领域	与大的包装集团公司合作，吞噬大客户市场
风险	1．线下包装集团公司进入包装电商领域； 2．线上包装电商公司迅速壮大； 3．原来的运营模式与电商订单匹配度低； 4．用户体验与节奏跟不上	1．库存风险，与传统包装集团公司磨合成本过大； 2．被线下包装集团反超
风险控制	电商独立运营，快速突破	利用数据魔方、CRM 等工具严控库存计划，快速占领市场
品质管理	内控体系，受制于管理水平	1．核心品类由自己的工厂（30 人左右）生产； 2．重点 OEM 外协厂的纸板由自己工厂提供，以确保品质稳定

通过这种手段，我们了解了市场第一手信息，然后着手进行方案制定，方案出来了，获得好评。

本方案与另一个方案【包装工业品电商 O2O 解决方案（41 页）】是配套使用的，这个是推进实施落地方案。凡购买本书的可以通过微博@托尼富私信索取。方案中的敏感内容都已隐藏掉了，我们只看方案本身的内容，看它如何推进包装工业品电商项目即可。

鉴于包装工业品电商存在巨大的商业机会，我建议加快推进 O2O 包装电商项目进度，以寻找与电商订单更吻合的优质供货商，整合包装行业的资源，从而打开公司包装电商项目的新局面。

O2O 方案图如下图所示。

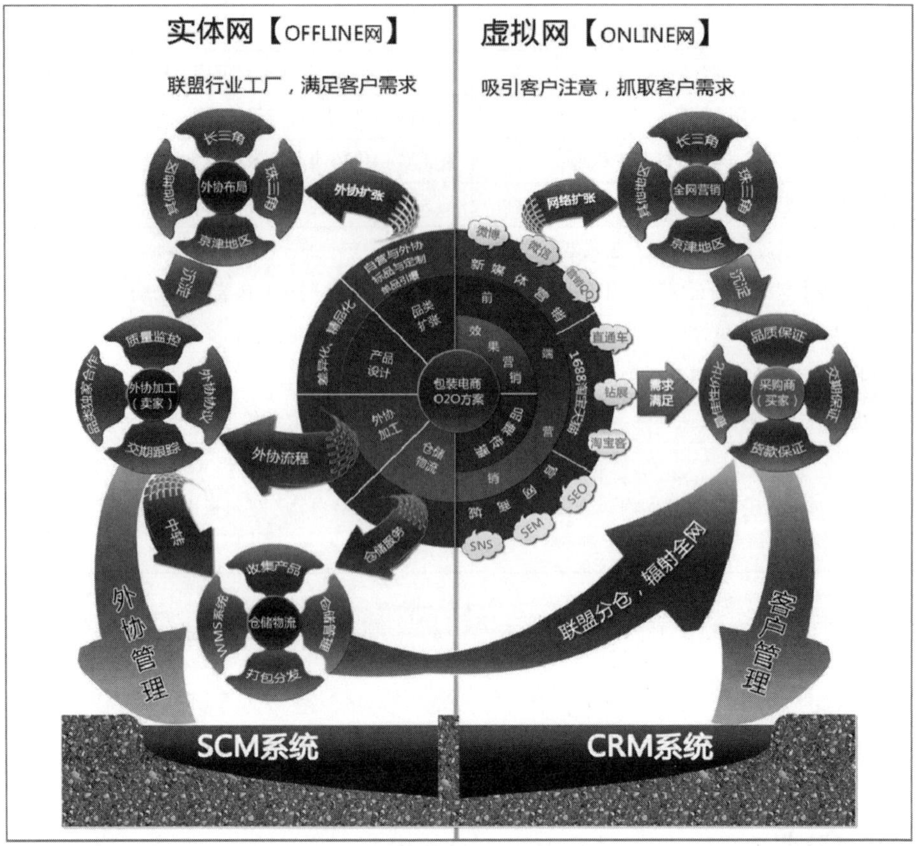

包装工业品电商解决方案图

细节如下。

（1）定位：搭建包装工业品电商营销平台，走全品类、生产外包路线，成为包装行业的标杆企业。

（2）短期目标：半年左右打通外协流程，奠定营销放大基础。

（3）远期目标：3 年内达到 NC（注：竞争对手公司名称）的规模，销售过亿，4～5 年内寻找风险投资，成为包装行业第一家纯电商上市公司。

（4）运营节奏如下图所示。

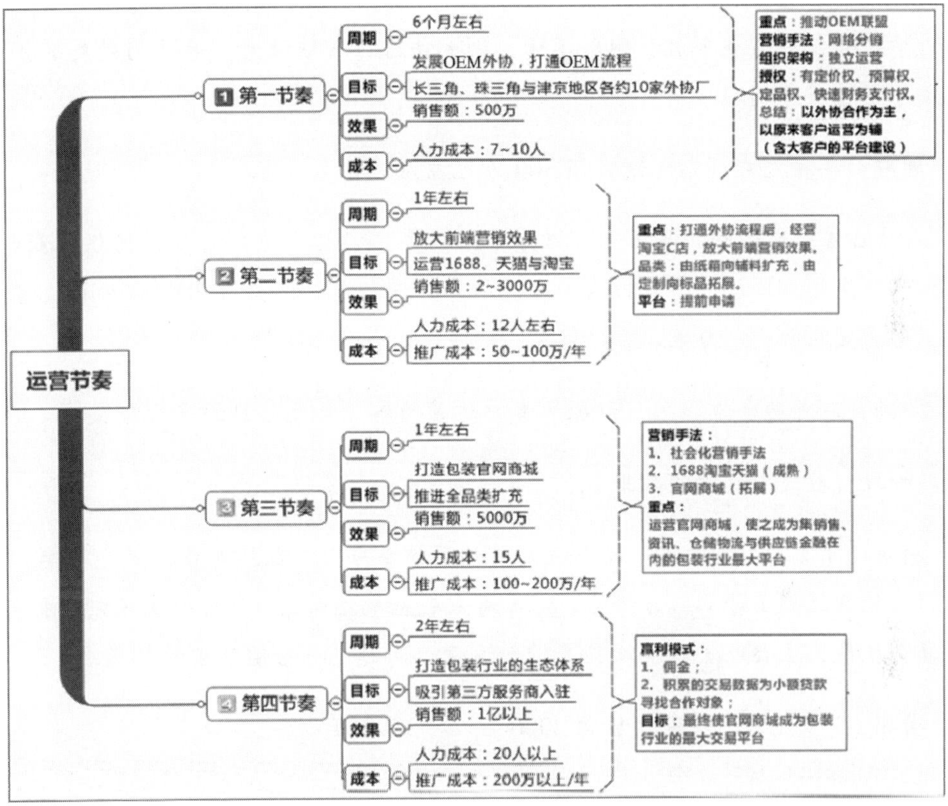

运营节奏图

第一阶段：寻找优质的外协供货商。

① **阐述：**从地域上讲，由长三角开始，逐步辐射到珠三角、津京地区其他内地，初步布局为：长三角发展约 10 家 OEM 外协厂（淘品牌最多），珠三角约 10 家（传统企业电商最发达），津京地区约 10 家（纯电商公司最多）。根据项目进度招聘 3 名左右的外协专员（每 1 名外协专员负责开发与管理 10 家外协工厂。后期根据情况进行扩展），专门负责外协工厂的联盟工作。

从品类讲，从瓦楞纸箱开始，逐步推广到辅料、其他材料的包装，由定制发展到定制与标品并重，由自营扩展到自营大客户与外协中小客户并重，前 6 个月左右，重点还是打通整个外协流程，**因为整个流程闭环不通，则无法进行营销放大**。地域与品类的扩张其实是贯穿整个运营节奏的。

② **周期**：半年左右；实现销售额 500 万元左右。

③ **人力成本**：在现有的基础上，招聘外协专员 1～3 名，专门负责外协供货商的寻找、筛选、合作、优化与维护，前期招聘 1 名，加上天德勤客户扩招的 PHP 程序员、客服与财务 3 名，整个团队共 7～10 名。

④ **归纳**：以外协合作为主，以原来客户运营为辅（含大客户的平台建设）。

第二阶段：放大前端营销效果。

① **阐述**：外协流程打通后，逐步放大前端营销效果，以吸引更多的客户下单，由社会化营销为主扩展到淘宝等第三方平台，随着淘宝 C 店的运营，品类可以由定制向标品扩展，纸箱向辅料扩展，主要还是围绕纸箱及辅料运营；同时进行仓储物流的拓展。

② **周期**：1 年左右；实现销售额 2000 万元～3000 万元。

③ 成本。

- **人力成本**：人员 12 名左右，根据情况扩招 1 名外协专员，每 10 家外协厂配备 1 名外协专员。
- **推广成本**：年前端营销成本在 50 万元～100 万元。

④ **归纳**：以前端营销放大为主，进一步理顺外协合作流程；以仓储物流为辅。

第三阶段：打造包装官网商城。

① **阐述**：以官网商城运营为主，逐步将合作的客户与潜在合作的客户引向官网商城，

引导客户到官网商城下单，形成自己的网络营销渠道，这是重中之重。官网商城的成功，意味着我们拥有了自己的营销平台。这时，品类可以逐步全面打开，由纸箱到辅料、由定制到标品、由瓦楞到其他材料的包装，由自营到自营与外协并重，都可以着手运营了。同时，与外协厂合力协同配合打造自己的仓储布局，以适应辐射全国的销售市场，提升用户的体验。

② **周期**：1 年左右；实现销售额 5000 万元左右。

③ 成本。

- **人力成本**：人员在 12～15 名，根据情况扩招 1 名外协专员，累计开发外协厂家 30 家左右。
- **推广成本**：年前端营销推广成本在 100 万元～200 万元。

④ **归纳**：运营官网云商城，使之成为包装行业排名第一的营销平台，包含各品类包装的销售、包装设计、包装资讯、包装培训与包装供应商的管理，为包装行业提供销售、设计、信息、仓储、物流及供应链金融等服务。

第四阶段：打造包装行业的生态体系。

① **阐述**：开发包装行业的信息化系统，提供外设 API 数据接口，不断吸引电商第三方服务入驻，协同联盟，不断推出吻合包装行业的第三方服务系统、软件与工具，形成包装行业的生态体系，在这个体系中，有卖家、买家、设计、资讯、仓储、物流、供应链金融、第三方服务商，形成包装行业整套生态链条，使之真正成为包装行业最大的营销平台。

② **周期**：2 年左右；实现销售额 1 亿元以上。

③ 成本。

- **人力成本**：人员在 20 名以上，根据情况扩招业务跟单员，每 10 家客户配备 1 名业务跟单。

- **推广成本**：年前端营销成本在 200 万元以上。

④ **归纳**：打造包装行业的生态体系，成为包装行业的最大营销平台。

（5）所需资源。

① **组织架构的优化与改进**：成立电商事业部或直接成立包装电商科技公司，全面独立负责包装电商项目的推广与运营，如下图所示。

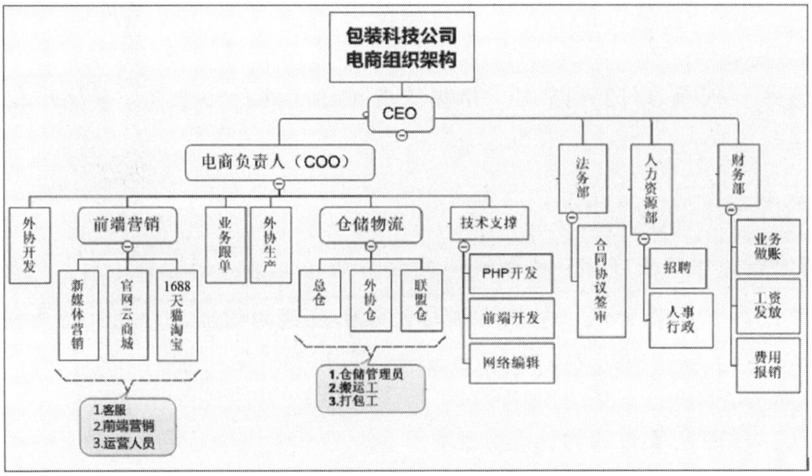

电商科技公司组织架构图

包装电商是企业一把手工程，因此强烈建议董事长直接兼管包装电商科技公司，由精通包装电商的人直接操盘。

② **人员配备**：事业部推行总经理（COO）责任制，在 CEO 的领导下，由 COO 全面负责包装电商项目的运营细节，前期人手安排如下。

- 外协专员，全面负责外协供应商的开发、协议签订、等级评定、维护与管理，根据每 10 家外协供应商配备 1 名外协专员来定，前期开发 30 家外协工厂，配备 3 名外协专员。

- 前端营销，前期由 COO 兼任，技术支撑配合，后期根据情况招聘营销推广人员。
- 业务跟单，按 10 个客户设置 1 名业务跟单来配备人手，前期配备 3 名业务跟单。
- 由业务跟单、外协专员负责和外协工厂对接（包括核价、打样、合同、生产、品质交期、发货、售后、货款、维护与管理）。
- 仓储物流，前期使用外协厂自己的仓库，后期根据实际情况租赁仓库，租赁仓库采取灵活的方式处理（总仓与外协仓、联盟仓等）。
- 技术支撑组全面负责社会化营销、商城运营与淘宝店的技术、运营支撑。

③ 业务流程优化，如下图所示。

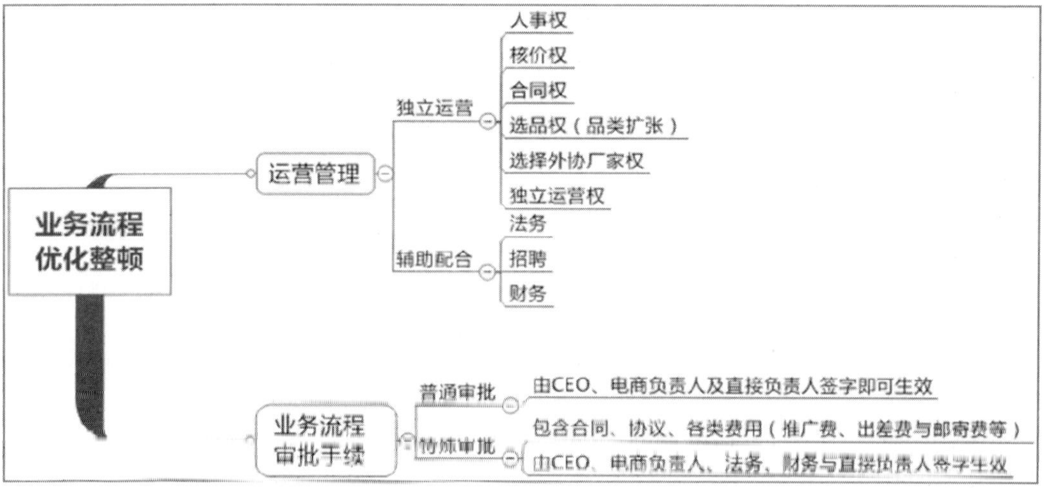

业务流程优化图

（本业务流程优化整顿是在前期发现的问题的基础之上的优化，其他有关流程优化的内容请看前面章节内容）

推行全新的业务流程，除招聘工作、合同签审与财务核算由集团公司（人力资源、审计与财务）配合以外，其他业务流程精简化处理。包装电商拥有人事权、核价权、合同权、选品权（品类扩张）、选择外协厂家权、独立运营权。所有有关包装事业部产生的业务流程，原则上只需要CEO与事业部总经理及当事人签字即可生效，以满足电商快节奏的需要。

在电商营销过程中，入驻各类电商平台、社会化营销、域名注册、备案、服务器托管、微博、微信、来往、微淘、营销QQ、电商峰会论坛、平台活动等，都需要涉及企业资质文件、法人、品牌、盖章、签字或费用支付，要求快速反应。在新业务流程下，我们提前将企业资质文件、法人、品牌等公用的资质文件做好盖章处理，备为电子档，交财务处保管，在CEO或授权电商负责人确认后，可以快速调用，其他类型的盖章签字等则建立一个盖章签字微信群，在群内办公，财务见群确认即提供盖章支持，这样，流程将大大加快。

合同、协议及订单清单的流程则精简为：CEO，事业部负责人、审计法务人员及当事人（一般是业务跟单员，特殊情况由业务跟单员与生产负责人互动沟通，由业务跟单统一签字确认）签字即可。

④ 沟通模式优化：采用早会制、周例会、季度会议及临时会议制相结合的沟通模式，会议沟通以互动沟通为主、汇报命令为辅，大家畅所欲言，一旦确定，快速推行。会议记录报备存档，领导可以随时查阅。平时与领导的沟通以微信或QQ互动为主，邮件、电话或短信为辅。

电子商务是一种战术性倾向明显的商业模式，讲究快速决策、小步快跑，在运动中求发展，快速试错、优化与改进。只有在实战中，才会找到适应企业发展的模式，也只有脱离传统企业的桎梏，才能够轻装上阵，并且将在电商运营中获取的先进经验推广到集团其他子公司，也才能够真正使公司成为世界包装行业的运营中心。

其他营销矩阵、推广手法、团队建设、业绩考核、奖惩制度等内容在运营节奏中将有序展开，知识点请借鉴本书前面章节的内容。

第 10 章

案例分析与借鉴

通过两个经典案例的分析，让传统工业企业明白转型电商是一条十分艰辛的道路，任何一家公司都不会轻松获得成功，这是一场攻坚战、持久战。

富士康花了 6 年都没有成功，却屡败屡战；苏宁花了 6 年时间还在艰难摸索，它们转型电商的教训与经验值得所有传统企业与传统工业企业研究与借鉴。

10.1 屡败屡战的富士康电商

传统工业企业领域中转型电商最经典的例子就是富士康电商，从富士康电商案例中几乎可以发现传统工业企业转型电商的所有弊病，研究透彻这个案例，会少走许多弯路。

富士康虽是世界代工之王，但 2009 年以前，在电商领域几乎看不到它的身影，它戏剧性地在电商圈里突然出现，源于一个传说。

2009 年的某一天，郭台铭率队进入北京和刘强东见面，表达了自己的意思：要么京东让我控股，要么我拿 5 亿美金另做一个京东。

2012 年的某一天，刘强东在郭台铭的飞虎乐购（即郭台铭想通过它来搞垮刘强东的一个平台）失败后，透露了当时的情景，初生牛犊不怕虎的刘强东当时对郭台铭的回答是："3 年前，某业界大佬想用白菜价控股我们，并温柔地威胁说：'如果你不和我合作，难道我拿 5 亿美金打不死你？'我说：'我创业之日几乎没钱都没有害怕，何惧今日？'并且年轻气盛地反击：'和我合作是你一生进入零售业最后一次机会。'今日闻该 B2C 网站停运。光脚别怕穿鞋……"

很遗憾，飞虎乐购还是郭台铭的第一次噩梦，从 2009 年开始，富士康在电商领域打了一通毫无章法的乱拳，作为旁观者来说，坦率地讲，郭氏拳法最大的特征就是：我有钱，我任性。

郭氏组合拳如下。

（1）2009 年开始筹备飞虎乐购，团队豪华，董事长请的是鼎鼎大名的杜家浜，但是 2012 年飞虎乐购陷入清算危机，目前处于半死不活状态，沦为一个企业内部网站。

（2）2013 年 4 月，推出富连网（网上到处笑称为“妇联网”），刚开始可能受马云忽略，入驻了天猫，7 月就关闭了富连网天猫，上线独立商城，于是一直在建设当中，郭氏发表声明：请给我三四年时间，目前也是处于半死不活状态，定位于 3C 数码。2015 年 3 月号称正式上线，说要 3 年内超越京东。

（3）2015 年 4 月，上线爱锋派二手机，专营二手苹果机，目前几乎也没什么声响了。

（4）2015 年 5 月，富士康台湾母公司鸿海集团正式上线富贸商城（Foxconn Mall），主营精密机械工业品 B2B 业务，算是新业务了。

（5）2015 年 5 月，又推出跨境电商平台富金机网，富金机网被富士康定义为“全球领先的工业品 B2B 跨境贸易服务平台”，致力于帮助中国机械工业中小企业实现海外跨境贸易，又是新的业务。

（6）2015 年 6 月，微商火爆时，富士康深圳团队也在测试微商项目“贝壳山”，主要通过微信公众号端口，同时又入驻有赞平台，进行移动端销售。

这是目前所能看见的郭氏拳法打出来的六招，任性而又迷茫，不知道想干什么，什么都想干，却什么都没有完成，深度怀疑这是富士康内部传统高管想出来的内容，完全没有格局观，布局十分凌乱，让人不知所云，表现在：

（1）完全没有既定的电商战略与套路。

（2）完全没有运营的持续节奏，类似于挖井，刨了许多坑，但都放弃了。

（3）完全没有看到它知名的营销打法，更谈不上营销矩阵了。

（4）完全在传统的体制内操作，从杜家浜之后，只听说从联想挖了不少人，可联想自己的电商都没成功，从此挖人有什么用？

（5）完全缺乏互联网思维与基因。

（6）没有一支过硬的互联网电商团队，等等。

为什么传统工业企业转型电商会出现这种现象呢？下面我们来分析一下。

1．观念落后，导致战略决策失败，后续活动注定没戏

郭台铭在转型电商时前后两阶段提出的两个战略如下。

（1）四路门店+一个网站。“万得商城”、“赛博数码”、“敢闯数码”与“万马奔腾”是四路门店；一个网站是：“飞虎乐购”。四个门店完全是线下渠道，飞虎乐购是线上渠道。郭氏的意思就是：线下线上双飞。在这个战略思想的指导下，电商完全就是一个销售渠道，并且还是一个不开放的渠道，因为飞虎乐购沦为内部员工消费的渠道了。为什么呢？因为它的指导思想就是：“一切为代工服务”，甚至有高管放言：“富士康是个大家庭，下属企业（即飞虎乐购）在园区里才能健康发展。”居然禁止飞虎搬离园区，以留住电商人才与方便招聘电商人才。

飞虎只是一个内部的消费渠道，并且不是最重要的渠道，看一下投资偏向就明白了，飞虎乐购虽然请了懂电商的杜家浜，并且招聘了大量的电商人才，但是飞虎乐购的总经理田志尧却是富士康老人，对电商一窍不通，处处与杜家浜争权，算是与杜家浜作对的，甚至有员工离职后，田氏竟然指使该员工让他承认他的离职是因为杜家浜。飞虎乐购的投资额度是 9000 万元，高峰时间日订单超过 8000 单，年销售额过 6000 万元，有盈利；而四路门店中，光万得商城的投入就达 2 亿美金，66 亿多台币。

一句话，郭氏的战略步骤中，电商只是一个辅助而已，并且是传统高管在直接管理的一个辅助。于是杜家浜就走了，飞虎乐购基本就没声响了。

（2）2014 年，富士康又推出“八屏一网一云”的战略目标，包括工作、教育、娱乐、家庭、安全、健康、电商、环保汽车八大科技生活，这次将电商单独作为虚拟与实体经济的结合，而电商是这一规划的关键部分，也是富士康摆脱代工的桎梏、拥抱互联网的一个转折点。

八屏是指：手机、笔记本电脑、平板电脑、桌面电脑、一体电脑（AIO）、平面电视、液晶显示器、教育与医疗应用的终端产品八个方面的产品。

一网是指：郭氏所谓“天罗地网”，即除了在光纤网络基础建设方面继续投入外，积极参与手机网络建设，开启卫星宽带网络建设。

一云是指：向云计算领域投入，云端服务器建设，特别是教育领域。

（3）同年 9 月，郭氏又在此基础之上扩展为：十一屏三网二云战略。

由此可见，互联网只是郭氏眼中的一网而已，他还盯着物联网与智慧电商。转型电商这种小目标恐怕在郭氏眼中根本不算什么吧，但如果这一关不过，郭氏大的战略有实现的可能吗？

2．将制造业的思维灌输到电商平台的每一个角落

（1）官僚等级化的科层制管理。传统工业企业里面，如果碰到领导你敢直呼其名，基本你就完蛋了，但是在互联网公司里，这种现象其实非常普遍。这都是表面现象而已，其背后体现出来的东西才更重要。海尔张瑞敏也说过：基于传统管理的三大理论都衰落了，其中第一个就是：去中心化。互联网每个人都是中心，没有中心，没有领导，因此科层制需要改变。这种观念的冲突带来的就是权力的争夺，内讧、内斗导致效率降低。飞虎乐购的总经理田志尧在观念上与杜家滨的冲突，是飞虎乐购失败的根本原因。

传统高管在争权夺利时，甚至不惜栽赃嫁祸，比如：“2011 年夏天，田志尧给我打过电话，意思好像是要我告诉他，我走是因为杜总的原因，但我强调，离职是个人发展原因，和杜总没关系。”王强（化名）现在是国内某一线知名电商副总裁（从飞虎乐购辞职），他说，这个诡异的电话是他离开飞虎乐购后，时任飞虎乐购总经理、他的前上司田志尧打过来的。田志尧即要王强嫁祸杜家浜。

（2）经营理念大相径庭，导致冲突不断。以田志尧为首的传统高管派的理念是：一切为代工服务。甚至不允许飞虎乐购搬离电商配套措施不完善的富士康园区，导致人才不断流失，或许这是他们所乐见的。在这个观念主导下，飞虎乐购只要服务好富士康园区的公司内部员工就好了。

而以杜家浜为首的电商派的观念是：网站一定要开放，面对全社会进行全品类销售，打造类似于中国新蛋的综合性平台。

居然还有这种奇葩的争议，其实这类问题很好解决，规定好运营节奏即可，第一节奏是做内部消费平台，获得成功后，开放即可。但是传统高管不同意。郭氏也不同意，让人大跌眼镜。

传统高管完全是制造业思维，只看眼前利益，看不到长远利益，不愿意投入，永远玩不大。有业内人士推算，飞虎乐购前后花了9000万元，只算前期投入，也并不算小，但刨除掉人力成本，剩下的也就只够内部系统开发，完全不可能承担起物流、推广的投入。同时期的京东商城在2011年的融资规模就达到了15亿美元，全力用于提升仓储快递，以提升用户体验。

（3）在营销方面根本没有系统的考量，唯一考虑的就是成本。飞虎乐购为节省营销费用，极少花钱做营销推广，为了获得用户量，除本部员工外，还将富士康大量供应商的员工数据导入到飞虎乐购客户平台，然后通过群发短信、邮件群发DM杂志等方式吸引这些员工消费。这是2010年在B2C发展黄金时期的做法，真是不应该。白白错失了机会，估计京东看到对手这样做，就大大松了一口气吧。

（4）不允许电商部门的员工上外网。有离职的飞虎乐购的员工说：富士康管理飞虎乐购完全采用工厂管理的模式。公司封锁了外网互联网，员工从上到下都不允许上外部互联网，这导致了电商部门根本无法了解外部的信息，而京东、苏宁、国美打得热火朝天的时候，富士康飞虎乐购的电商员工们居然无法上网！得回家上网后才能够知道消息。

（5）传统采购腐败成网。飞虎乐购的供应链中存在着一些暗箱操作，本来电商依靠价格战来打市场，应该努力争取跟厂家直接合作，进行批量化采购，这样才能够保证定价优势与货源充足，但传统的采购部门的采购人员故意找小的二三级代理商。

这个情况我曾经也时不时看到，明明可以采购更好、更便宜的东西，但是采购人员偏偏喜欢采购贵的、质量不好的东西。如果说这里面没有回扣，大家都不会相信。

（6）想尽办法逼走电商项目负责人，然后解散电商团队。传统工业企业的个别传统高管，在观念、思维上与互联网严重冲突，却不自知，而且自身只在传统领域工作，无法赶上互联网的快速变化，却担心自己在这个趋势下被淘汰，往往使尽阴招，以逼走电商团队负责人，然后解散电商部门。那么，他个人的无知，他的既得利益与地位，就不会受到威胁，从飞虎乐购田氏对杜家浜的构陷就明白了。

3. 对网络营销推广没有任何实践经验，导致效果无法提升

传统工业企业转型电商，一旦确定商业模式和运营节奏，就必须快速试错，小步快跑，找到适合自己的营销矩阵，然后快速放大。但是传统高管对这些一窍不通，从来没有做过，也无法理解，却又要横加干涉，导致出现许多滑稽的笑话。

飞虎乐购、富连网、二手机、富贸商城、富金机与贝壳山，六个不同的平台，没有任何统一的标识，又分属于不同的团队，甚至分属于不同的子公司，证明富士康整个集团在电商方面根本没有统一的战略规划，传统高管们想怎么来就怎么来，没有一个得力的电商干将是富士康电商乱试错的根源。

那么，出现这么多问题的富士康电商，到底应该如何运作，才有出路？

1. 必须成立单独的电子商务公司，独立运营整个集团的电商业务

从上面的分析可以得出一个结论：富士康传统高管离互联网的距离不是一星半点，如果让这群人来干预电商的运营，只可能有一个结果，做一个死一个，折腾几年，都没有好结果。

所以，只能重新用一个新公司来运营，集团下面的子公司的资源可以调动，独立的电子商务公司的 CEO 比传统子公司的总经理在集团公司里高半级。

由这个独立公司来一手操盘整个电商业务，直接对郭台铭负责，其他传统高管不得干预。找到一个靠谱的电商高手，全权授权与他，让他来组建团队，推进电商业务。

2. 由独立的电子商务公司制定出整个集团电商业务的战略方案

电商操盘手花半年甚至一年时间全面充分地了解集团所有业务，由他出台具体的集团公司转型电商的战略方案，这个方案的最终目标是集团业绩的电商平台化，将集团公司全面融入互联网领域，但是前期的运营节奏从最小的开始，比如：可以先从内部消费平台入手，用来锻炼团队，然后走出去，推出全新的电商平台，是集团统一的电商平台，而不是六个平台。

3. 确定集团公司的运营节奏

在方案当中，确定集团整个电商业务的运营节奏，比如：

（1）以综合性平台架构打造集团公司内部消费平台，招聘团队，培训团队，锻炼团队，打通集团电商业务所有流程，使之具备运营放大的平台基础，当日订单超过 5000 时，进入下一节奏。周期：一年左右。

（2）将平台开放给整个互联网，以 3C 为核心，在 3C 的基础上逐步扩充品类，使之成为综合类的电商平台，形成自营+POP 的平台模式，当日订单超过 50000 万时，进入下一节奏。周期：一两年。

（3）以“准时达”物流为基础，逐步搭建自己的物流中心，前期可以从华南、华东、中原开始，向华北逐步形成全国布局的物流快递中心，努力提升用户体验，形成最后一公里的配送优势，使日订单突破 50 万单，进入下一节奏。周期：3～5 年。

（4）在大量订单运营的基础上，拓展互联网金融业务，推出自己的支付系统“富士通”，比如：供应链金融、众筹、小额贷款、理财及投融资等。周期：水到渠成。

通过上述四个节奏的运营，富士康才有可能进入中国电商的一线阵营。乱拳出招，碰到真正的高手，是不堪一击的。至少目前来看，京东根本就不把富士康放在眼里了，即使苏宁也只能眼睁睁地看着京东疯狂扩张，迅速变大，然后超越自己。

4．找到自己核心的营销手法组合

平台型电商的核心营销手法组合目前来看基本上是固定的，即：SEM+CPS+导航网址，每一种营销手法背后是巨额的资金投入。其他营销手法主要有：视频广告+电视广告+线下路牌+火车站地铁广告+门户广告+社区广告+SEO+新媒体广告，网络上几乎所有人流量比较大的平台都需要去尝试。要改变原来的工厂思维，逐步有效地投入资金，以获得越来越多的潜在客户。前期甚至考虑入驻主流的网络平台，与腾讯这样的巨头进行深度合作。

由于采取了完全独立的运营模式，所以基本杜绝了来自传统的胡乱干扰，只有这样，富士康电商才可能获得崭新的发展机会，才可能真正成为世界一线的电商巨头。

这样的例子在互联网上并不少见，比如：在强大的天猫平台下，还是诞生了唯品会这样的垂直巨头，在综合平台巨头阿里巴巴下，也有慧聪这样的平台存在。

富士康在 3C 领域最强劲的竞争对手是京东，如何突破这个天花板，是富士康电商团队最大的考验，如果在京东的压力下找到一条差异化的 3C 电商之路，是需要富士康电商团队认真地思考，并谨慎地推进的，这就需要在实战中来检验了。

或许只有忘记自己世界第一工厂的定位，摆脱传统体制的束缚，郭台铭不再干预电商，积极努力地寻找真正的电商操盘高手，完全信任他，不要受传统高管的意见所左右，让独

立电商公司去完成自己心目中的电商梦想，富士康的电商帝国梦才有希望与未来。

留给富士康转型电商的时间越来越少，因为京东变得越来越强大了。

10.2 战略巨人苏宁云商的电商转型之困

苏宁的电商转型因为极具典型性，虽然它不属于传统工业企业领域，但因为它的转型有许多值得研究、思索、探讨与借鉴的地方，所以在这里专门分析一下，希望对传统工业企业的电商转型有一定的积极影响。

苏宁控股集团董事长张近东在苏宁内部召开的2015年度总结和表彰大会上宣布：苏宁互联网转型已经成功，宣布在五大产业全面出击。五大产业是指：创业、电竞、文娱、体育、公益。

面对这个问题，我专门向互联网分析师微博大V@李成东V 进行了咨询，李成东的答复如下图所示。

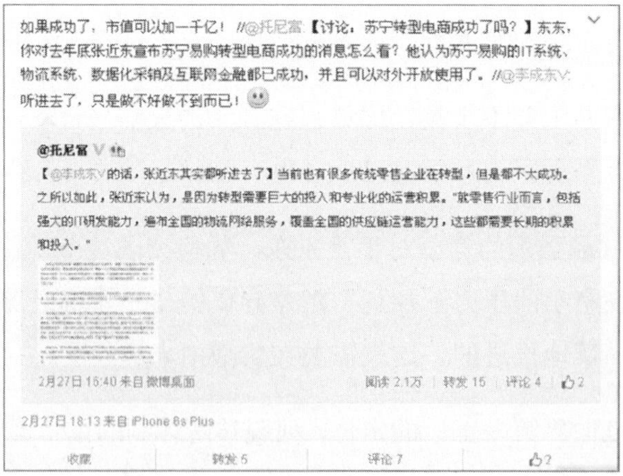

苏宁转型成功的讨论

我赶紧查了一下苏宁云商的市值，是：814.35 亿元，但 2015 年 8 月，苏宁云商的市值是 1491 亿元，降了 677 亿元；若转型成功，涨 1000 亿元，至少得是 1814.35 亿元。同时期的京东市值是：2271 亿元。

苏宁云商的转型真的成功了吗？你在苏宁易购购买过什么东西？我在微博上发起了一个提问，回复者多半是：没在苏宁易购上购买东西。

苏宁自己说转型成功了，但是网络上却有完全相反的声音，为什么？

我们来回顾一下苏宁电器（苏宁云商的前身，在 2013 年 2 月 21 日改名为“苏宁云商”）的电商转型之路。

1. 张近东电商观念的变化历程

2010 年，面对来自京东的压力，张近东认为：电商破坏了市场的规律，破坏社会每一个人的价值，只是个工具而已。

2011 年，张近东的电商观点是：电商只是传统零售的补充，苏宁随时可以切换到 B2C。

2012 年，京东高调宣布，已和海尔、美的、松下、三星等 30 多家知名家电品牌，战略签署总额达 800 亿元的未来三年家电采购协议，大举攻入苏宁、国美的优势地盘。张近东的观点变为：“电子商务是企业创新驱动、产业升级的重大战略”，并决定重点打造苏宁易购，未来，苏宁要做中国的“沃尔玛+亚马逊”，加速了苏宁去电器化进程，同时与京东的刘强东打了 1 亿元的赌注。

2013 年，苏宁电器改名为苏宁云商，通过质押苏宁股份 4 亿多股，自己投入 35 亿元，全面进军互联网，电商已成为苏宁的未来，苏宁云商加入了中国电商争霸战，野心比马云还大（马云是电商帝国，张近东是零售帝国），喊出“击穿全网底价，何必东比西淘”的口号，“东”影射京东，“淘”影射天猫；首次提出“一体两翼”的十年战备规划（一体两翼的叫法并非苏宁首创，貌似是来自连云港城市规划的名称，看来苏宁受政府的影响还是蛮大的。其他不少公司都有这种提法，只是内容不同而已)。同年，苏宁云商首次出现巨额亏损，达 7 亿元之多；同时在两会提议中不断提出要求对电商征税的建议，预备抄电商的后路，认为零售商不好做是因为马云，提议用税收打掉蚂蚁雄兵。

2014 年，一方面在两会再次建议推出电子发票，信息安全与母婴食品安全的提案，招招针对淘宝与京东；另一方面，大力推进一体两翼的战略；同年，苏宁云商出现了 10 亿元的亏损。

2015 年，张近东宣布苏宁云商电商转型战略成功，O2O 开放平台面向全行业全社会开放，开始摘电商果子。

张近东思维的转变直接影响了苏宁云商的走向，苏宁是传统零售领域转型电商力度最大、效果相对较好的典型，这与张近东的思维转变有极大的关系。以宏观上来讲，一家传统企业转型电商的决心就是企业董事长的决心，这对传统工业企业转型电商有极大的借鉴作用。

2．苏宁转型电商的重大事件

目前，苏宁转型电商已经历了六年时间，张近东把这六年分为了三个阶段。

第一阶段：苏宁电器上线了苏宁易购。

第二阶段：苏宁云商加大了线下的互联网化，加强移动端布局和 O2O 融合。

第三阶段：苏宁云商大力推动供应链互联网变革、互联网金融、物流社会化和公有云，从而实现全面的互联网化。

目标是完全实现“一体两翼三云四端”的战略转型。下面我们来看具体的细节。

（1）2009 年，在苏宁网上商城（2005 年苏宁成立 B2C 部门，上线苏宁网上商城）的基础上全面改版，推出苏宁易购；2015 年 8 月 17 日，苏宁易购入驻天猫商城；改版的初衷是：苏宁线下生意受到来自京东的巨大冲击。

（2）为布局母婴行业，2012 年 9 月 25 日，苏宁电器 15 时宣布，以 6600 万美元全资收购母婴 B2C 平台红孩子，并承接“红孩子”及“缤购”两个品牌和公司的资产与业务，这是苏宁在电商领域的首次并购，表示苏宁电器全面介入互联网行业。

（3）2013 年 2 月 19 日，苏宁电器当晚发公告宣布拟将公司名称变更为“苏宁云商集团股份有限公司”，以更好地匹配企业经营范围和商业模式，转型云服务模式。首次提出“一体两翼”的战略方针，表示苏宁全力进入互联网行业。

（4）2013 年 6 月 8 日起，苏宁云商将在全国所有苏宁门店、乐购仕门店销售的全部商品与苏宁易购实现线上线下“同品同价”，这是全国首例大型零售商全面推行线上线下同价策略，以解决线上线下双手互搏的尴尬局面，标志着苏宁 O2O 模式全面运行。张近东通过股份增发与个人投入 35 亿元，以确保这一战略的执行。

（5）2013 年 10 月 28 日，苏宁和弘毅投资宣布联合战略投资 PPTV 聚力，交易规模 4.2 亿美元，抢了阿里的蛋糕，这是“四端”（POS 端、PC 端、移动端、电视端）战略落地实施最重大的举措，标志着“一体两翼三云四端”战略全面铺开。

（6）2014 年 1 月 27 日，用 700 万美元 100%收购国内知名团购网站满座网，将其整合为苏宁本地生活事业部，以加速苏宁在本地生活服务领域的发展，推动线上线下融合的 O2O 战略进一步深入，表明苏宁通过并购加深 O2O 战略布局和互联网转型。

（7）2014 年 9 月 28 日，苏宁效仿顺丰“嘿店”，上线了“嗨店”O2O 体验店。不同之处是：苏宁的“嗨店”更多的是线上的线下体验店，顾客可以免费打印手机里的照片，体验各种游戏，在台式触屏上还可以进入苏宁易购等网站进行在线购物商品和服务，这种模式其实只是在苏宁线下店的店门口开设了一个展销式平台，供访客使用，我曾经在苏宁杭州滨江店体验过。

（8）2015 年 1 月 23 日，为了吸引眼球，苏宁第一家自营线下服务站在江苏宿迁洋河镇开业，类似于“嗨店”（可惜的是这种模式的创始者顺丰，在 2015 年 8 月关闭了嘿店模式），店内商品主要以二维码展示为主，同时还提供部分实物商品供用户体验，令人注目的是，服务站内还提供了一些其他服务，比如免费贴膜、免费充电、免费雨伞租借等，算是比较人性化的，我曾经在杭州苏宁店体验过免费贴膜两次，虽是低端贴膜，但对吸引人流，效果还不错。

（9）张近东曾经宣称：苏宁云商除了生鲜，什么都卖；2015 年 1 月，苏宁推出苏宁超市，开始卖起了生鲜，探索生鲜 O2O 模式。

（10）2015 年 4 月 16 日，苏宁众筹正式上线，并且请来了人气明星鹿晗前来助阵，上线短短 9 小时，宣称有 10 个项目众筹成功，整体目标达成率超过 205%。

（11）2015 年 8 月，苏宁推出了再次重磅级的战略合作：在线上，阿里巴巴以 283 亿元投资苏宁云商，双方利用大数据、物联网、移动应用、金融支付等先进手段打通线上线下渠道，将辐射苏宁云商全国的 1600 多家线下门店、5000 个售后服务网点及下沉到四五线城市的服务站与阿里巴巴强大的线上体系实现无缝对接，目的是为了帮助中小微企业 O2O 运营；在线下，苏宁又与万达集团紧密地走在了一起，把苏宁易购云店等品牌开进万达广场，目的是为用户提供更丰富的商品品类、更完善的 O2O 用户体验。互联网分析师李成东认为：这次合作主要还是为了吸引资本家的注意，互托股份，实际上的 O2O 其实影响极小；同时，2015 年 8 月 26 日，张近东首次抛出零售 CPU 的概念：商品供应链、物流和服务，他认为苏宁的互联网零售核心能力已经形成，接下来要向全行业、全社会开放分享，开放的对象包括供应商、平台商户、合作伙伴与零售末端的社区便利店等中小微个体。

（12）2015 年年底，张近东全面总结了六年苏宁转型电商的经验，可以用八个字来概括，即“一体两翼三云四端”。

一体，即坚守零售本质。不管网络零售渠道怎么变，始终坚守用户服务、商品零售本质不动摇。运用互联网、物联网、云计算等互联网工具，创新商业模式和用户服务方式，实现零售科技化和服务智慧化。

两翼，即打造线上线下两大渠道平台：线上苏宁易购、线下苏宁门店。

三云，就是围绕商品运营零售本质，把集团公司的商品、信息和资金三大核心资源社会化、市场化，建立面向供应商、用户与社会合作伙伴开放的物流云、数据云和金融云。

四端，就是围绕线上线下两个平台，融合布局 POS 端、PC 端、移动端、电视端四个主流端口。把互联网的商城开在商场、小区、写字楼，开到用户的办公室、家里和口袋里，开在销售员、客服和物流快递人员的手中。

3．苏宁云商实际运营效果

苏宁转型电商过程中，确实提出了不少吸引眼球的概念，这些概念的提出，其实主要是针对资本市场与股东的，终端用户消费者只关心商品品质、价格与服务，没有这些，根本不可能留住客户。我们在前面详细地阐述过一个观点：如果传统企业在转型电商过程中，没有一个完全走通的业务流程，没有这个基础，营销放大就是一场灾难，因此最重要的是如何打造一个低成本、高效率、用户体验极佳的、可规模化放大的平台基础，没有这个基础，互联网金融、供应链金融、O2O 开放平台与云商，都是镜中花、水中月，失去了存在的根基。

我们来看历年苏宁易购的销售额：2011 年，59 亿元；2012 年，183 亿元；2013 年，219 亿元；2014 年，225.99 亿元，2015 年，GMV 达到了 750 亿元（苏宁内部公布，网友反应水分很大）。2012 年全年亏损 34159.1 万元，2013 年亏损 10 亿元，2014 年运营亏损 14 亿元，2015 年赢利 5300 万元。

建议：在零售自营赢利能力提高之前，还是不要谈平台开放的功能。

4．苏宁云商在转型过程中犯了哪些错误

（1）战略出错。从张近东观念转变来看，其实苏宁在战略制定上犯了不少错误，完全是按照传统行业的做法在做战略规划，所谓的“一体两翼”竟然是十年规划，在互联网

公司，现在三年规划都极少见，因为环境变化太快，往往一年规划都需要不断地调整；苏宁的十年规划，其实在后续不断被修正、变更甚至推翻掉了，但是时间就这样白白浪费了。

（2）节奏出错。这与战略有关，定的目标太大，以至于流程尚未走通、观念尚未统一、文化仍然陈旧、电商团队尚未组建，更谈不上锻炼，匆匆上马，定下 3000 亿元的目标，无异于纸上谈兵，如果按节奏步步推进，恐怕会少走许多的弯路。

（3）低估技术的力量。在 IT 系统尚未成熟之前，匆匆投巨资营销推广，结果导致大面积的用户体验灾难，营销没有带来用户，带来的却是怨户，使苏宁易购成为电商的笑谈；技术开发也走了许多弯路，先是不断外包，发现这样不行后，才组建自己的开发团队，又白白浪费了许多时间。

（4）物流瘫痪。物流升级没有任何警示，野蛮式更新，导致 3 个月物流全面崩溃，用户体验差到极点，投诉不断，却得不到解决，也无法解决，甚至出现批量下单，产品却一个个快递的怪现象。

（5）企业文化仍然是传统式，对穿戴、称呼、上网等都严格进行控制，居然也有员工不能上外网的规定，开放上外网的高管居然受到惩罚。

（6）用户体验差。这是以上各种问题综合后的必然结果，没有用户体验，就没有一切，就不可能打造一个低成本、高效率、可放大的云平台基础，就不可能在此基础之上，延伸出供应链、大数据与金融的业务。

5. 苏宁易购到底要怎么做才可能突围

2015 年 12 月 27 日，苏宁在其 25 周年战略发布会上对外公布了创业、电竞、文娱、体育、公益五大领域的新举措。

这说明苏宁云商认为，它已经具备了低成本、高效率、可放大的云平台基础，并且在这个前提下推出了五大新举措，如果这样操作下去，恐怕最终苏宁会被京东全面超越，成为二流阵营的企业。

通过上面的分析，我们知道，苏宁云商最重要的是：打造一个低成本、高效率、用户体验极佳的、可规模化放大的平台基础，在这个前提下来运营苏宁云商的所有业务，并投入资源，力争自营平台的销售客户可以追上京东的量级，那么，苏宁将仍是京东重量级的竞争对手，最终，鹿死谁手，还很难预料。

这仅仅是我个人的管见，还请各位大神赐教。

最后附一篇我写的分析苏宁转型电商遭遇挫折的原因的文章。

苏宁的没落

苏宁、苏宁易购、苏宁云商，最近我们基本上听不到它的什么声音了，离得最近的双十一，我也只听到了苏宁拿京东老板刘强东老婆恶意开玩笑的声音：老板真的强头条何须老板娘！一家公司的营销坠落到这般地步，它真的没落了。

2015 年 10 月，苏宁云商发布前三季度财报：净利润 5300 万元！即使如此，还算是其昔日线下传统零售巨头比较好的表现。因为，2014 年，它亏损了 10 亿元多。

为什么？因为京东崛起了，京东成为中国真正的零售巨头，线上第一零售巨头，2015 年京东的 GMV 约 4000 亿元，而苏宁云商才不到 2000 亿元。

苏宁云商真的没落了，至少已不在电商第一梯队，如果不是 2015 年 8 月阿里 283 亿元入股苏宁，恐怕苏宁云商的财报会更难看。

是什么原因导致苏宁出现今天这种局面？

转型电商失败是根源！我们来分析一下，苏宁云商转型电商犯了哪些错误！所有这些错误的根源又在于用人不当，错失良机！只启用苏宁的老将，导致张近东身边几乎没有懂互联网的高级人才，从而做出了一系列不当的战略决策。

2009年，受累于线下门店业绩增长乏力，苏宁电器推出了苏宁易购平台，开始了苏宁的转型之路。

一、技术战略转型错误

苏宁电器原来的系统是在传统零售基础之上打造的，引进了RAP系统，可以满足传统零售的低迸发需要，但是发现用在电商平台上完全不适合，于是采用IBM的系统，仍然无法解决问题。

IBM的B2C系统在中国电商环境下还没有成功的案例，苏宁易购似乎更像是被IBM绑架的试验品。但是基于苏宁缺乏电商人才储备这个背景来看，除了外包给IBM别无选择。

即使是IBM自己的工作人员姚昱盛也感叹道："我们的系统在面对巨大并发数的情况下很难坚持住啊。"

结果就是连基本的订单合并都没有！

一位网友在微博上抱怨他在苏宁易购上购买图书的经历："9本书送6次，服务没问题，但你们就没考虑到客户的时间吗？并且，还有1本书未到。"

一位刘姓网友的投诉最为典型："8月17日充值4000元到苏宁易购易付宝，购买下单，付款时报页面错误，联系客服说让重复下单。还是错误，又联系客服，给同样的答复，一直持续了3天下了6次单，同样报错。"为此，这位网友抱怨苏宁易购"把客户当小白鼠一样给他们测试系统"。

IT系统的弊端使苏宁云商的促销效果化为泡影，并且带来更为麻烦的负面影响：苏宁云商是网络购物体验最差的B2C平台。

消费者对苏宁易购的评价

二、购物服务体验极差

（1）订单异常。主要表现为订单无故被系统取消、系统显示订单异常、无法提交订单等。这反映出网站系统建设存在某些缺陷，影响到用户的使用体验。

（2）能下单实际却缺货。能成功下单，说明网站后台系统显示该产品有货，而仓库不能发出货，则反映出苏宁易购的库存数据系统与网站后台数据系统的衔接设计还存在某些缺陷。

（3）无法支付。用户在苏宁易购上下单时，常有提示无法支付或者易付宝出错等问题，这说明苏宁易购的支付系统存在某些缺陷。

（4）电子优惠券问题。苏宁易购提示用户一张半价券只能使用一次，但是用户重复使用系统却依然提示订单成功，等到发货时才发现用户重复使用半价券进而取消发货，这说明苏宁易购有关半价券的系统设置存在漏洞。

即使是苏宁云商自己的员工都在微博上投诉自己的公司，易付宝内的 10 元钱无缘无故被盗刷，而苏宁员工的服务却推三阻四，企图推卸责任。

@苏宁易购李斌 如果你们库存物流配送不给力，请你们不要做促销欺骗客户；服务售后不给力，请你们不要做电商让客户心灵受折磨！发短信通知收货却不停的无理由延后，不停承诺却无数次爽约！没有人对此负责是想让客户为你们的无良埋单么！半个月以来只有客户给你们打电话，你们还很牛逼的朝客户吼挂电话！

2013-8-29 21:58 来自 iPhone客户端

收藏 | 转发 11 | 评论 7

消费者对苏宁易购服务的差评

回复@QB糗事百科:【苏宁易购用户体验知多少？】//@QB糗事百科:作为在易购实习的，我觉得有必要说一说，具体卖多少我不知道，但是易购得系统很垃圾，用户体验很差，活动搞得很垃圾，买不到是常有的事，投诉更多，还是我们经常遇到顾客下单后无法支付的。在易购上买大家电是有优势的，可以参加以旧换新

@李成东V

【苏宁易购爆牛数据，我服了】苏宁易购Q1销售收入是11亿，Q2约为14.7亿元，25.69亿！客单价按1000元算，日均1.42万单。之前有所打听，没感觉易购在重视用户体验。这销售规模，居然还没有多少投诉，微博上看不到什么负面评论，实在让人诧异啊！您在苏宁易购下单吗？体验如何？你们服不服，反正我服了！

2011-8-4 19:16 来自 微博 weibo.com

转发 68 | 评论

苏宁易购的实习生对苏宁的差评

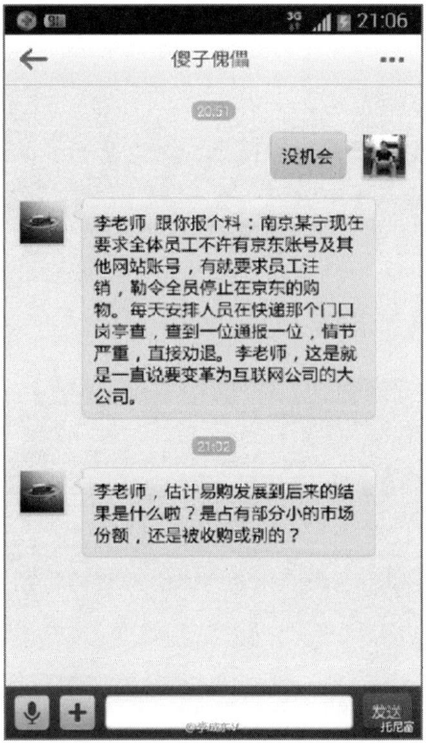

消费者爆料

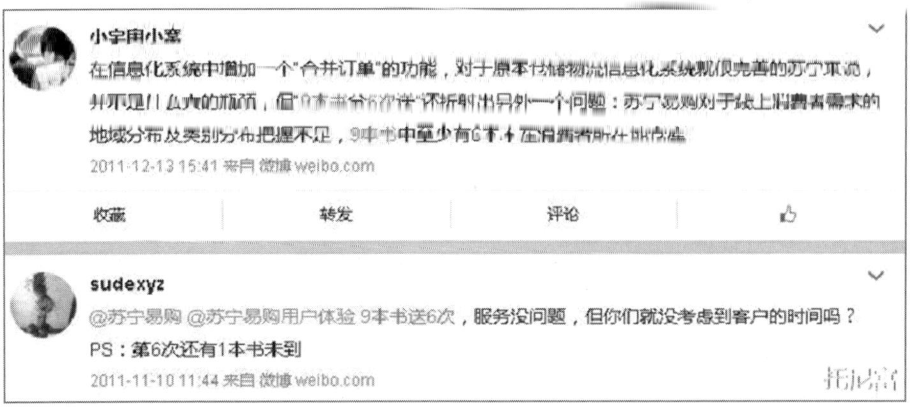

消费者对苏宁易购物流的差评

三、节奏不对，导致混乱

电商运营的精髓就是掌握好节奏，小步快跑，快速试错，但是苏宁云商不是这样做的，李斌上台不久，不管线下业务流程是否跟得上，就急急忙忙搞起了 0 元购、1 元购，结果订单是上来了，线下的服务却无法跟上。

发现服务无法跟上，再去做物流，结果物流居然瘫痪了 1 个多月，导致大面积普通的订单无法送货，导致更为严重的问题。

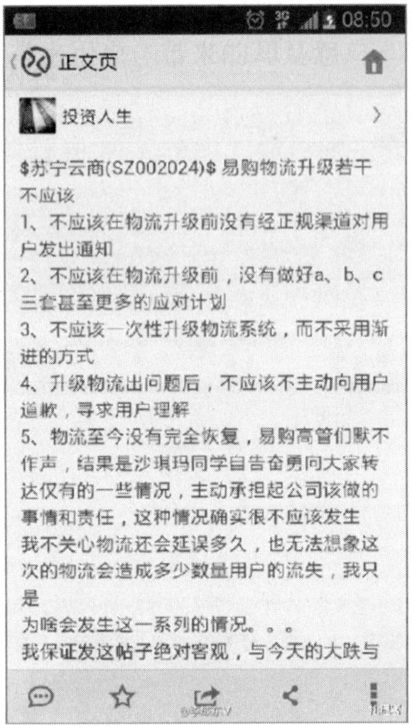

苏宁易购在转型过程中所犯的错误

四、战略思想不对，运营推广就糊涂

由于根本没有一个高管是操盘过电商平台的，所以张近东的思维出现了许多问题，并且是战略思想上的问题，导致整个苏宁云商的运营节奏完全被打乱。

2009 年苏宁上线电商，但是 2010 年张近东的观念还是这样的：

“网购不可能成为主流，一旦网络购物成为主流，那么将是社会的倒退，因为，没有附加值的商业不可能长远发展。”

2011 年，迫于淘宝天猫电器城与京东商城的压力，张近东对电商有了新的认识，但这个新的认识居然是这样的：“这是互联网的生态环境决定的，大家都认为网上销售成本低，实际上这完全是误解。在互联网上，有大量的投入，才能有大产出。但也有一条捷径，就是保持高调。”

正是在这一指导思想下，苏宁易购才急急忙忙地推出 0 元购的，企图一战定输赢，结果却成全了京东，使得京东在家电 3C 领域的占比更加强悍；而苏宁易购自己的订单虽然猛增到日订单 20 万，但却是留存率极低，因为用户体验太差。

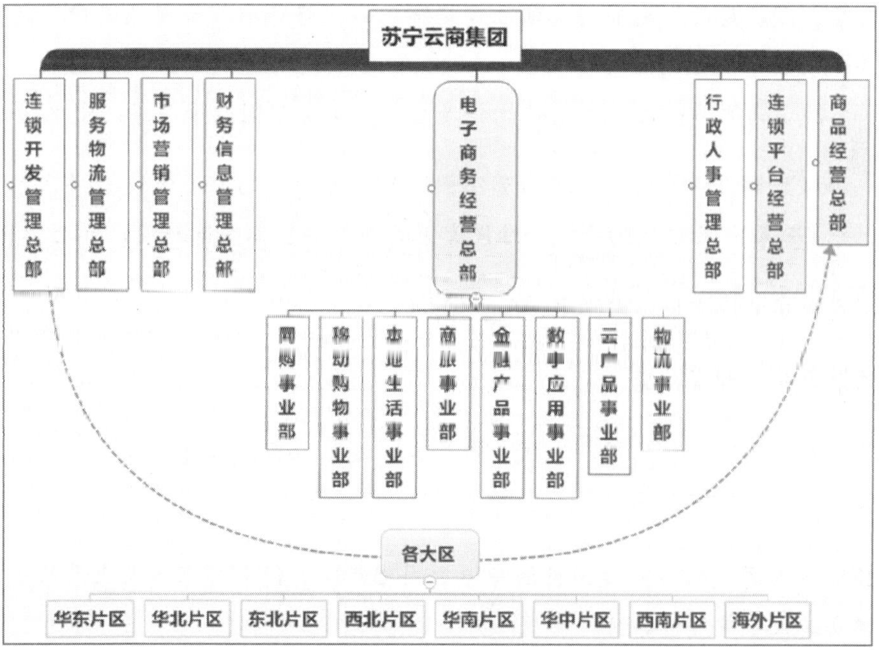

苏宁云商的组织架构

五、捕风捉影，阻击京东，倒反帮助了京东

风传2012年京东会上市（实际上京东是2014年上市的），于是苏宁云商发起价格阻击战，企图拖垮京东。一家传统线下零售巨头，居然以为阻止了对方上市，自己就安全了，这种想法太奇怪了，但是苏宁云商仍然发起互联网史上最大规模的家电降价战：

2012年4月10日，苏宁易购宣布开打首轮价格战，所有产品价格将下调20%。

2012年5月8日，天猫电器城宣布投入2亿元，为商家提供现金补贴。

2012年5月9日，京东商城宣布投入5亿元，促使电商家电大战愈演愈烈。

2012年5月10日，苏宁易购宣布将进行新一轮促销，计划投入的特价货源超过20亿元，让利额度4亿元。

在此之后，国美库巴、新蛋网都陆陆续续加入到价格战中，而亚马逊中国近期发动了降幅超过30%的周年庆促销活动。相较于2010年12月京东发起的图书价格战，今日家电价格大战，参战电商之多，参战电商让利额度之大，堪称中国电子商务历史之最。

这是一场极为糊涂的价格战，因为苏宁云商拿自己最大的业务板块去拼京东比较小的业务板块，并且采取了价格战的方式，结果大家都想得到：你卖得越多，自己损失就越大。

难怪刘强东在微博中说：莫名其妙地兴奋啊。

六、临阵换将，模式乱变

跟万达一样，苏宁云商的操盘手换了好几次，这对业务的持续是极为不利的。大战在即，临阵换将，这是兵家大忌。

（1）2011年8月，官方称凌国胜因身体原因已离职。但当时媒体及业内人士认为，凌国胜的离职与其未能完成任务目标有关。

（2）2015 年 1 月，金明不再担任苏宁云商总裁。彼时，有消息称辞职原因或与其所领导的苏宁云商连续 11 个季度营业利润下滑有关。

（3）李斌从凌国胜手中接下重任后，也曾因业绩不达标被传已离职的消息。

2011 年，本来苏宁易购是独立运营的，到了 2013 年又被归到了传统线下，现在整个苏宁变为云商，其实就是全部归到了传统线下。

七、团队中还没出现电商领域的高管

直到 2015 年 8 月，阿里投资时，苏宁云商的操盘团队中还没有出现电商圈的知名人物。阿里入驻后，人才问题才得到改变，但是付出了极为沉重的代价！

总结：

苏宁转型电商的挫败，其实就是传统架构体系操盘电商项目的失败，因为整个高层缺乏有力的电商人才，致使整个公司的电商战略决策幼稚，于是出现了一系列令人匪夷所思的错误：IT 系统出错、送货出错、服务出错、订单出错、促销出错，什么错误低级什么就出错！

电商人才团队几乎是不会让这些问题出现的。

传统企业转型电商的出路只有一条：组建电商团队独立运营，让线上线下紧密配合，线下做线下擅长的事，线上做线上擅长的事，互相融合，千万别让传统高管管理电商团队，绝对会出致命的错误！

这篇文章主要从传统企业高管对传统企业转型电商的障碍这个角度来阐述苏宁转型电商遇到的错误，这些错误最终导致苏宁易购在转型电商过程中浪费了宝贵的时间，错失了最佳窗口期，被京东超越，如果没有意外，苏宁应该很难再超越京东。

附录 A

购书七大福利

凡购买本书的读者，可以将购书订单号的截屏发给微信公众号“托尼富”，微信公众号是：weishangdawang，如下图所示。

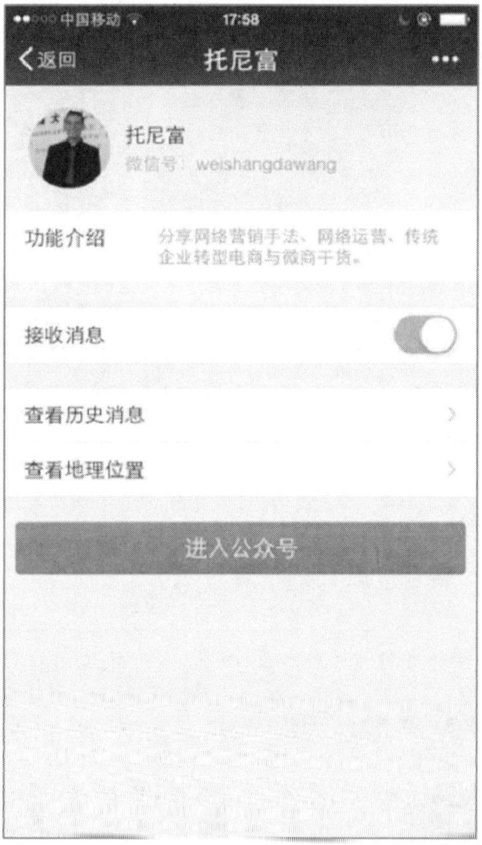

托尼富的微信公众号

公众号客服会告诉你如何获得资料下载密码。

提醒：这些资料只有购书者才可以下载，其他任何渠道无法下载，资料都是真实实战验证过的营销手法，市场上卖价不菲，资料清单如下：

（1）价值 300 元的《六招玩转 SEO》一套，如下图所示。

六招玩转 SEO

（2）价值 200 元的《玩转百度凤巢》一套，如下图所示。

玩转竞价

（3）托尼富社群干货包（基本是本人亲身实战过的经验），如下图所示。

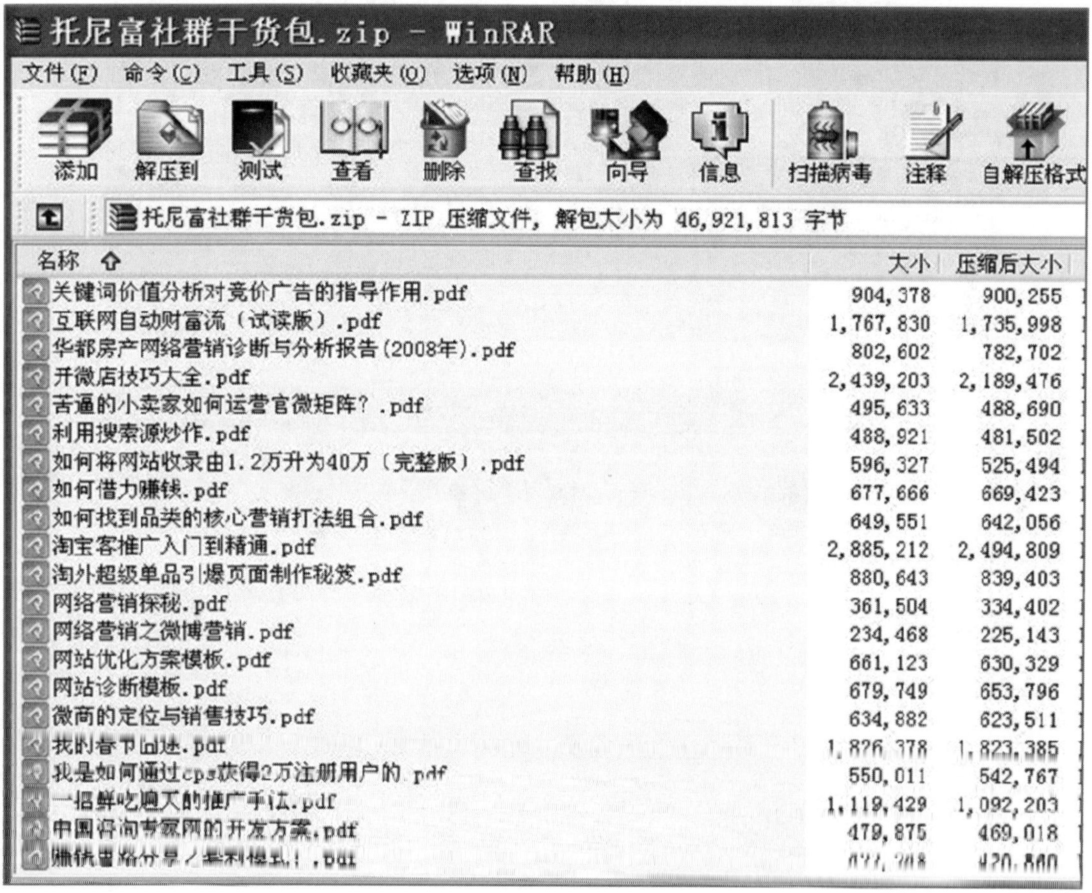

托尼富社群干货包

（4）托尼富美工素材包（绝大部分是本人亲自制作的 psd 文件，可以优化后直接使用，包含微博传播路径火箭图 psd 文件及制作工业品网站的基础素材），近 1GB 的文件，如下图所示。

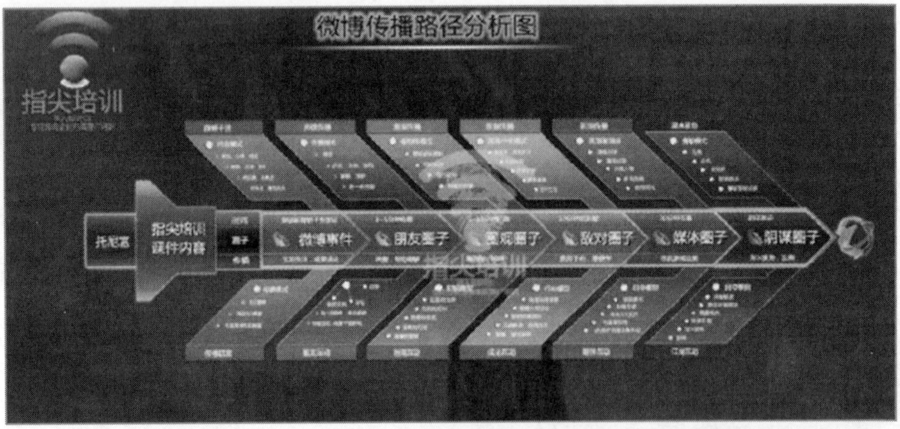
微博传播路径分析图
指尖培训
托尼富
指尖培训课件内容
微博事件
朋友圈子
围观圈子
敌对圈子
媒体圈子
阴谋圈子

psd-素材.rar - WinRAR
文件(F) 命令(C) 工具(S) 收藏夹(O) 选项(N) 帮助(H)
添加 解压到 测试 查看 删除 查找 向导 信息 扫描病毒 注释
psd-素材.rar - RAR 压缩文件, 解包大小为 2,094,998,319 字节
名称 大小
wqewe.PSD 84,837... 49,822.
xvccv.psd 18,443... 9,043,
xvcvcv.psd 49,771... 22,673.
按钮.psd 797,768 160,
鼎.psd 31,565... 14,865.
手链-680-分享.psd 77,764... 56,776.
首页.psd 3,829,864 1,029,
四块拼版-模板-手镯.psd 94,705... 60,646.
素材.psd 394,893 32,
制作素材库.psd 486,655 80,
1.ai 290,020 170,
2 [转换].ai 138,565 91,
Luxury Design Elements1 [转换].ai 914,374 866,
Luxury Design Elements2 [转换].ai 1,112,970 1,052,
Luxury Design Elements3 [转换].ai 1,847,070 1,774,
Luxury Design Elements4 [转换].ai 2,660,068 2,586,
Luxury Design Elements5 [转换].ai 653,169 584,
周年庆.ai 1,083,886 910,
已经选择 56,312,175 字节(1 个文件)
总计 2,094,998,319 字节(74 个文件)

托尼富美工素材包

（5）免费获取大量的邮箱资料，可以做 EDM 营销。

（6）高质量粉丝资料 3000 份，如下图所示。

高质量粉丝资料（1）

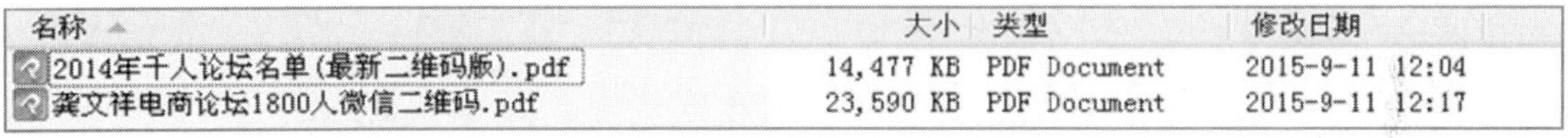

名称	大小	类型	修改日期
2014年千人论坛名单(最新二维码版).pdf	14,477 KB	PDF Document	2015-9-11 12:04
龚文祥电商论坛1800人微信二维码.pdf	23,590 KB	PDF Document	2015-9-11 12:17

高质量粉丝资料（2）

编号	姓名	有限公司	职务	微博	微信	微信二维码
1	龚文祥	深圳触电电子商务有限公司创始人		龚文祥	mrbrand	
2	黄若	原淘宝商城首任总经理		黄若-桃花岛主药师	rogerhuang888	
3	杜子建	华艺传媒创始人		杜子建	duzijian	
4	郭健	http://shop33558160.taobao.com/	淘玉第一神店			
5	莫琪	广州安之缘化妆品有限公司		莫七七_	mokiki1218	
6	李光辉	世包中心集团	网络营销总监	托尼富	mrtomeli	

高质量粉丝资料（3）

（7）预订超十本的用户会免费得到售价 499 元的《微博电商运营与加粉技巧》一套。

《微博电商运营与加粉技巧》的相关内容可以扫描下图中的二维码查阅。

微博电商运营与加粉技巧

附录 B

零售推广从 SEO 入手；批发推广从 B2B 入手

传统企业转型电商最重要的两种免费营销手法：一是 SEO，二是 B2B。

网络推广上百种，有没有最佳的免费手法。客户是 C 的企业可以从 SEO 入手；客户是 B 的企业可以从 B2B 入手。执行力比推广更重要。

SEO 最核心的内容有 3 点：

（1）内外链建设。

（2）关键词布局。

（3）与关键词匹配的优质内容。

你能把关键词对应的外链执行到 10 万个吗？能，你就赢了。

B2B 最核心的内容也有 3 点：

（1）关键词布局。

（2）与关键词匹配的优质内容。

（3）内容发布。

你能一天发布 200～500 篇内容吗？

有人会问：太笨了，有没有既轻松又马上见效的、不需要投入也不需要技能的手法？

有吗？你告诉我。我出钱买。

附录 C

他是如何做到一个渠道每月带来 500 万元营业额的

@龚文祥发布了一条微博，很多人表示质疑，如下图所示。

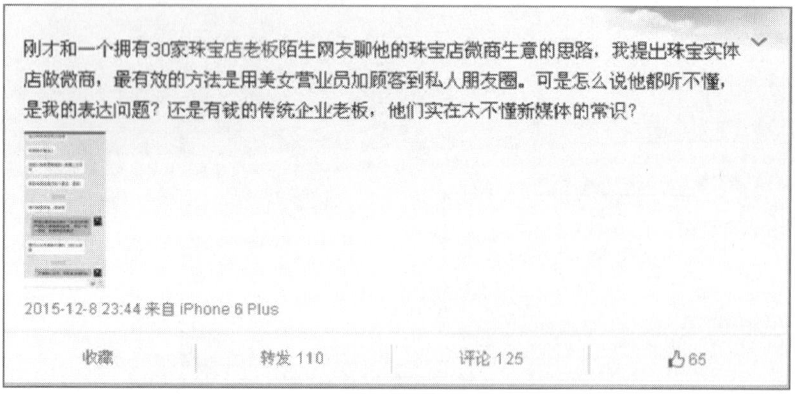
刚才和一个拥有30家珠宝店老板陌生网友聊他的珠宝店微商生意的思路，我提出珠宝实体店做微商，最有效的方法是用美女营业员加顾客到私人朋友圈。可是怎么说他都听不懂，是我的表达问题？还是有钱的传统企业老板，他们实在太不懂新媒体的常识？

2015-12-8 23:44 来自 iPhone 6 Plus

收藏 | 转发 110 | 评论 125 | 65

微博问题

我回复了一下，如下图所示。

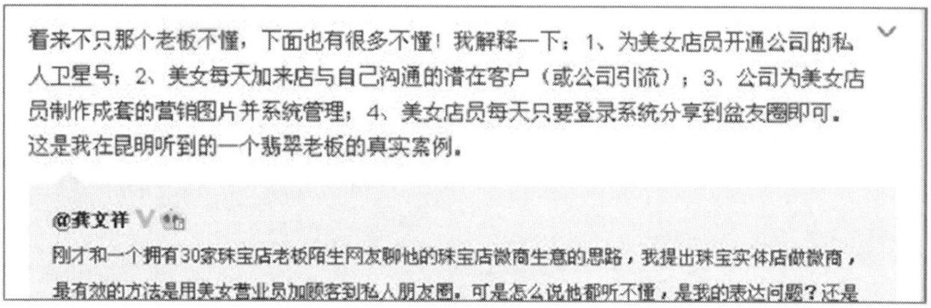
看来不只那个老板不懂，下面也有很多不懂！我解释一下：1、为美女店员开通公司的私人卫星号；2、美女每天加来店与自己沟通的潜在客户（或公司引流）；3、公司为美女店员制作成套的营销图片并系统管理；4、美女店员每天只要登录系统分享到盆友圈即可。这是我在昆明听到的一个翡翠老板的真实案例。

@龚文祥

刚才和一个拥有30家珠宝店老板陌生网友聊他的珠宝店微商生意的思路，我提出珠宝实体店做微商，最有效的方法是用美女营业员加顾客到私人朋友圈。可是怎么说他都听不懂，是我的表达问题？还是

托尼富微博

或许有人不相信，下面我详细讲一下。为了避免广告的嫌疑，我把公司略去（简称“A公司”），因为他们公司的CEO与官方都在微博上，这样可以避免纠纷。

昆明人应聘工作往往会出现这样的情况：即使他投了简历，你打电话通知他来面试，他都不会接你的电话。即使来面试了，甚至工作了，表面上什么要求都答应，一发现不对，马上消失，不接你电话，也不回你任何消息。

因此，有时招聘只能去同行那里高薪挖人。

我们当时招了 A 公司的一名客服，通过与她沟通，发现她原来公司的一些做法，如下图所示。

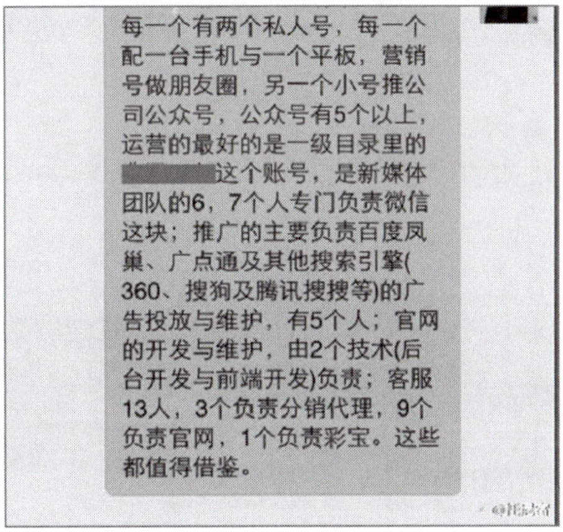

微信沟通证据（1）

微信沟通证据（2）

A 公司背景介绍：

（1）公司在该行业已有 8 年历史，原来官网营销+百度竞价做得极其成功了，年营业额过亿。

（2）其 CEO 荣获了云南省青年领袖称号，貌似是个 80 后。

（3）有成熟的互联网营销团队。

刚好朋友圈的风口来了，他们的打法是：

（1）每个人有两个私人号。

（2）每个人配一部手机与一个平板，营销号做朋友圈，另外一个小号推公司公众号，有5个以上。

（3）新媒体团队的六七个人专门负责公众号，并且有一级目录号，最大的号阅读量基本是上万的。

（4）5个推广专员主要负责百度凤巢、广点通及其他搜索引擎（360、搜狗及腾讯搜搜等）的广告投放与维护。

（5）官网的开发与维护，由2个技术（后台开发与前端开发）负责；客服13人，3个负责分销代理，9个负责官网，1个负责彩宝。

（6）每月最低投入广告费50万元以上。

与珠宝店引流的不同之处在于：因为珠宝店利用了线下地段的优势，不断地加入潜在客户，做朋友圈营销，而A公司是砸资金引流，团队分工，有专门的营销团队、推广团队、设计人员、技术人员与客服团队。

结果是：朋友圈这个新兴渠道每月带来500万元的营业额。

我们当时也想借鉴他的这种做法，可惜老板不愿意投入钱，最后泡汤了。不要说50万元，哪怕5000元都不愿意投入，既不在风口切入，又不愿意投入资金，而且团队招聘极其困难，所以很难做起来。

成功有时是有基础与前提的。

不过，他的这种做法真的适合有基础、有团队、有资金的公司来运营。

同业的竞争到最后，其实就是资源的竞争，就是资金的竞争。

鸣　谢

感谢我的两个儿子，在我封闭写作的过程中，他们能够自己照顾好自己，使得我能够一心把书写出来，他们也是我写这本书的最大动力，同时也感谢我的家人给我提供了一个相对安静的环境，使我能够安心写作。

感谢微博上预订的粉丝，你们的关注使我的写作有了价值。

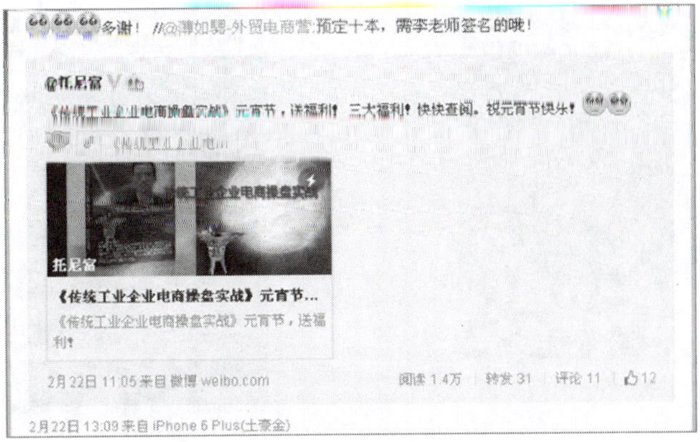

粉丝预订

要感谢电子工业出版社的编辑杨璐，使得这本书能够通过电子工业出版社跟大家见面。

还要感谢我的老东家，不是他提供的平台，我无法获得这些经验，也无法写出这本书，感恩感谢！

需要以上大图片电子版的读者请扫描下面二维码索取。

托尼富微博二维码

扫一扫上面的二维码图案，加我微信

托尼富个人微信号

托尼富个人微信公众号

電子工業出版社
PUBLISHING HOUSE OF ELECTRONICS INDUSTRY
http://www.phei.com.cn

电商图书
旗舰品牌

重点图书推荐

淘宝大学 电商精英 系列教程

《网店推广.店铺内功》

定价：69.00 元

《网店推广.实战分析》

定价：79.00 元

《网店推广.核心工具》

定价：69.00 元

《网店美工实操》

定价：59.00 元

《网店视觉营销》

定价：59.00 元

《数据化营销》

定价：68.00 元

《流程化管理》

定价：68.00 元

《唯核不破
——互联网+时代创业变革致胜密码》

ISBN 978-7-121-27125-0

"互联网+"时代的本土创业指导新作!

《互联网品牌运营宝典
——全面解析"互联网+"下的品牌战略》

ISBN 978-7-121-27021-5

互联网品牌营销一本通；
全面解析互联网+下的品牌战略。

《电商大数据
——数据化管理与运营之道（第2版）》

ISBN 978-7-121-27162-5

电商数据化运营、市场营销、
互联网营销参考书籍。

《Digital Marketing颠覆你的营销想象
——金鼠标·数字营销大赛经典案例100集锦（全彩）》

ISBN 978-7-121-25848-0

互联网+创意，使营销有趣、有效。
随手翻一翻，提升你的营销策划力。

《断穷根》

ISBN 978-7-121-26824-3

一本助你破除贫穷思维，
走向财富人生的智慧宝典!

《网络营销那些事儿：
顶级营销专家的实战案例分享(全彩)》

ISBN 978-7-121-25421-5

营销界老兵带你剖析
互联网思维和网络营销本质

在哪儿可以买到这些书？

线下书店、当当、京东、亚马逊、天猫网店均可购买。